Richard Schröder

Abschaffung der Religion?

Richard Schröder

Abschaffung der Religion?

Wissenschaftlicher Fanatismus und die Folgen

FREIBURG · BASEL · WIEN

2. Auflage 2009

© Verlag Herder GmbH, Freiburg im Breisgau 2008
Alle Rechte vorbehalten
www.herder.de

Satz: Barbara Herrmann, Freiburg
Herstellung: CPI – Clausen & Bosse, Leck

Gedruckt auf umweltfreundlichem, chlorfrei gebleichtem Papier
Printed in Germany

ISBN 978-3-451-29842-4

Discordia concors, concordia discors.
Für Robert Spaemann,
dem dieses Buch viel verdankt.

Inhalt

Vorbemerkung 9

I. „Eine Welt ohne Religion"? 10

1. Déjà-vu: Atheismus einst und jetzt 10
2. Wissenschaft widerlegt Religion? 25
3. Meme – eine naturwissenschaftliche Kulturtheorie . . 28
4. Ich bin mein Gehirn 37
5. Verantwortung – lebensweltlich und naturwissenschaftlich verstanden 45
6. Pluralität der Religionen – wie gehen wir damit um? 57
7. Eine absolute Grenze darwinistischer Erklärungen . . 73
8. Im Osten liest sich manches anders 80

II. Religion – ein widerborstiges Phänomen 87

1. Definitionsprobleme 87
2. Wortgeschichte 90
3. Perspektiven auf Religion 94
4. Religionen und Sprachen 99
5. Zur Zukunft der Religionen 101
6. Lässt sich Religion durch Ethik ersetzen? 103

III. Wissen, Meinen, Glauben – Einübungen ins Unterscheiden 106

1. Orientierungs- und Verfügungswissen 106
2. Wissen, Experimentieren, Glauben 108
3. Evolution, Fortschritt, Fortschritte 121

4. Dawkins' weltanschauliche Interpretation des
Darwinismus 135

IV. Atheismus 150

1. Atheismus in der Antike 152
2. Atheismus als Unmoral 160
3. Der antike Atheismusvorwurf gegen die Christen .. 161
4. Der Zerfall des mittelalterlichen Konsenses 170
5. Spinozas „Atheismus" 171
6. Vernunftsreligion 174
7. Gottesbeweise 176
8. Spekulativer Atheismus: Feuerbach und Marx 182
9. Methodischer Atheismus 186
10. Atheismus der Gleichgültigkeit 189

V. Das Christentum, „die blutigste Religion aller
Zeiten"? 191

1. Das Neue Testament 193
2. Kreuzzüge 200
3. Hexenverfolgung 207

Schlussbemerkung:
Was ist reiner Altruismus? 222

Vorbemerkung

Dieses Buch ist veranlasst durch ein anderes Buch: Richard Dawkins, „Der Gotteswahn". Es ist dennoch keine zum Buch aufgeblähte Rezension. Bei sachlichen Fehlern, wie dem, dass der Hebräerbrief von Paulus stamme, habe ich mich deshalb gar nicht aufgehalten. Sie sind mir nicht wichtig, wenn auch nicht gerade selten in diesem Buch. Aber die Art, wie Dawkins fragt und antwortet, kann beanspruchen, für viele Zeitgenossen repräsentativ zu sein. Andererseits liest sich ein Buch, das vor allem gegen christliche Fundamentalisten in den USA und gegen islamistische Fundamentalisten gerichtet ist, vor dem Erfahrungshintergrund eines Christen in einer postkommunistischen, immer noch atheistisch geprägten Gesellschaft sehr viel anders als in Oxford.

Dieses Buch möchte nicht bekehren, weder zu „der Religion" (die es ja gar nicht gibt), noch zum christlichen Glauben. Es möchte über die Themen des Streits informieren. Und es möchte daran erinnern, dass jenseits der naturwissenschaftlichen Forschung nicht das freie Feld des wilden Mutmaßens beginnt, sondern auch dort die Sorgfalt des Denkens, der Wahrnehmung und des Unterscheidens unerlässlich ist. Auch wer die Religion und das Christentum bekämpfen und zum Atheismus bekehren möchte, sollte seine Gegner erst studieren und dann polemisieren.

I. „Eine Welt ohne Religion"?

„Stellen wir uns doch mit John Lennon mal eine Welt vor, in der es keine Religion gibt – keine Selbstmordattentäter, keinen 11. September, keine Anschläge auf die Londoner U-Bahn, keine Kreuzzüge, keine Hexenverfolgung, keinen Gunpowder Plot, keine Aufteilung Indiens, keinen Krieg zwischen Israelis und Palästinensern, kein Blutbad unter Serben/Kroaten/Muslimen, keine Verfolgung von Juden als ‚Christusmörder', keine ‚Probleme' in Nordirland, keine ‚Ehrenmorde' ..." (GW 12).

Diese Vision präsentiert Richard Dawkins im Vorwort seines Bestsellers „Der Gotteswahn"[1]. Es ist ein Buch, „das bekehren will" (GW 160), nämlich zum Atheismus. Eine edle Absicht, wenn wirklich die Religion so viele Übel in die Welt gebracht hat. Die würden also verschwinden, wenn endlich alle Menschen Atheisten geworden sind.

1. Déjà-vu: Atheismus einst und jetzt

Mir kommt das bekannt vor. Ich habe in der DDR unter der Herrschaft einer programmatisch atheistischen Partei gelebt, die mit der Umsetzung ihrer „wissenschaftlichen Weltanschauung" in die Praxis die Befreiung der Menschheit und das Ende aller Übel erwartete. „Der Traum, hundert Jahre alt zu werden ohne zu altern wird Wirklichkeit", nämlich in zwanzig Jahren, das hat Chrustschow 1961 ver-

---

1 Richard Dawkins, Der Gotteswahn (2006), 5. Aufl. Berlin 2007, im Folgenden als GW zitiert.

kündet. In Ostdeutschland hat sich die Lebenserwartung aber erst nach dem Ende des Kommunismus spürbar erhöht, allerdings nicht auf hundert Jahre und gealtert wird weiterhin. In Russland dagegen ist sie seit 1990 gesunken. Seltsam, dass Dawkins jene schöne Vision beschwört ohne zu erwähnen, dass sie doch mehrfach schon in die Tat umgesetzt werden sollte. Im kommunistischen Albanien hat es der Atheismus bis zum Verfassungsrang gebracht. In allen „sozialistischen" Ländern war er Teil der Staatsdoktrin des Marxismus-Leninismus und wurde durch Schule und Schulung und andere nicht immer feine Methoden unters Volk gebracht. Zwar haben die Kommunisten, im Unterschied zu Dawkins, in der Religion nicht die Wurzel aller Übel gesehen, sondern ein Symptom verkehrter Verhältnisse, die es umzustürzen gelte im Namen des wissenschaftlichen Sozialismus. Die Wurzel aller Übel war für sie „das Kapital" oder „der Kapitalismus". Aber der Wunderglaube war doch von derselben Art: Mit der Abschaffung des Privateigentums an Produktionsmitteln werde ein neuer Mensch entstehen, die „allseitig gebildete sozialistische Persönlichkeit". Mit der Entfesselung der Produktivkräfte werde es zum Überfluss an materiellen Gütern kommen. In Wahrheit entstand eine Mangelwirtschaft, die schließlich an ihren technologischen Defiziten in die Krise kam. Die Kriminalität werde verschwinden und die Religion und – der Staat, der sich in Wahrheit allerdings ungeheuer aufgebläht hat zu einem Überwachungsstaat unvorstellbaren Ausmaßes. Das alles vollzog sich unter Berufung auf die wissenschaftliche Weltanschauung des Marxismus-Leninismus. Die war doch Pseudowissenschaft, wird man einwenden. Das ist wohl wahr. Aber was folgt daraus? Offensichtlich gibt es auch eine missbräuchliche Berufung auf „die Wissenschaft", mit der viel Unheil angerichtet werden kann. Der Marxismus-Leninismus verstand sich als den einzig legitimen Erben der Aufklärung. Offenbar gibt es auch eine verfehlte, inhumane Berufung auf die Aufklärung. Das spricht nicht gegen Aufklärung, mahnt aber zur Vorsicht. Offenbar kann man alles in der Welt missbrauchen, auch die Wissenschaft, auch die Aufklärung, und nicht etwa nur die Religion.

Unter Lenin, Stalin, Mao und Pol Pot hat man aber auf das Absterben nicht warten wollen und kräftig nachgeholfen – mit ungezählten Todesopfern. Allein die Russisch-orthodoxe Kirche nennt über 10.000 Bischöfe, Priester, Mönche, Nonnen, die unter Stalin umgekommen sind, bis er 1943 die Verfolgung beendete, um das Volk im Krieg gegen Hitlers Aggression zu vereinen und die westlichen Verbündeten nicht abzustoßen. Pol Pot soll 94.000 der etwa 100.000 buddhistischen Mönche umgebracht haben. Ich gebe zu, dass mir nicht ganz wohl ist, solche Zahlen als Argumente anzuführen. Es kann aber nicht angehen, im 21. Jahrhundert von einer Welt ohne Religion zu schwärmen und einfach zu übergehen, auf welche Weise das im 20. Jahrhundert zum politischen Programm geworden ist.

Dawkins findet das alles sicher auch furchtbar und will nichts damit zu tun haben, so wenig wie ich als evangelischer Christ mit Ketzerverbrennungen und Kreuzzügen in Verbindung gebracht werden möchte. Luther hat sich vehement gegen beides ausgesprochen, und zwar mit biblischen Begründungen. Warum soll ich mir Mittelalterliches zurechnen lassen? Was habe ich mit Selbstmordattentaten und Ehrenmorden zu tun – und was haben Ehrenmorde mit Religion zu tun? Hier stimmt doch etwas nicht.

Gelegentlich erwähnt Dawkins die zwei schwarzen Utopien des 20. Jahrhunderts, nämlich George Orwells „1984", die kommunistische, angeregt durch Stalins Terrorherrschaft, und Aldous Huxleys „Schöne neue Welt", die kapitalistische, angeregt durch Tendenzen der naturwissenschaftlich-technischen Entwicklung. Er erwähnt sie so wie sie gemeint sind, abschreckend. Er hat aber nicht bemerkt, dass beide Horrorvisionen in einer Welt ohne Religion spielen. Eine Welt ohne Religion muss demnach nicht das Himmelreich auf Erden sein.

Auch das hat Dawkins mit den Anhängern des Marxismus-Leninismus gemeinsam: Die Proklamation eines revolutionären Bruchs, durch den alles, was zuvor gesagt und gedacht worden ist, überholt sei. Das war für jene das Jahr 1848, Erscheinungsjahr des Kommunistischen Manifests. Für Dawkins ist es das Jahr 1859. Er fragt: „Können wir auch nur eine einzige Antwort nennen, die vor Darwin auf Fragen wie ‚Was ist der Mensch?' ‚Hat das Leben einen Sinn?', ‚Wozu sind wir da?' gegeben wurde und die, sieht man von ihrem (beträchtlichen) historischen Interesse ab, heute nicht völlig wertlos sind? Aussagen können ganz einfach falsch sein, und das trifft, vor 1859, auf alle Antworten auf jene Fragen zu."[2] Zur Ehrenrettung von Darwin sei betont, dass er selbst einen solchen Anspruch nie erhoben hat. Es gehört schon einiger Hochmut und Dünkel dazu, alles für wertlos zu erklären, was Generationen von Menschen gedacht haben, die nicht dümmer waren als wir, aber zumeist unter härteren Bedingungen leben mussten.

Dawkins erhebt einen Absolutheitsanspruch, wie ihn die christliche Theologie nie erhoben hat. Die hat nämlich nie bestritten, dass Nichtchristen zu bewundernswerten Einsichten fähig sind, und deshalb die Werke der Philosophen eifrig studiert, auch wenn diese keine Christen waren. Andernfalls hätte sich die Philosophie im christlichen Mittelalter gar nicht etablieren können. Und dann wäre es wohl auch nicht zur europäischen Aufklärung gekommen.

---

[2] Richard Dawkins, Das egoistische Gen (1976), Jubiläumsausgabe Heidelberg 2007, S. 432, im Folgenden als EG zitiert.

Denn nur dort hat es eine Aufklärung gegeben, wo es zuvor eine Scholastik gegeben hat.

Dawkins' (nicht Darwins!) Antwort auf jene letzten Fragen besagt, dass „wir und alle Tiere Maschinen sind, die durch Gene geschaffen wurden. Wie erfolgreiche Chicagoer Gangster haben unsere Gene in einer Welt intensiven Existenzkampfes überlebt" (EG 37), „sie schufen uns, Körper und Geist, und ihr Fortbestehen ist der letzte Grund unserer Existenz" (EG 63). Der einzelne Körper, also das jeweilige Individuum ist „lediglich ein vorübergehender Behälter für eine kurzlebige Kombination von Genen" (EG 69).

Es gibt einen einfachen Test, ob Menschen bereit sind, Thesen über den Menschen in ihr Selbstverständnis zu übernehmen: ob sie sie nämlich in Sätzen vom Typ „Ich bin ..." ernsthaft auszusprechen bereit sind. Wenn das nicht der Fall ist, hat jene These vielleicht in irgendeinem Theoriezusammenhang irgendeine begrenzte, vielleicht illustrierende Plausibilität, ist aber keine legitime Antwort auf die Frage: was ist der Mensch? Zwar gibt es unter Menschen fast nichts Verrücktes, das es nicht gibt. Aber Dawkins wollen wir doch nicht unterstellen, er würde auf die Frage: was sind Sie? antworten: ich bin ein Behälter für Gene. Schwerlich grüßt er Kollegen mit den Worten: „Guten Morgen, liebe Maschine!" Er wäre ja dann schnell als Possenreißer oder Spinner verschrien. Dawkins „weiß" also im Umgang mit anderen Menschen vom Menschsein mehr als seine Theorie zulässt. Das spricht für ihn, aber nicht für seine Theorie. Diese Strategie öffnet ein Tor zu sehr bedenklichen Assoziationen: Maschinen auseinander nehmen, umbauen, ausrangieren.

Warum sich kein gesunder Mensch ernsthaft als Behälter oder Maschine versteht, liegt schlicht daran, dass alle Menschen irgendwie den Unterschied zwischen Person und Sache kennen. Er ist uns mit unserer Selbsterfahrung oder lebensweltlichen Erfahrung erschlossen. Anthropomorphismus nennt man die (illegitime) Personifizierung einer Sache. Was Dawkins hier und massenhaft betreibt, ist das Umgekehrte, die (illegitime) Verdinglichung von Personen. Wir können das Technomorphismus nennen. Man nennt so etwas auch Kategorienverwechslung.

Die Proklamation eines solchen revolutionären Bruchs bringt einem den Vorteil ein, die üblen Seiten der Menschheitsgeschichte „den anderen" und der Vergangenheit anlasten zu können: Kollektivhaftung dort, eigenmächtiger Freispruch hier. In der DDR leistete dies die These, dass die DDR auf der Seite der Sieger der Geschichte stehe, als wäre 1945 die Bevölkerung ausgetauscht worden, und die SED die (sozialökonomische) Wurzel des Faschismus mit Stumpf und Stil ausgerottet habe – durch Enteignung. Das hat in der Praxis viele Unschuldige getroffen. Dies Spiel wiederholt Dawkins und drückt sich damit vor der Einsicht, dass in jedem Menschen das Abgründige wohnt, das uns entsetzt, wenn es zum Ausbruch kommt. Die Bibel spricht das auf ihre Weise, in Gestalt einer Geschichte an, der von Kain und Abel. Zwischen dem ersten menschlichen Bruderpaar kommt es zum ersten Brudermord – aus nichtigem Anlass, und zwar wissentlich, nicht wie die Katze die Maus fängt, jenseits von Gut und Böse.

Das Gefährliche an solchen Absolutheitsansprüchen ist einerseits der Traditionsabbruch. Menschen, die ihr Gedächtnis verlieren, können sich in ihrer Welt nicht mehr orientieren. Etwas Ähnliches kann Gesellschaften zustoßen, die bewusst den Kulturbruch vollziehen. Die Bücherverbrennungen der Nazis und die Bücherverbote der Kommunisten waren solche gewollten und inszenierten Kulturbrüche, Maos blutige Kulturrevolution und Pol Pots brutale Ausrottung der Zivilisation auch. Zuerst ließ er alle Brillenträger erschlagen. Solche Vorhaben wollen wir

15

Dawkins gewiss nicht unterstellen. Er ist ein zivilisierter Liberaler. Er macht aber auch nicht den geringsten Versuch, Überzeugungen anderer, die er für fasch hält, aus ihrer Sicht zu rekonstruieren. „Die Fähigkeit, uns die fremdartige Welt von Fledermäusen und Nashörnern, Ruderwanzen oder Maulwürfen, Bakterien oder Borkenkäfern auszumalen, gehört zu den Privilegien, die uns die Wissenschaft verschafft" (GW 519). Nebenbei bemerkt: ich weiß nicht, wie es ist, eine Fledermaus zu sein. Die Fähigkeit sich vorzustellen, unter welchen Voraussetzungen nicht ganz dumme Menschen Gottesbeweise für überzeugend hielten – eine nicht übermäßig schwierige Aufgabe des historischen Verstehens –, ist ihm leider nicht gegeben. Da hat er nur Hohn und Spott für die menschliche Dummheit übrig. Wie wär's denn, wenn er sich einmal statt in Ruderwanzen in religiöse Menschen zu versetzen versucht?

Dass ausgerechnet ein Darwinist ein Datum proklamiert, vor dem alle Antworten falsch waren, muss zwiefach verwundern. Darwins Evolutionstheorie behauptet ja gerade, dass das jeweils Neue eine Modifikation des Vorherigen und insofern nie absolut neu ist. So gesehen ist nämlich Darwins Evolutionstheorie „konservativ". Und wenn immer diejenigen überleben, die sich in ihrer Umwelt bewähren, wie, bitte, erklären wir uns dann, dass die Menschheit vor 1859 mit lauter falschen Antworten nicht – ausgestorben ist? Und wie, bitte erklären wir uns, dass ausgerechnet die moderne Naturwissenschaft und Technik uns die schreckliche Möglichkeit der Selbstausrottung durch einen Atomkrieg eröffnet hat? Wenn es dazu käme, wäre das für einen Darwinisten – wenn es dann noch einen gibt – kein großes Problem: Fehlanpassung, ausgestorben. In seinem Vorwort zu Dawkins' „Das egoistische Gen" hat Wolfgang Wickler doch tatsächlich geschrieben, „dass es der ganzen übrigen Schöpfung ohne diese Krone (den Menschen R.S.)

besser ginge" (EG 12). Genauer besehen besagt dieser Satz doch wohl: Gäbe es Menschen, die eine Erde ohne Menschen beobachten könnten, würden sie zu dem Schluss kommen: „Es ist gut, dass es uns nicht gibt". Oder wer sonst sollte diese Feststellung treffen? Wickler hat mal schnell den Standpunkt Gottes eingenommen – oder den des Laplaceschen Dämons. In der biblischen Sintflutgeschichte sagt Gott aber, er werde die Erde nicht noch einmal so verwüsten, „denn des Menschen Trachten ist böse von Jugend an" (1. Mose 8,21). Und Jesus sagt: Gott lässt regnen über Gerechte und Ungerechte (Matth. 5,45). Gott, wird hier behauptet, urteilt gnädiger über uns Menschen als Wickler, ohne sich Illusionen über uns zu machen. Er macht uns nicht zu Marionetten oder Automaten des Guten, sondern spricht uns an, nicht per Telefon, sondern in Gestalt eines Menschen, Jesus Christus – glaubt der Christ.

Die andere Gefahr solcher Absolutheitsansprüche im Namen „der Wissenschaft" ist die Enteignung der eigenen Erfahrungen. Ich meine die Erfahrungen, die wir im Lebensvollzug und mit unseren lebensleitenden Überzeugungen machen. Die können irrtumsbehaftet sein. Wir können mit ihnen auch in Aporien geraten oder gar an ihnen irrewerden. Das ist aber alles inbegriffen, wenn hier von den eigenen Erfahrungen die Rede ist. Der Anspruch: vergiss alle deine bisherigen Überzeugungen und lass dir von mir im Namen der Wissenschaft erklären, was du bist und wie die Welt wirklich beschaffen ist, ist die Zumutung der Entmündigung. Das ist ganz etwas anderes als der Streit um konkurrierende Auffassungen, ihre Voraussetzungen und Konsequenzen. Auch nach Dawkins ist die wirkliche Welt ein Schlachtfeld, auf dem nur der Stärkere überlebt, nach seiner Version sind das Gene. Ähnliches haben die Nazis mit biologistischen Argumenten behauptet und die Rassenfeinde bekämpft. Die Kommunisten haben das aufgrund historischer Gesetzmäßigkeiten behauptet und den Klassenfeind bekämpft. Das christliche Gebot der Feindesliebe galt doch tatsächlich als Hetze gegen den Sozialismus und die Nächstenliebe als Störung der nach der wissenschaftlich erwiesenen historischen Notwendigkeit gebotenen Erziehung zum unversöhnlichen Hass auf den Klassenfeind. Und beide Male wurde mit diesen neuen pseudowissenschaftlichen Weisheiten die Diktatur legitimiert. Sowohl nach 1945 als auch nach 1989 sind deshalb viele an ihren bisherigen Überzeugungen aus pseudowissenschaftlichen „Weltanschauungen" irregeworden. In Großbritannien dürfte diese schmerzliche Erfahrung seltener gewesen sein. Dawkins urteilt über die Nächstenliebe etwas freundlicher. „Wäre es denkbar, dass unser Drang zur Nächstenliebe ebenfalls eine solche Fehlfunktion ist wie bei dem Teichrohrsänger, dessen Elterninstinkt in die Irre geht, wenn der Vogel sich für einen kleinen Kuckuck abrackert?" Genetisch betrachtet sollten wir nämlich nur die Träger unserer Gene unterstützen. „Ich muss aber sofort hinzufügen, dass ich den Begriff ‚Fehlfunktion' hier nur in einem streng darwinistischen Sinn gebrauche. Er beinhaltete keinerlei Abwertung." (GW 306) Ich hatte aber den Darwinismus bisher so verstanden, dass Fehlprogrammierung und Fehlanpassung zum Aussterben führen.

Da hat jemand auf einer fernen Insel ein schlimmes Jahrhundert verschlafen und träumt sich nun einen Atheismus zurecht, wie er sein müsste, wenn's nach ihm ginge. Die Wirklichkeit, dies eigensinnige Etwas, wollte aber nicht, wie sie sollte. „Nach meiner Überzeugung gibt es auf der ganzen Welt keinen einzigen Atheisten, der Mekka – oder Chartres, York Minster, Notre Dame ... mit dem Bulldozer platt machen würde" (GW 345). Für Bulldozer sind Kirchen etwas zu hoch. Man hat in der Sowjetunion unter Stalin und in der DDR unter Ulbricht (z. B. 1968:

Universitätskirche Leipzig) praktischerweise Sprengstoff benutzt. Stalin hat nahezu sämtliche 54.000 Kirchen schließen lassen, aber nicht alle gesprengt. Manche wurden als Museen für Atheismus oder Traktorenwerkstätten genutzt. Das war nämlich „nützlicher".

„Ich neige zu der Vermutung ..., dass nur wenige Atheisten im Gefängnis sitzen" (GW 318). Er meint: als Häftlinge, denn Atheisten sind die besseren Menschen, frei von den Lastern der Religion. Für die DDR kann ich statt einer solchen Vermutungsneigung an eine fatale Tatsache erinnern. Da für Polizisten und Funktionäre der Staatssicherheit der Kirchenaustritt Einstellungsbedingung war, wurden die Gefängnisse und die Verhöre ausschließlich von „Atheisten" geführt, und zwar äußerst brutal, jenseits aller rechtsstaatlichen Standards. Zwar behaupten viele Stasioffiziere bis heute, sie hätten humanistische Ziele verfolgt. Schließlich hatten sie ja eine „humanistische Weltanschauung", für die „der Mensch" im Mittelpunkt steht – „der Mensch" allerdings, wie er werden sollte und nicht die Menschen, wie sie gehen und stehen. Diesen Anspruch auf Humanismus haben die Opfer als blanken Hohn verstanden und sie können Erschreckendes berichten.

Einen regelrechten Kirchenkampf gab es in der DDR allerdings nur wenige Monate im Jahre 1953. Danach gab es für Christen zwar die Politik der Nadelstiche und Benachteiligungen bei Bildung und Karriere – aber gar nicht so selten außerdem ein Lob aus „atheistischem" Munde: Die christlichen Mitbürger würden ihren Beruf verantwortlich ausüben (der „neue Mensch", für den das selbstverständlich sein sollte, ließ auf sich warten) und die Kirchen würden mit ihren diakonischen Einrichtungen, Krankenhäusern und Behindertenheimen (Schulen für Nicht-Behinderte wurden ihnen weggenommen) gesellschaftlich nützliche

Arbeit leisten. Mit der marxistisch-leninistischen Ideologie, die am Fortschritt der Menschheit und am Ideal der gesellschaftlich nützlichen, allseitig gebildeten Persönlichkeit orientiert war, ließ sich nämlich schwer zur entsagungsvollen Arbeit an Behinderten motivieren. Da war man doch froh, dass es Menschen im Lande gab, die sich Behinderten zuwandten, weil sie auch in ihnen Gottes Kinder sahen, und sie zu fördern bemüht waren, obwohl aus ihnen offenkundig nie „nützliche Glieder der sozialistischen Gesellschaft" werden konnten, wie die fatale utilitaristische Formel des sozialistischen Menschenbilds lautete. Paradoxerweise waren diesmal die religiös befangenen Mitbürger mit der unwissenschaftlichen Weltanschauung aufgrund eben derselben bereit, eine Aufgabe zu übernehmen, die sonst kaum jemand übernehmen wollte. Die Verstaatlichung solcher Heime im Jahre 1953 wurde denn auch schnell wieder rückgängig gemacht. Der Staat zahlte Pflegesätze. Die Berichte über die unsäglichen Verhältnisse in staatlichen rumänischen Behindertenheimen haben nach 1990 die Weltöffentlichkeit schockiert.

Dawkins hat eine ausgeprägte Neigung zu Vermutungen, so auch zu der, Atheisten seien gebildeter, intelligenter, nachdenklicher (GW 318). Das sind statistische Mutmaßungen über Häufigkeiten und auch wenn sie stimmen, ist nicht ausgeschlossen, dass er und ich jeweils zur untypischen Minderheit zählen. Wenn er bisher vor allem mit intelligenten und nachdenklichen Atheisten zu tun hatte, möchte ich ihn fast beneiden. Ich hatte in meinem Leben öfter mit dummen, groben, nicht selten bösartigen Atheisten zu tun. Im Ernst: die Neigung zur Konformität oder Anpassung ist in jeder Gesellschaft stark verbreitet und ich will das gar nicht anprangern. Es sind immer wenige, die bereit sind, die Kosten für Nonkonformität zu tragen. Sie meinen es mit ihren Überzeugungen ernst und sind deshalb nicht oberflächlich, sondern nachdenklich. In einer religiös geprägten Gesellschaft gehören Atheisten zu den Nonkonformen. In einer atheistisch geprägten ist es umgekehrt. Wenn Atheismus Mode wird, entsteht auch der plappernde, gedankenlose, alberne Atheismus. Als der erste Sputnik flog, erschien in der DDR ein Propagandaheft mit dem Titel „Der Sputnik und der liebe Gott". Der Sputnik habe Gottes Existenz widerlegt. Meine Tochter erzählte von einer Klassenkameradin, die ihr gesagt hatte, ihr Vater sei Pilot und habe Gott nicht gesehen. Ich habe ihr geantwortet, das hätte ich ihm vorher sagen können, denn so weit nach oben wie er können wir auch von hier unten aus sehen und auf einem Berg über den Wolken war ich auch schon mal. Behauptungen zu widerlegen (hier: Gott sitzt auf einer Wolke), die niemand ernsthaft aufgestellt hat, ist eine beliebte, aber zweifelhafte polemische Masche, die den Gegner bloß der Lächerlichkeit preisgeben möchte.

Dawkins beklagt, dass Atheisten Diskriminierungen ertragen müssen, es gehöre Mut dazu, sich zum Atheismus zu bekennen und Atheismus mache einsam (GW 11, 58). Das kann ich gut verstehen. In einer atheistischen Gesellschaft geht es nämlich Christen genauso.

Dawkins hätte uns erklären müssen, dass er nicht zu jeder Art von Atheismus bekehren möchte, sondern zu einem humanen und liberalen, sozusagen britischen. Offenbar gibt es also mehrere Arten von Atheismus. „Der Atheismus" hat nämlich längst seine Unschuld verloren, und zwar auf sehr ähnliche Weise wie „die Religion", als er nämlich für mörderische Machtkämpfe instrumentalisiert wurde. Was Goethe von der Kirchengeschichte einmal bemerkt hat: sie sei ein Mischmasch aus Irrtum und Gewalt, gilt nun auch für die vergleichsweise kurze Geschichte des Atheismus, nachdem es diesen aus den höheren Gefilden schöngeistiger kultivierter Zirkel bürgerlichen Milieus in die Niederungen von Bürgerkriegen verschlagen hat. Bürgerkriege sind die brutalsten Kriege und es tröstet wenig, dass um des Atheismus willen tatsächlich noch kein zwischenstaatlicher Krieg geführt wurde, wie Dawkins vermerkt. Die Zwangsarbeitslager und killing fields sind nämlich nicht menschenfreundlicher als die Schlachtfelder. Dawkins hat, wie mir scheint, bis heute nicht hinter die längst gefallene Mauer geschaut. Wie sonst kann er schreiben: „Alle (Menschen) sind in einer religiösen Kultur aufgewachsen" (GW 230)? Die Wirkungsgeschichte des Christentums ist sehr gründlich und kritisch aufgearbeitet worden, zuerst als innerchristliche Kritik christlicher Reformbewegungen. Dawkins hat den schmerzlichen Schritt zu einer kritischen Sicht der Geschichte des Atheismus noch vor sich.

Wenn es grundverschiedene Arten von Atheismus gibt, was Dawkins im eigenen Interesse nicht bestreiten sollte, gibt es womöglich auch grundverschiedene Arten von Religiosität und womöglich auch humane, liberale, gebildete. Wenn es so sein sollte, dann bricht die eine große Front: „hier Atheismus, dort Religion" auseinander und es eröffnet sich ein sehr unübersichtliches Feld der Auseinandersetzungen einerseits unter verschiedenen Atheismusauffassungen, andererseits unter verschiedenen Religionsauffassungen und dann noch zwischen beiden. Am Ende könnte es in bestimmten Fragen gar lagerübergreifende Koalitionen geben, zum Beispiel in der Zustimmung zur Religions- und Weltanschauungsfreiheit. Die ersten Schritte in diese Richtung haben ja bekanntlich konfessionell zerstrittene Christen unternommen, in Gestalt von Religionsfriedensschlüssen und Toleranzedikten. Bekennende Atheisten waren damals noch gar nicht auf dem Plan der öffentlichen Diskurse. In den oppositionellen Gruppen, die sich in den letzten Jahren der

DDR unter dem Dach der evangelischen Kirche bildeten, haben sich Christen und Atheisten zusammengefunden, die die Ablehnung der bestehenden Verhältnisse und das Bekenntnis zur Gewaltlosigkeit verband. Die ersten Demonstrationen nahmen ihren Ausgang von Gottesdiensten. Da trug sich etwas zu, das es nach Dawkins gar nicht geben kann: Religion (nicht „die", sondern eine bestimmte) beförderte eine gewaltlose Revolution und das Ende einer („atheistischen") Diktatur. Der Polizeichef von Leipzig hat hinterher resigniert resümiert: „Auf alles waren wir vorbereitet, nur nicht auf Kerzen."

Dawkins' Singulare „der Atheismus" und „die Religion" sind demnach sehr abstrakte Konstrukte. Sie dienen zwar einerseits berechtigterweise dazu, im unübersichtlichen Feld menschlicher Überzeugungen ordnend zusammenzufassen und zu unterscheiden. Es sind aber immer Menschen, die Überzeugungen haben. Die Religion steht nicht im Wald neben den Bäumen wie irgendein Ding. Deshalb werden durch solche Oberbegriffe für Überzeugungen immer auch Menschen zu Kollektiven zusammengefasst und kollektiv charakterisiert. Duale Konstrukte dieser Art passen besonders gut ins Freund-Feind-Schema. Ganz harmlos also ist das Spiel mit solchen dualen Konstrukten nicht. Zwar sehe ich nicht die Gefahr heraufziehen, dass nächstens jemand erfolgreich zum tätigen Kampf gegen die Religion aufruft. Trotzdem erinnere ich daran, dass man die Religion nicht bekämpfen kann, ohne leibhaftige Menschen zu treffen, denn Religion hat nun einmal ihr Sein ausschließlich im Bewusstsein wirklicher Menschen. Ich glaube gern, dass Dawkins bloß mit Argumenten bekehren will. Es geht mir aber nicht aus dem Sinn, dass Pol Pot die mörderischen Ideen seines agrarischen Steinzeitkommunismus, dem in Kambodscha Millionen zum Opfer gefallen sind, während seines Studiums in Frankreich aufgeschnappt hat, und zwar von schwadronierenden französischen Salon-Marxisten, die selbst womöglich keiner Fliege etwas zu Leide tun konnten und doch indirekt zu Schreibtischtätern wurden deshalb, weil jemand ihre Ideen ernst genommen hat, vielleicht ernster als sie selbst sie genommen haben.

Und noch eine Erinnerung plagt mich hier. Dawkins ist besonders empört darüber, dass Kinder religiös erzogen werden, wo sie doch noch gar nicht verstehen können, worum es in der Religion geht. Da greift er zu harten Worten und spricht gar von Kindesmissbrauch. Der Gedanke ist ihm offenbar nicht gekommen, dass Eltern darunter leiden könnten, wenn ihre Kinder in der Schule atheistisch indoktriniert werden – und die betroffenen Kinder auch. Ich war wohl in der fünften Klasse, als ich hörte, Kinder, die von ihren Eltern nicht sozialistisch erzogen werden (was den Atheismus einschloss), müssten ihren Eltern entzogen werden (so stand es im Gesetz) – und mich davor zu fürchten begann, denn ich wurde von meinen Eltern zweifellos nicht sozialistisch erzogen. Wie es einem so geht mit Kindheitserfahrungen: Ideen vom Kindesentzug aus weltanschaulichen Gründen, wie sie Dawkins erwägt, kann ich gar nicht gut vertragen. Die Idee, Kinder im Status eines religiös unbeschriebenen Blattes zu halten, eröffnet ihnen nicht die große Freiheit der Wahl, sondern verhindert sie. Es ist wie bei den Sprachen: Nur wer früh genug eine Muttersprache gelernt hat, kann Fremdsprachen lernen und sogar die Muttersprache wechseln.

Dawkins redet von Religion und Atheismus wie von Dingen mit fixen Eigenschaften. Kupfer hat in der Tat immer und überall dieselben Eigenschaften. Sie sind „gesetzmäßig" bestimmt. Kupfer hat nämlich kein Verhältnis zu seinen Eigenschaften. Menschen haben aber ein Verhältnis zu ihren Überzeugungen. Religionen und Weltanschauungen sind doch keine Computerprogramme, die Menschen blind abarbeiten – obwohl es auch solche Menschen gibt. Eher sind sie Orientierungskoordinaten für die Lebensführung, die aber modifizierbar, sozusagen nachjustierbar sind aufgrund von Erfahrungen mit ihnen. Sie können sogar zugunsten anderer umgestoßen werden, was man Bekehrung nennt.

Die atheistische Weltanschauung sei „lebensbejahend und lebensbekräftigend", sagt er, denn das „Wissen, dass wir nur ein Leben haben, macht dieses Leben umso kostbarer" (GW 501). Für Christen übrigens ist das eine Leben zwischen Geburt und Tod auch einmalig und der Ernstfall. Die christliche Erwartung des ewigen Lebens ist ja keine Reinkarnationserwartung. Aber wie soll ich mir das mit der lebensbejahenden atheistischen Weltanschauung genauer vorstellen? Es klingt ja wie Reklame. Soll das besagen, dass Atheismus vor Verzweiflung, Depression, Lebenskrisen und Lebensüberdruss schützt? Das wäre offenkundig eine alberne Behauptung. Weltanschauungen sind keine Dinge mit konstanten Eigenschaften. Und Atheismus, also die Leugnung der Existenz Gottes, benennt eine *Verneinung*. Wie Menschen sich verstehen und verhalten, hängt aber davon ab, was sie *bejahen*, welche Verbindlichkeiten sie in ihrer Lebensführung akzeptieren, oder, in der Sprache der Religion: was ihnen heilig ist. Das kann auch bei Atheisten ganz Verschiedenes sein. Darauf kommt es aber beim Zusammenleben zuerst an.

2. Wissenschaft widerlegt Religion?

Die singularischen Konstrukte „der Atheismus" und „die Religion" hat Dawkins gebildet mithilfe eines dritten singularischen Konstrukts: „die Wissenschaft". Sie nämlich habe die Religion widerlegt und demnach ist sie selbst atheistisch. Echte Wissenschaftler sind also Atheisten. Zur Unterstützung dieser These hat Dawkins noch eine Hilfsthese: Wissenschaftler geben oft nicht zu, dass sie Atheisten sind. (GW 137) Triffst du also doch einmal auf einen Wissenschaftler, der sich als Christ, Muslim oder Jude zu erkennen gibt, braucht dich das nicht zu irritieren. Er gibt nicht zu, dass er in Wahrheit Atheist ist. Die Hilfsthese ist sehr hilfreich gegen Irritierung. Man nennt so etwas wohl Immunisierungsstrategie.

Diese Wissenschaft ist diesmal nicht der Marxismus-Leninismus, sondern die Naturwissenschaft, die er erweitert zu einer universalisierten Evolutionstheorie, die alles erklären werde, was sinnvoll erklärt werden kann, und zu einer atheistischen Weltanschauung. „Historisch betrachtet, strebt die Religion danach, unser eigenes Dasein und das Wesen des Universums, in dem wir uns befinden, zu erklären. In dieser Rolle wurde sie mittlerweile vollständig von der Naturwissenschaft verdrängt" (GW 480). Dass er den Theologen bestreitet, ein eigenes Thema oder Fachgebiet zu besitzen – er vergleicht sie mit Elfenforschern (GW 28) –, ist nicht verwunderlich. Sehr verwunderlich ist aber, dass er offenbar auch den Gesellschafts-, Kultur- oder Geisteswissenschaftlern, den Wissenschaftsgeschichtlern, Wissenschaftstheoretikern und Philosophen keinen nennenswerten Beitrag zum Verständnis unseres Daseins zutraut. Sie werden es ihm nicht danken. Er spricht ihnen ihren Beitrag gar nicht eigens ab, er übergeht sie fast vollständig mit Schweigen. Wenn er „Wissenschaft" sagt, ist ein zur Weltanschauung erweiterter Darwinismus gemeint. Der Biologe hat sich zur Allerklärungskompetenz verstiegen. Die Marxisten-Leninisten haben dieselbe Allerklärungskompetenz beansprucht, aber sich doch wenigstens sehr detailliert (wenn auch sehr einseitig) mit spezifisch menschlichen Phänomenen, nämlich mit der „Gesellschaft", befasst. Sie sind allerdings mit dem Anspruch, die Gesetzmäßigkeiten in Natur und Gesellschaft zu kennen und anzuwenden, kläglich gescheitert. Die Wirklichkeit, dieses widerborstige Ding, weigerte sich, der historischen Notwendigkeit und der gesetzmäßigen Überlegenheit des Sozialismus über den Kapitalismus zu entsprechen – und die Menschen verweigerten sich auch.

Für seine These, dass das darwinistische Prinzip natürlicher Selektion alles Relevante erklären kann, muss Dawkins allerdings kräftig das Prinzip Hoffnung bemühen und auf ein Jenseits des gegenwärtigen Standes der Wissenschaften vertrösten.

Die Physik ist nämlich noch nicht so weit. Da wird er zum Propheten. „Wenn wir eines Tages die lang ersehnte physikalische Einheitstheorie für alles haben, ... wird sich zeigen, dass ein Universum nur auf eine einzige Art und Weise existieren kann", „und zwar auf eine Weise, die wir uns heute noch nicht vorstellen können" (GW 203). Wenn ich meinen Hausschlüssel mit Sicherheit im Haus verlegt habe, weil ich es nach seinem letzten Gebrauch gar nicht verlassen habe, kann ich prognostizieren: Ich werde ihn finden und zwar an einem Ort, den ich jetzt nicht vermute. Wissenschaftliche Forschung dagegen ist per definitionem ergebnisoffen. Man kann die Ergebnisse nicht prognostizieren, denn sonst hätte man sie ja bereits. Manchmal wird nach einem Schlüssel gesucht, von dem sich dann herausstellt, dass es ihn gar nicht gibt, wie seinerzeit den Wärmestoff Phlogiston oder den Äther, der das Weltall füllen sollte, um die Ausbreitung elektromagnetischer Wellen zu erklären

„Wir sollten die Hoffnung nicht aufgeben, dass auch in der Physik noch ein besserer ‚Kran' gefunden wird, der ebenso leistungsfähig ist wie der Darwinismus in der Biologie" (GW 223). Gemeint ist ein Prinzip, das erklärt, wie aus Einfachem Komplexes, aus Niederem Höheres wird, ohne dass Höheres („Himmelshaken", nämlich Gott als Schöpfer) im Spiel ist.

3. Meme – eine naturwissenschaftliche Kulturtheorie

Und die Kulturwissenschaften müssen auch noch auf darwinistischen Vordermann gebracht werden. Er hat da einen Einfall, wie das gelingen könnte: seine Memtheorie. Meme nennt er, in Analogie zu Genen, die „Einheiten der kulturellen Vererbung" (GW 268). Ein Gedicht oder ein Teil davon, ein Gedanke oder eine Idee, eine wissenschaftliche Theorie oder eine Gebrauchsanweisung, eine Melodie, eine Symphonie, ein Schlager – alles, was unter Menschen weitergegeben und überliefert wird, soll jetzt „Mem" heißen. Ich sag mal frech: Ein riesiger Sack voll Kraut und Rüben ist das, der vor allem einen Gewinn bringt: Man spart sich die Mühe des Unterscheidens. Also ungefähr so: Jemand führt Sie in eine Gemäldegalerie und erklärt: „Ich kann Ihnen alle Gemälde kurz erklären: Sie bestehen alle aus Atomen." Da sind wir dann endlich schlau.

„So wie sich Gene im Genpool vermehren, indem sie sich mit Hilfe von Spermien und Eizellen von Körper zu Körper fortbewegen, verbreiten sich Meme im Mempool, indem sie von Gehirn zu Gehirn überspringen." „Wenn jemand ein fruchtbares Mem in meinen Geist einpflanzt, so setzt er mir im wahrsten Sinne des Wortes einen Parasiten ins Gehirn und macht es auf diese Weise zu einem Vehikel für die Verbreitung des Mems, wie ein Virus dies mit dem genetischen Mechanismus einer Wirtszelle tut." (EG 321) Er hält es sogar für wahrscheinlich, „dass Meme – unbewusst – ihr Überleben selbst sichergestellt haben, und zwar mithilfe derselben Pseudo-Skrupellosigkeit, die auch erfolgreiche Gene an den Tag legen" (EG 329). Dass jemand von einer Idee oder auch Schnapsidee geradezu besessen ist, kommt vor. Und manche Melodien nennen wir Ohrwurm, weil wir sie nicht aus dem Ohr bekommen, wie wir sagen. Wir sagen zwar auch: mir kommt da ein Gedanke, aber den denken wir doch dann und werden nicht von ihnen befallen wie von einem Bandwurm, den der „Wirt" womöglich nicht einmal bemerkt.

Dass sich für Meme keine Analogie zur DNA benennen lässt und unklar bleibt, woraus sie denn bestehen sollen – denn so etwas wie geistige Atome und Moleküle möchte er nicht einführen –, oder wie wir uns die Reduplikation vorstellen sollen – wenn Gedanken „mitgeteilt" werden, werden sie doch weder halbiert noch verdoppelt –, darüber tröstet ihn wieder das Prinzip Hoffnung, wohl auch darüber, dass diejenigen Wissenschaftler, die sich professionell mit Überlieferung und Auslegung der Zeugnisse menschlicher Kultur befassen, für diese seine Memtheorie bisher kein Interesse gezeigt haben. Die Memtheorie befindet sich nämlich noch im „frühen Entwicklungsstadium" (GW 274), ist also sozusagen noch ein kleines Eselsfüllen. Wartet mal, bis das Tierlein erwachsen ist! Von einem frühen Entwicklungsstadium können wir reden bei Prozessen, die sich regelmäßig wiederholen, wie das Wachstum von Lebewesen oder die „Biographie" von Sternen, die wir allerdings nicht beobachten, sondern nur rekonstruieren können, weil sie länger braucht als die Menschheit existiert. Die Entwicklung von Memtheorien haben wir noch nicht beobachten können, denn seine ist die erste. Das frühe Entwicklungsstadium könnte sich auch als – große Esclei entpuppen. Auf die memtheoretische Interpretation etwa von Goethes Faust oder – des Darwinismus (den er tatsächlich als Mem versteht: EG 326) werden wir wohl noch etwas warten müssen. Und ist die Memtheorie selbst auch ein Mem, das jenseits von wahr und falsch wie ein Virus von Hirn zu Hirn springt? Da beißt sich irgendwie die Katze in den Schwanz. Mir wird ganz wirr im Kopf.

Das Grundverkehrte an Dawkins' Memtheorie ist der Grundgedanke selbst: Meme wie Gene verstehen wollen, oder allgemeiner: die Idee einer naturwissenschaftlichen Kulturwissenschaft. Kultur lässt sich nicht naturwissenschaftlich verstehen. Vielmehr ist umgekehrt die Naturwissenschaft ein Kulturphänomen, und zwar ist die moderne Naturwissenschaft mit ihren unvergleichlichen, zumal technischen Erfolgen nur einmal, in einer einzigen Kultur unter den vielen des Globus entstanden, der westlichen.

Menschen sind diejenigen Wesen, die „von Natur" dazu befähigt, aber auch darauf angewiesen sind, in einer Kultur zu leben. Angeboren ist ihnen zum Beispiel die Fähigkeit zum Spracherwerb. Kinder lernen spielend sprechen – übrigens ohne Inanspruchnahme der Sprachwissenschaft –, aber immer nur diejenige Sprache, in der sie angesprochen werden. Angesprochenwerden ist mehr als Informationsinput. Würde man ein Kind isolieren, von Pflegern stumm mit dem Notwendigen versorgen und über Lautsprecher mit Chinesisch berieseln, es würde mit Sicherheit nicht sprechen lernen. Kinder lernen eine Sprache nämlich nicht, indem sie den Lauten Bedeutungen zuordnen, sondern indem sie sie erlebten Situationen zuordnen. Erzählt wird aus dem Mittelalter, Kaiser Friedrich II. wollte wissen, welches die Ursprache sei. Er ließ deshalb Findelkinder in der Einsamkeit aufziehen mit dem Verbot von Ansprache und Zuwendung und wartete auf ihre ersten Worte. Sie alle sollen das erste Lebensjahr nicht überlebt und kein Wort von sich gegeben haben. Leider ließ sich auf diesem Wege auch nicht erfahren, was denn die natürliche Wissenschaft, die natürliche Moral und die natürliche Religion sei und ob etwa der Atheismus natürlich ist. Tatsächlich hat man in der Aufklärung ein solches Vernunftsverständnis gepflegt und erwartet, dass nach der Bekämpfung von Aberglaube und Vorurteilen sich die „natürliche" Vernunft Geltung verschaffen wird. Diese natürliche, universale, allgemeinmenschliche Vernunft dürfte sich aber in Wahrheit auf formale Strukturen beschränken, wie sie Gegenstand von Logik und Mathematik sind. Was wir materialiter wissen oder zu wissen meinen, gehört einer bestimmten Kultur, Tradition oder Überlieferung an und ist nicht „natürlich". Auch grundsätzlich überlieferungskritische Haltungen oder die Idee vom absoluten Neuanfang aus Vernunft ist in einer bestimmten Tradition zu Hause, der westlichen.

Um sprechen zu lernen, müssen Kinder am Leben der Erwachsenen teilnehmen und Zuwendung erfahren. Was das ist: Zuwendung, wissen wir alle, aber nicht durch Naturwissenschaft.

Es wird also Gene geben, die den Spracherwerb ermöglichen (wie, das wissen wir bis jetzt allerdings noch nicht), aber jedenfalls kein Gen etwa für Chinesisch. Ich habe nämlich einen Berliner Chinesen getroffen, der waschecht berlinert. Ebenso abwegig ist die Suche nach dem „Gottesgen", das es immerhin schon bis zum Buchtitel gebracht hat. Es soll mich nicht wundern, wenn nächstens jemand das Gen für Physik sucht – und warum dann nicht auch das Gen für Genetik? In den Zeitungen grassiert längst die Genomanie. Dawkins hat sie auch erfasst. Er stellt ernsthaft Erwägungen über „Gene für die Ablehnung des Märtyrertums" an (GW 237). Kürzlich meldeten die Zeitungen, Wissenschaftler hätten das Gen für partnerschaftliche Bindungsunfähigkeit oder kurz für Untreue entdeckt: Wie praktisch, ich kann also nichts dafür. Gegen Ende des Artikels stand allerdings, das Gen habe nach Auffassung der Wissenschaftler nur einen geringen Einfluss auf das Verhalten und erlaube keine Prognosen.

Ach so. Das konntet ihr uns doch gleich sagen. Der Hang zum Aberglauben befriedigt sich heutzutage „wissenschaftlich".

Es gibt also eine biologische (genetische) Grundlage für den Spracherwerb, aber keine darüber hinaus für Chinesisch. Chinesisch gibt es nur unter Chinesen, also im Zusammenhang einer bestimmten Kultur. Über die erfährt man schlechterdings nichts durch Physik, Chemie oder Biologie, sondern nur durch Begegnung mit Menschen und Zeugnissen dieser Kultur. Solche Begegnungen bedürfen eines Raumes interpersonaler Anerkennung. In unserem Falle muss ich erstens selber eine Muttersprache haben und zweitens das Chinesische als Muttersprache der Chinesen verstehen. Sie haben eine Muttersprache wie ich, aber eine andere. Für Arm und Bein haben sie je ein anderes Wort mit derselben Bedeutung, das ist schnell begriffen. Doch so einfach geht das nicht weiter. Sie haben kein Wort für Natur und keines für Gott und wir keines für Tao, Yin und Yang. Da geht das Sprachenlernen nicht mehr als Pauken eines Synonymwörterbuchs ab (von der verschiedenen Grammatik und Syntax ganz zu schweigen), sondern wird zur Begegnung mit Fremdem, das zu verstehen erheblichere Anstrengungen erfordert. Apropos Natur: Dafür hatten auch die alten Germanen kein Wort und die Römer auch nicht. Die erfanden das Wort natura, um griechisch physis zu übersetzen und die europäischen Sprachen übernahmen das Fremdwort aus dem Lateinischen. Auch das Wort Religion hat in vielen Sprachen kein angestammtes Äquivalent. So schwierig wird es, wenn wir nicht nur hinter Messgeräten Daten sammeln und auswerten oder, wie Dawkins, freihändig Thesen im Dutzend billiger in die Welt setzen, sondern auch unsere eigenen, in der Selbstverständlichkeit sich verbergenden Verstehensbedingungen zu erhellen suchen – oder: außer dem zu Erklärenden und den Erklärungen auch noch den Erklärer thematisieren – uns selbst, die Menschen. Selbsterkenntnis ist für uns das Schwierigste, in vielerlei Beziehung.

Genetisch ist jeder Mensch nach der Vereinigung von Ei- und Samenzelle definitiv festgelegt. Wie weit diese Festlegungen gehen, wissen wir nicht ganz genau. Die Intelligenz, wie sie durch normierte Tests gemessen wird, ist wohl angeboren. Ein hoher Intelligenzquotient besagt aber nichts über Lebenstüchtigkeit und Sensibilität. Es gibt auch hochintelligente Kriminelle. Trotzdem: Niemand kann sein Genom austauschen. Dagegen sind Menschen durch das, was ihnen kulturell vermittelt wird, nicht ebenso festgelegt. Sie können ihre Überzeugungen, Üblichkeiten, sogar ihre Umgangssprache ändern. Diese Freiheit haben Gene nicht.

Der Unterschied zwischen der biologischen Vererbung und kulturellen Überlieferungsprozessen ist schlicht der, dass Menschen zu ihrer Kultur ein (ausdrückliches oder unausdrückliches) Verhältnis haben. Und ihre Kultur beruht darauf, dass sie zu sich und ihrer Welt ein Verhältnis haben. Menschen haben ein Selbstverständnis. Sie haben es nicht jeder für sich isoliert, sondern zwar jeder für sich, aber mit anderen geteilt. Hegel nannte das den objektiven Geist. Wenn man fragt, wo sich die kulturellen Phänomene befinden, kommt man mit dem (scheinbar) einfachen Schema Subjekt-Objekt, subjektiv-objektiv nicht aus. Sie haben ihr Sein im Bewusstsein, aber nicht nur in diesem und jenem, sondern interpersonal. Eine Sprache oder ein Rechtssystem hat seine eigenen Regeln oder Gesetze und wer gegen sie massiv verstößt, wird im einen Fall nicht verstanden, im anderen Fall bestraft. Aber diese Gesetze sind keine Naturgesetze, obwohl sie für den Einzelnen eine diesen ähnliche „Objektivität" besitzen. Naturgesetze übrigens haben, sofern sie erkannt werden, auch ihr Sein im Bewusstsein, nämlich dergestalt, dass wir von ihnen voraussetzen, dass wir sie nicht (willkürlich) machen können, sondern suchen müssen und finden können. Es ist schwer zu sagen, was wir uns unter einer Physik ohne Physiker vorstellen könnten. Ich kann mir nichts darunter vorstellen. Deshalb ist es jedenfalls nicht einfach nur verrückt, sich vorzustellen, dass es drei Sekunden nach dem Urknall, als es weder uns noch intelligente Wesen auf anderen Planeten geben konnte (denn es gab noch keine Atome, geschweige denn Moleküle oder gar die DNA), bereits nicht nur etwas, sondern auch jemanden gab – wobei schon der Satz „es gab etwas" ohne Sprecher ohne Sinn ist. In der Bibel findet sich jedenfalls dieser Gedanke: „Ehe die Berge geboren waren und die Erde und die Welt geschaffen, bist du Gott von Ewigkeit zu Ewigkeit" (Ps. 90, 2).

Menschen bewohnen nicht nur Häuser, sie wohnen auch in ihrer Kultur. Kulturverächtung („zurück zur Natur") ist nur eine Spielart dieses Wohnens, nämlich der Versuch seiner Verweigerung. Sie ist immer inkonsequent, weil sie niemand bis zur Aufgabe der Sprache treiben kann. Wenn er fortan zu schweigen beschließt, bleibt doch das innere Zwiegespräch mit sich selbst – es sei denn, er ist permanent mit Drogen zugedröhnt. Und jeder, der etwas verneint, bleibt dadurch auf das Verneinte bezogen. Was bliebe von Dawkins' Atheismus übrig, wenn ihm sein Gegner abhanden käme, über den sich so bequem und behäbig aus der Pose des Allerklärers Possen reißen lässt?

Für die Gene einer Spezies, wie des Mammuts oder der Saurier gilt: ausgestorben ist ausgestorben. Kulturelle Überlieferungen dagegen können, zumal schriftliche, wiederentdeckt und wiederbelebt werden. Es gibt Renaissancen und Reformationen und gerade unsere abendländische Geschichte ist von ihnen geprägt, nämlich von der Aneignung der antiken Bildung seit dem Bildungsabbruch durch die Völkerwanderung und von gegenwartskritischen Rückbesinnungen auf das ursprüngliche Christentum. Zwar sind wir gerade dabei, unsere kulturelle Herkunft zu vergessen. Es ist aber für jeden, der hinsieht, klar, dass Europas kulturelle Herkunft nicht die Kultur der Germanen oder Slawen ist, von denen wir unsere Gene haben, sondern Jerusalem, Athen und Rom.

Gene können sich weder selbst korrigieren noch modifizieren. Menschen können das. Menschen haben eine Geschichte, die sie (ob nun korrekt oder unkorrekt) erinnern und aus der sie sich verstehen. Gene verstehen sich nicht und haben eine Geschichte nicht für sich, sondern nur für den (menschlichen) Beobachter.

Zwar ist es eine Binsenweisheit, dass Kinder zunächst die Sitten, Gewohnheiten und Überzeugungen, zuerst aber die Sprache ihrer Eltern und Umgebung übernehmen. In Wahrheit aber wird alles Kulturelle – Sprache, Religion, Kunst, Technik, Recht, Wissenschaft inbegriffen – gelernt und nicht vererbt. Überlieferungsprozesse vollziehen sich zwar auch durch Nachahmung, im Wesentlichen aber im Medium der Sprache. Da wird erzählt und besprochen, gefragt und zurückgefragt. Das ewige Warum der Kinder im entsprechenden Alter wird ja manchen Erwachsenen sogar zu viel. Ruhe geben sie erst, wenn sie das Vermittelte, Angebotene, Wahrgenommene irgendwie, zunächst auf kindliche Weise, verstanden haben, und das heißt sich in ihm und mit ihm zurechtfinden. Das Medium der Sprache eröffnet eine eigentümliche Distanz, die es erlaubt, von Aneignung oder Erwerb zu sprechen.

Menschen haben immer ein Verhältnis zu ihrer kulturellen Überlieferung, Gene nicht. Gene wissen nichts von dem Genom, dem sie zugehören. Davon wissen nur Menschen, nämlich Genetiker.

Dieses Verhältnis zur kulturellen Überlieferung kann freilich sehr verschieden aussehen. Überlieferung kann unhinterfragt selbstverständlich übernommen werden und gelten. Dann ist der Überlieferungsprozess dem biologischen Vererbungsprozess tatsächlich sehr ähnlich. In traditionalen Gesellschaften ist der überlieferte gesellschaftliche Konsens sehr stabil, was die Orientierung erleichtert, aber Kritik erschwert. Moderne Gesellschaften des westlichen Typs stellen wohl das andere Extrem dar. Obwohl auch diese von einem beachtlichen Bestand an Selbstverständlichem zehren, was besonders dem aufmerksamen Touristen in anderen Kulturen mit anderen Selbstverständlichkeiten ins Auge fällt, sind sie mindestens seit der Aufklärung überlieferungskritisch eingestellt wie wohl keine andere. Das erleichtert die Kritik und damit Verbesserungen oder Innovationen, Erfindungen und neue Entdeckungen. Es erschwert aber die Orientierung. Deshalb begleitet uns die permanente Klage über einen Mangel an Wertekonsens. In dieser Situation der Unübersichtlichkeit wird der Wunsch nach einfachen Antworten mächtig. Zwei Anbieter melden sich da zur Stelle: die fundamentalistischen Religionsvereinfacher und die fundamentalistischen Wissenschaftsvereinfacher. Dawkins ist so ein Vereinfacher. Seine liebste Vereinfachungsstrategie besteht darin, dass er die komplexen Verhältnisse menschlicher Selbst- und Weltverhältnisse auf ein simples Subjekt-Objekt-Schema reduziert, und zwar in einer teils technizistischen (Menschen als Behälter oder Maschinen), teils biologistischen Sprache (Meme als Viren). Viren und Parasiten: Schädlingsbekämpfung.

Dawkins sagt: „Ich behaupte nicht, Meme seien zwangsläufig eine direkte Entsprechung zu den Genen, aber je ähnlicher sie den Genen sind, desto besser funktioniert die Memtheorie" (GW 268). Leider gilt aber auch: Je ähnlicher kulturelle Überlieferungsprozesse der biologischen Vererbung sind (nämlich als quasiautomatische, unreflektierte Weitergabe, wie bei Gerüchten und Klatschgeschichten zumeist), umso weniger sind sie spezifisch menschlich. Also:

je besser die Memtheorie „funktioniert", umso weniger wird sie den Besonderheiten kultureller Überlieferungsprozesse gerecht.

Obwohl sich nach Dawkins die Memtheorie, wie er sagt, in ihrem frühen Entwicklungsstadium befindet, schüttelt er schon mal eine Liste religiöser Meme aus dem Ärmel, darunter: „Ketzer, Gotteslästerer und Abtrünnige sollte man umbringen" (GW 279). Dass es in den ersten dreihundert Jahren der Christentumsgeschichte gar keine Ketzerverfolgungen gab und diese erst begannen, als die römische Staatsmacht das Christentum als staatstragend zu favorisieren begann, und dass die erste Kritik an der Ketzerverfolgung von Christen stammt, die sich dafür auf christliche Zeugen, nämlich Bibel und Kirchenväter beriefen, scheint ihm ebenso entgangen zu sein wie die Tatsache, dass auch Atheisten blutige Verfolger von (ebenfalls atheistischen) „Ketzern" werden können. Unter Stalin entstanden offizielle Kataloge von Ketzereien, die ich noch herbeten könnte, denn sie waren in der DDR bis 1989 in Geltung, wenn auch nicht mehr mit tödlichen Folgen. Liquidiert wurden unter Stalin auch Genetiker als „wissenschaftliche" Ketzer, weil sie der „wissenschaftlichen" Auffassung Lyssenkos von der Vererbung erworbener Eigenschaften widersprachen. Die musste aber richtig sein, weil doch die neue Gesellschaft den neuen Menschen hervorbringen sollte.

4. Ich bin mein Gehirn

Dawkins' Memtheorie ist eine eher kuriose Naturalisierung des menschlichen Bewusstseins. Ernster und weit verbreitet ist eine andere, die das menschliche Bewusstsein mit dem Gehirn und seinen Aktivitäten identifiziert. Sie ist auch für Dawkins ganz selbstverständlich.

Diese Identifikation ist nicht neu. Der Biologe Carl Vogt hatte bereits 1855 erklärt, „dass die Gedanken etwa in demselben Verhältnis zum Gehirn stehen wie die Galle zu der Leber oder der Urin zu den Nieren" und Friedrich Engels hatte sich über diesen physiologischen Vulgärmaterialismus zu Recht lustig gemacht.

Diese Identifikation widerspricht nicht nur unserem gelebten Selbstverständnis, sondern beruht auch auf einem Missverständnis dessen, was von der Gehirnforschung zu erwarten ist. Niemand sagt ernsthaft: „Ich bin mein Gehirn"; er würde uns ja auch Rätsel aufgeben, was das Wort „mein" dann besagen soll. Wir sagen: Ich habe ein Gehirn.

Die Erforschung des Gehirns macht derzeit gewaltige Fortschritte dank neuer bildgebender Verfahren, die die Gehirnaktivitäten immer genauer zu lokalisieren erlauben. Es ist nicht ausgeschlossen, dass sich auch Projekte verwirklichen lassen, von denen die Zeitungen unter der Überschrift „Gedanken lesen" berichten. Das ist allerdings eine irreführende Bezeichnung. Die Gehirnforschung kann immer nur physikalische und biochemische Prozesse im Gehirn registrieren und selbstverständlich keine Gedanken oder Gefühle. Welche Bewusstseinsvorgänge den jeweiligen registrierten Gehirnaktivitäten entsprechen, das muss der Proband den Forschern erzählen. Vorausgesetzt er lügt nicht, lassen sich dann die Messergebnisse mit Erlebtem korrelieren. Das Erlebte und Gedachte hat also weiterhin sein Sein im Bewusstsein. Man kann die Sammlung solcher Bilder von Hirnaktivitäten mit einer Sammlung von Fingerabdrücken vergleichen. Die Fingerabdrücke sagen für sich nichts über die Person und ihre Vorstrafen. Man kann am Fingerabdruck nicht erkennen, ob er einem Verbrecher zugehört. Der Name steht auch nicht drauf. Allerhöchstens kann man erkennen, ob er von einem Handwerker stammt. Aus der russischen Revolutionszeit wird berichtet, manchmal habe man Menschen mit Händen ohne Schwielen gleich erschossen, da sie der Ausbeuterklasse zugeordnet wurden. Nur wenn der Fingerabdruck schon aus Kenntnis einer Person dieser zugeordnet ist, weil man ihn ihr einmal leibhaftig abgenommen hat, kann man sagen: Diese Person, von der aus anderen Quellen einiges bekannt ist, hat hier diesen Fingerabdruck hinterlassen.

Vor einiger Zeit wurde berichtet, Itzhak Fried an der Klinik der University of California habe durch einen Zufall das Lachzentrum entdeckt, also das Areal im Gehirn, das für das Lachen zuständig ist. Bei der Untersuchung am Gehirn einer Epileptikerin bei Bewusstsein hat er eine bestimmte Gehirnregion mit einer Elektrode gereizt und plötzlich fing sie an zu lachen. Je stärker der Reiz war, umso witziger fand sie die Ärzte um sie herum und die Bilder, die ihr gezeigt wurden. Die Umstehenden dagegen sahen keinen Grund zum Lachen.

Was genau ist hier entdeckt worden und was kann man aus dieser Entdeckung lernen?

Entdeckt worden ist, dass diese Gehirnregion aktiv wird, wenn jemand lacht. Wir können folgern, dass jemand nicht lachen kann, wenn diese Gehirnregion beschädigt ist. Dass sie funktioniert, ist Voraussetzung für das Lachen, und zwar *notwendige* Voraussetzung (conditio sine qua non), *nicht aber zureichende* Voraussetzung (conditio qua), denn diese Patientin überraschte ja die Umstehenden durch ein Lachen ohne Grund, genauer: bloß mit Ursache im Gehirn, aber ohne Grund in der Welt. Nichts Lächerliches war vorgefallen. Es war ein weltloses Lachen und wenn wir nicht wüssten, dass es von der Elektrode kommt, würden wir sagen: Die Arme ist verrückt, das ist ja ein irres Lachen.

Conditio sine qua non heißt: Ohne funktionierendes Gehirn können wir nicht lachen und nicht denken. *Nicht* conditio qua heißt: Das Gehirn alleine lacht nicht und verursacht auch nicht allein das Lachen.

Wir können also aus dieser Entdeckung nicht erkennen, was Lachen ist und wo es angebracht oder deplaziert ist. Die Entdeckung eröffnet auch keine Wege, effektiver zu lachen – wenn es das überhaupt gibt – oder jemanden von der Humorlosigkeit zu befreien. Sie könnte aber Wege eröffnen, jemanden, der aus gehirnphysiologischen Ursachen *nicht* lachen kann, durch eine Wiederherstellung dieses Gehirnareals, vielleicht einmal eine elektronische, *zu heilen*. Und diese Aussicht lohnt die Forschung.

Was Lachen ist, wissen wir aus unserer lebensweltlichen Erfahrung. Hätten die Umstehenden nicht aus Selbsterfahrung gewusst, was Lachen ist und wo es angebracht ist, hätten sie ja gar nicht bemerkt, dass die Patientin *deplaziert lacht*, sie hätten gar nicht gestaunt und demnach auch nichts über das Lachen entdeckt. Wenn es sich also z. B. um Außerirdische gehandelt hätte, die nichts von Lachen wissen, da sie nicht lachen können, dann hätten sie nur Ursache und Wirkung feststellen können, also dass jene Reizung gewisse Laute und gewisse Muskelzuckungen bei der Patientin auslöst. Das hätten sie alles exakt nach Parametern angegeben, das Wort Lachen wäre im Befund nicht vorgekommen. Sie hätten diese Daten zum Übrigen getan und nichts entdeckt.

Ich habe diesen kleinen Diskurs über das Lachzentrum einmal in einer Zeitung veröffentlicht. Darauf kam ein Leserbrief von einem Neurophysiologen, der mir widersprach. Selbstverständlich sei das Lachzentrum die conditio qua für das Lachen. Meine Behauptung, der Grund fürs Lachen sei eine lächerliche Situation, scheitere schon daran, dass es keine anerkannte Definition für das Lächerliche gebe. Er setzte also voraus: Was man nicht exakt definieren kann, gibt es nicht.

Ich habe ihm darauf folgenden Vorschlag gemacht. Er lässt sich im Lachzentrum eine Elektrode einpflanzen mit Empfänger und ich bekomme den Sender. Wenn ich auf den Knopf drücke, muss er lachen und zwar, nach seiner Voraussetzung, aus zureichendem Grund. Also er im Arm der Geliebten, ich drücke, er lacht. Dasselbe im Konzertsaal oder beim Examen. In kürzester Zeit wäre er sozial völlig isoliert. Leider hat er mir nicht geantwortet.

Leibniz hatte bereits in der Monadologie mit einem Gedankenexperiment dargetan, „dass die Vorstellungen und das, was davon abhängt, sich aus mechanischen Gründen, d. h. durch die Gestalten und Bewegungen, nicht erklären lässt. Angenommen, es gäbe eine Maschine, die vermittels ihrer Einrichtung ein Denken, Fühlen und Vorstellen bewirkt, so wird man sich dieselbe unter Beibehaltung derselben Verhältnisse so vergrößert denken können, dass man in sie wie in eine Mühle eintreten könnte. Dies vorausgesetzt, wird man bei der Besichtigung des Inneren immer nur Teile finden, die einander treiben, nie aber etwas, wodurch eine Vorstellung erklärt werden kann." (§ 16) Verstehen lässt sich nicht als physikalischer oder molekularbiologischer Vorgang beschreiben, weil dann das Verstandene oder der Inhalt nicht erfasst ist. Was Verstehen ist, wissen wir nur aus dem Vollzug. Das stört nun diejenigen, die ganz auf die technische Perspektive eingestellt sind. Es ist aber eine spätestens seit Kant gewonnene Einsicht, dass die Erkenntnisbeziehung nicht zum Erkenntnisobjekt gemacht werden kann. Man kann auch das Sehen nicht sehen, sondern immer nur etwas. Da haben wir übrigens einen sehr nahe liegenden und keineswegs übernatürlichen Kandidaten für Unsichtbares: das Sehen selbst. Ich kann gleich noch einen zweiten liefern: Bedeutung. Man kann sie nicht sehen, sondern nur verstehen. Auch Bedeutung hat ihr Sein nur im Bewusstsein. Die Biologie und der Darwinismus übrigens auch.

Aber das Bewusstsein muss doch irgendeinmal entstanden sein und es muss doch entstanden sein aus Wesen ohne Bewusstsein. Richtig. Was aber besagt hierbei das „muss"? Für uns, also bewusste Wesen, stellt sich diese Frage im Zusammenhang der Evolutionstheorie. Es muss so sein, weil andernfalls die Theorie nicht konsistent ist. Beobachtet und protokolliert hat die Entstehung des Bewusstseins niemand. Beobachten können wir nur rudimentäre, trotzdem sehr erstaunliche Gestalten von Bewusstsein bei Tieren, wie den Werkzeuggebrauch, die Zuordnung von (menschlichen) Wörtern zu Gegenständen, die Identifikation des eigenen Spiegelbilds als solches. Wir entdecken da etwas an Tieren, das wir zuvor von uns selber kennen. Die Entstehung des menschlichen Bewusstseins kann immer nur rekonstruiert werden, nämlich von uns. Solche Rekonstruktionen sind nie voraussetzungslos. Das wichtigste Kriterium zur Beurteilung solcher Rekonstruktionen ist dies: Ob sie unserer Selbsterfahrung entsprechen, ob sie also das gestellte Ziel tatsächlich erreichen. Auskünfte von der Art, dass der Geist „als emergente Eigenschaft aus der Materie erwächst" (GW 252), erfüllen dieses Kriterium nicht. Niemand versteht sich ernsthaft als Eigenschaft von etwas. Was im Zusammenhang einer rekonstruierenden Theorie sein „muss", sollten wir weiterhin genau unterscheiden von dem, was uns aus Erfahrung und Selbsterfahrung bezeugt ist. Wenn man die Entstehung von etwas nicht hinreichend erklären oder etwas nicht präzis definieren kann, ist das kein Grund, seine Existenz zu leugnen oder die Beschreibung des Gegebenen zu entwerten. Wie auch immer das Bewusstsein entstanden sein mag – was es heißt, ein bewusstes Wesen zu sein, wissen wir jedenfalls, aus Selbsterfahrung.

Jenes Projekt „Gedankenlesen" stößt sofort auf Bedenken, und zwar ganz zu Recht. Eröffnen diese Verfahren nicht Missbrauchsmöglichkeiten, durch die Persönlichkeitsrechte verletzt werden? Kein vernünftiger Mensch sagt, diese Frage sollen doch die Gehirnforscher mit ihren Methoden auch gleich klären, denn sie erforschen doch das „Bewusstsein". Es soll doch aber durch den ethischen Diskurs entschieden werden, wie weit sie mit ihren Methoden gehen dürfen und wie der Gebrauch ihrer Erkenntnisse geregelt, gegebenenfalls eingeschränkt werden muss. Offenbar können uns die bildgebenden Verfahren auf solche Fragen keine Antwort geben. Sie gehören in einen anderen Diskurs und zu einer anderen Art von Wissen als das naturwissenschaftliche. Dawkins allerdings erwartet, dass „die Gehirnforschung einige allgemeine ethische Regeln aufdeckt" (GW 309). Er erwartet also die Entdeckung des Fingerabdrucks, dem man Name und Anschrift direkt entnehmen kann. Da hat sich wohl ein parasitäres Mem in sein Gehirn eingeschlichen. „Die nahe liegende Ursache der Religion ist vielleicht die übermäßige Aktivität irgendeines Gehirnareals" (GW 234). Das eröffnete ja interessante Aussichten. Dann kann man den Atheismus durch kleine Eingriffe ins Gehirn befördern. Aber wie erklären wir uns dann Bekehrungen in die eine wie die andere Richtung? „Warum bist du Atheist geworden?" „Weil die Religionsneuronen nicht mehr feuern." „Warum feuern die denn nicht mehr?" „Weiß ich auch nicht, vielleicht liegt's an der Ernährung, vielleicht auch am Wetter."

Dass sich Kultur durch Naturwissenschaft ebenso schlecht erschließen und verstehen lässt wie das Bewusstsein durch die Gehirnforschung, lässt sich auch an einem technischen Beispiel illustrieren. Ich möchte Bachs Kunst der Fuge verstehen und höre sie mit einem Freund vom Tonband an. Darauf erklärt mir der Freund, wie ein Tonband funktioniert und wie die Kunst der Fuge an mein Ohr gelangt, über Tonkopf, Verstärker, Lautsprecher, Schallwellen, Trommelfell. Er erklärt das alles ganz richtig. Trotzdem: Lieber Freund, du hast mir das Falsche erklärt. Ich wollte wissen, wie eine Fuge aufgebaut ist und nicht wie ein Tonband funktioniert. Außerdem habe ich gar nicht Schallwellen gehört, sondern Töne. Aber „an sich" besteht doch Bachs Kunst der Fuge aus Schallwellen! An sich heißt jetzt: physikalisch gesehen. Physikalisch gesehen unterscheidet sich aber dann die Kunst der Fuge nicht vom Geräusch eines Presslufthammers, der erzeugt auch Schallwellen. Bach hat jedenfalls nicht Schallwellen, sondern Noten aufs Papier gebracht und je nachdem, welches Instrument die Noten spielt, entstehen ganz verschiedene Bündel von Schallwellen. Wir verstehen offenbar nichts von Musik, wenn wir sie nur physikalisch betrachten und es ist eine Illusion, wenn jemand meint, die vollendete Physik würde uns dann auch Bachs Kunst der Fuge erschließen. Ebenso absurd wäre die Erwartung, die Perfektion der Spektralanalyse, also der physikalischen Untersuchung der Farben, würde uns endlich einen wissenschaftlichen Zugang zur Malerei eröffnen. Konsequente materialistische Monisten, wie Dawkins einer sein will, haben an solchen Stellen jedenfalls ein Problem. Sie haben dafür eher verschleiernde als erleuchtende Ausdrücke erfunden: Emergenz (Auftauchen wie ein Vulkan aus dem Meer), Fulguration (Aufblitzen, eben wie ein Blitz). Sie umschreiben den für Monisten widerständigen Sachverhalt des jeweils Neuen, dessen Neuigkeit den Monismus gefährdet: die Entstehung des Lebens, des Bewusstseins, der Kultur, der Genetik. Das Neue ist nämlich deshalb neu, weil es sich nicht vollständig aus dem Bisherigen, dem Alten, ergibt, selbst wenn es dieses zur Voraussetzung hat. Andernfalls wäre es nämlich nicht neu. Dawkins liebt die Reduktionen des Neuen auf das Alte, das seine Voraussetzung ist. Da verlieben sich „Materiestücke" „in andere Brocken aus ebenso komplexer Materie" (GW 510) und beim Karikaturenstreit ging es doch nur um ein paar Linien aus Druckerschwärze

(GW 43). Da kann er ja sein Geld als Pfeifenanzünder verwenden, es ist ja auch nur Druckerfarbe auf Papier.

5. Verantwortung – lebensweltlich und naturwissenschaftlich verstanden

Nach den Kriterien naturwissenschaftlicher Methodik sind ergebnisoffene Experimente an Menschen nicht notwendig fehlerhaft konzipiert. Es gibt da also einen anderen Diskurs, der der Anwendung naturwissenschaftlicher Methoden Grenzen setzt. Man muss auch nicht wissenschaftlich gebildet sein, um diese Grenze zu kennen und zu respektieren. Es waren naturwissenschaftlich geschulte Ärzte, die in den KZs Experimente an Menschen mit tödlichem Ausgang unternommen haben. Die Experimente haben auch tatsächlich verwertbare oder – man wagt es kaum auszusprechen – medizinisch nützliche Erkenntnisse hervorgebracht. Man kann also nicht sagen, diese Ärzte hätten durchweg Pseudowissenschaft betrieben – obwohl es auch das gab. An Forscherdrang und Neugier – Tugenden, die Dawkins den Atheisten lobend zuschreibt und Religiösen abspricht – hat es jenen Ärzten auch nicht gefehlt. Man könnte hier einen Diskurs über die ideologische Verführbarkeit von Intellektuellen anschließen. Es gibt eine Art von Intellektualität, die ideologieanfällig macht. Zur SS zog es nicht etwa vor allem potentielle Mörder, sondern sehr viele tatkräftige Jungakademiker. Diese Verführbarkeit von Intellektuellen durch solche Ideologien (zumal diejenigen, die sich wissenschaftlich geben) scheint mir darin zu liegen, dass die intellektuelle Begeisterung für einfache Universaltheorien, zumal die menschheitsbeglückenden, dazu einlädt, wegzuerklären, was nicht reinpasst. Der andere Grund ist wohl der Machbarkeitswahn.

Aber ganz schlichte, naturwissenschaftlich völlig ungebildete Menschen haben, als sie von den Menschenexperimenten in den KZs erfuhren, gesagt: „So etwas darf man doch mit Menschen nicht machen." Sie meinten mit dem Wort „Mensch" dabei sicher nicht „Säugetier" oder „Atomzusammenballung". Oder sie haben gesagt: „Die sind ja vor nichts zurückgeschreckt. Denen war ja gar nichts heilig." „Heilig" ist zweifellos eine religiöse Kategorie und jedenfalls keine naturwissenschaftliche. Es gibt also eine Art von Wissen, das mindestens insofern höheren Ranges ist als das naturwissenschaftliche Wissen, als es der Anwendung naturwissenschaftlicher Methoden Grenzen setzt. Es waren namentlich die Ungeheuerlichkeiten in den KZs, die die Verfasser des Grundgesetzes veranlasst haben, Artikel 1 der Menschenwürde zu widmen. Die Menschenwürde ist keine mit naturwissenschaftlichen Methoden, etwa gar experimentell feststellbare Eigenschaft. Auch sie gehört in einen anderen Diskurs, nämlich in einen Diskurs interpersonaler Anerkennung. Auch Naturwissenschaftler werden sich gegebenenfalls auf ihre Menschenwürde berufen. Sie beweisen damit, was eigentlich keines Beweises bedarf, dass auch sie noch anderes Wissen beanspruchen als das naturwissenschaftliche.

In manchen Situationen erscheinen naturwissenschaftliche Antworten geradezu als peinlich daneben und geschmacklos. „Warum ist das Kind in den Brunnen gefallen?" „Wegen der Gravitation und der Fallgesetze." Diese richtige Antwort würde als zynisch eingeordnet. In dieser Situation interessiert sich nämlich niemand für Physik, Fallgesetze oder gar divergierende Falltheorien.

Die Frage, warum das Kind in den Brunnen gefallen ist, war gar nicht physikalisch gemeint. Gemeint war: Warum war der Brunnen nicht ordentlich abgesichert durch ein Geländer oder einen Deckel, die zwar auch den Naturgesetzen unterworfen wären, aber was nützt das, wenn sie fehlen? Und warum war das Kind nicht beaufsichtigt? Gefragt war nach den Verantwortlichen für dieses Unglück. Weder Verantwortung noch Unglück sind Termini der Naturwissenschaft. Sie gehören der Alltagssprache an, ohne die wir das, was hier interessiert, gar nicht besprechen könnten. Naturwissenschaftliche Fragen kämen in diesem Falle höchstens dann ins Spiel, wenn der Verdacht aufkäme, das Kind sei in den Brunnen nicht gefallen, sondern gestoßen worden. Dann wird die Gerichtsmedizin bemüht und die wird naturwissenschaftliche Untersuchungsmethoden zur Klärung dieser Frage einsetzen.

Aus all dem folgt nicht, dass die Naturwissenschaft um eine Theorie der Verantwortung erweitert werden sollte. Das würde sie nämlich gründlich verderben. Denn der Erfolg der neuzeitlichen Naturwissenschaft beruht gerade darauf, dass sie bestimmte (in anderen Zusammenhängen sehr wichtige) Fragen nicht stellt. Sie beschränkt sich auf das Messbare und was daraus gefolgert werden kann. Eine andere Frage ist die, ob wir nicht eine gründliche Reflexion über die Verantwortung der Naturwissenschaftler brauchen. Doch das ergäbe ethische Richtlinien für Naturwissenschaftler und keine naturwissenschaftliche Theorie.

Von der Physik wird niemand eine Theorie der Verantwortung erwarten. Aber der Darwinismus, sagt Dawkins, kann alles erklären, wenn er erst einmal auf alles angewendet worden ist, dieser „Kran", der das Komplexe aus dem Einfachen erklärt. Auf das Thema Verantwortung geht Dawkins nicht ein. Aber wir kennen ja sein Erklärungsinventar und können mit diesem selbst mal einen Versuch starten. Der Mensch ist ein Säugetier und hat sich aus dem Tierreich entwickelt, also: Wie steht es mit Verantwortung bei Tieren? Da findet sich Ähnliches, namentlich bei der Brutpflege, der Aufzucht und Verteidigung der Jungtiere durch ihre Eltern. Aber was machen wir da gerade? Wir suchen für etwas, das wir aus der Menschenwelt kennen, Analogien oder Vorform bei Tieren. Wir gehen also gerade rückwärts vom Komplexeren zum Einfacheren. Das kann man ja machen. Man sollte das nur nicht vergessen, wenn man anschließend vom Einfachen zum Komplexen geht. Auf diesem Weg hin und zurück entstehen nämlich zumeist Verluste und die führen zu jenen Vereinfachungen, die vielen als Plausibilitätsgewinn gelten, oft aber in Wahrheit Ausblendungen, Phänomenbeschneidungen, Wahrnehmungsdefizite sind.

Bei ethischen Diskursen in Talkshows ist der Rekurs auf die Tierwelt oder die „Urhorde" (mit deren Vatermord Sigmund Freud sehr phantasievoll die Religion begründete), heute sehr beliebt. Dawkins sucht auch in der Tierwelt nach den Wurzeln des menschlichen Altruismus. Warum aber sollen Wesen, die (noch) nicht waren, was wir heute sind, geeignet sein, uns über uns besser zu belehren als wir über uns? Weil wir von ihnen abstammen, wird die Antwort lauten. Wir stammen aber nicht von ihnen in der Weise ab, wie wir von unseren Eltern, Groß- und Urgroßeltern abstammen. Wir sind nämlich mit unseren Eltern aufgewachsen, nicht aber mit dem Australopithecus. Wir identifizieren uns mit unseren Eltern und Großeltern, so weit das möglich ist. Wie schwer es ist, sich mit seinen Eltern nicht identifizieren zu können, haben in Deutschland viele erlebt, als sie entdecken mussten, welche Rolle ihre Eltern in der Nazizeit gespielt haben. Dass Menschen sich manchmal wie Tiere benehmen (nämlich völlig unreflektiert), stimmt. Daran ist aber nicht der Australopithecus oder die Urhorde schuld. Weder er noch sie haben mich und dich erzogen oder – verzogen. Stammen Sie ruhig vom Affen ab, aber benehmen Sie sich nicht so, habe ich einmal in einer Zeitung geschrieben. Darauf bekam ich einen empörten Leserbrief: Ich hätte die Affen beleidigt, denn kein Affe könne so grausam sein wie Menschen. Da ist was daran, muss ich zugeben. Andererseits: Ist von Affen zu erwarten, dass sie sich aktiv für die Arterhaltung der Menschen einsetzen, wenn sie vom Aussterben bedroht sein sollten? Es ist weder zu erwarten, dass Affen Menschen in Zoos halten, noch dass einige Affen im Namen der Menschenwürde dagegen protestieren oder wenigstens eine artgerechte Menschenhaltung verlangen. Ich habe jenem Leser geantwortet: Sollte ihm ein Affe begegnen, der sich durch meinen Artikel beleidigt fühlt, möge er ihn doch in meinem Namen um Entschuldigung bitten. Übrigens: dass Menschen in der Bibel Gottes Kinder genannt werden und die Christen Gott als Vater ansprechen, steht nicht im Widerspruch zu der Tatsache, dass wir jeder von unserem leiblichen Vater und unserer leiblichen Mutter abstammen.

Dawkins hat ganz recht, wenn er sagt: „Die Opposition gegen die Evolutionslehre hat zu einem großen Teil nicht mit der Evolution selbst oder überhaupt mit naturwissenschaftlichen Fragen zu tun, sondern ihr Motiv ist moralische Empörung." (GW 291) Das stimmt und illustriert folgender Witz. Der Vater sagt zum Sohn: „Du kannst ja meinetwegen vom Affen abstammen, ich jedenfalls nicht." Allerdings ist diese Art moralischer Empörung nicht grundsätzlich verkehrt. Sie hat ja mit Selbstachtung und Selbstverständnis zu tun. Ich bin ja auch empört darüber, dass ich mich als Wegwerf-Überlebensmaschine verstehen soll. Im Falle der genetischen Herkunft des Menschengeschlechts aus dem Tierreich finde ich die Empörung aber übertrieben, denn aus ihr folgt ja nicht, dass wir nur Tiere sind. Ich empöre mich ja auch nicht darüber, dass der erste Mensch nach der zweiten Schöpfungsgeschichte aus Erde gemacht sein soll. Deshalb heißt er ja Adam, deshalb der deutsche Vorname

Erdmann. Das erinnert zugleich daran, dass unser Leichnam wieder zu Erde wird, woran bei jedem christlichen Begräbnis erinnert wird. Dawkins hat zu dieser hintergründigen Geschichte nur zu bemerken: Adam hat nie gelebt (GW 351). Nun gut. Dass alle heutigen Menschen von einer einzigen Familie abstammen, finden aber manche Paläoanthropologen heute plausibel, und zwar aufgrund genetischer Untersuchungen. Wenn es anders gewesen sein sollte, verlöre jene Geschichte dennoch nicht ihren tiefen Sinn.

Hermann Lübbe hat einmal gefragt: „Was waren wir, als wir noch nicht waren, was wir heute sind?" Robert Spaemann hat darauf geantwortet: „Als wir noch nicht waren, was wir heute sind, waren wir noch nicht." Wir Menschen haben eine Vorgeschichte. Sie ist aber nicht unsere Geschichte.

Technische Analogien gelten heute als die plausibelsten. Die ersten Autos waren Kutschen ohne Pferde. Man kann also sagen: Das Auto stammt von der Kutsche ab. So sahen die ersten Autos auch aus. Beide haben Räder, Bremsen, eine Lenkung, einen Antrieb. Bei Autos ist das alles aber trotzdem anders als bei Kutschen konstruiert. Wenn mein Auto defekt ist, sagt niemand: Das kriegen wir schon hin, schauen wir doch mal bei den Kutschen nach. Automechaniker werden auch nicht an Kutschen ausgebildet. Die Wörter Entstehung und Entwicklung gebrauchen wir doppeldeutig. Entstanden ist mein Auto in der Autofabrik nach Konstruktions- und Schaltplänen. Konstrukteure haben es „entwickelt". Dieses Entwicklungswissen braucht der Autoschlosser, um mein Auto zu reparieren. Wer weiß, wie ein Motor *„entstanden"* ist, dass er nämlich *aus Einzelteilen* zusammengesetzt wurde, der kann ihn auch, ohne Schaden anzurichten, auseinander nehmen und reparieren. Wer allerdings ganz ohne solches Wissen sämtliche Teile auf einem Tisch nebeneinander sähe, würde niemals einen

Automotor aus ihnen zusammensetzen können. Dazu bedarf es des Wissens vom Ganzen. „Was ist denn das?", fragt er und zeigt auf eines der Teile. „Ein Anlasser", bekommt er zur Antwort. „Und was ist ein Anlasser?", fragt er weiter. Nun muss ihm die Funktion des Anlassers im Motor, also der ganze Motor erklärt werden. So ähnlich geht es den Naturwissenschaftlern und Evolutionsbiologen auch. Sie lassen vor unseren Augen das Komplexe aus dem Einfachen entstehen, aber im Rückblick, als Re-Konstruktion eines Ganzen (Organismus) oder eines Teilzusammenhangs aus unserer Welt. Das Allerkomplexeste haben sie dabei vorausgesetzt, aber sie übersehen es gern, weil es hinter den Apparaten und Konstruktionen versteckt ist: sie selbst, die Forscher. Sagt man dagegen, das Auto sei aus der Kutsche entstanden oder habe „sich" aus der Kutsche entwickelt, meint man also die *Entstehung eines Ganzen (Auto) aus einem anderen Ganzen (Kutsche)*, ist das zwar eine richtige Feststellung, führt aber nicht zu den Einsichten, die man für den Umgang und die Reparatur eines Autos braucht. Deshalb löst die richtige Feststellung, das Auto sei aus der Kutsche entstanden, bloß Langeweile aus. Die Urhorde aber fasziniert.

Warum sind wir heute so sehr geneigt, wenn es um uns Menschen geht, nicht über uns, sondern über die Urhorde, die Ameisen oder Primaten nachzudenken? Ich nehme an: weil die Rolle des hinter Messapparaten und statistischen Erhebungen verschanzten Beobachters uns vor dem schützt, was uns sehr unangenehm ist: Selbsterkenntnis. Wir sind, wenn es um Naturwissenschaft und Technik geht, um Exaktheit und Perfektion bemüht. Wenn es um die Frage geht, was und wer wir sind, sind wir zum wilden Vermuten und seltsamen Umwegen geneigt.

Wenn jemand vor Gericht gefragt wird, warum er seine Verantwortung nicht wahrgenommen hat, helfen ihm Exkurse ins Tierreich nichts. Der Richter sagt unerbittlich: Beantworten Sie meine Frage und schweifen Sie nicht ab, es geht hier um Ihre Verantwortung und nicht um die von Schimpansen oder Neandertalern.

Die erste Frage, die jenes Ereignis auslöst, lautet also: Wer ist verantwortlich? Sie lautet nicht: Was ist Verantwortung? Wer in dieser Situation sagen würde: „Erkläre mir erst mal, was Verantwortung ist, und beweise mir, dass es sie gibt, ich habe sie noch nie gesehen", würde sich verdächtig machen. Will er ablenken? Oder ist er bloß ein Spinner? Es wird nämlich in einer solchen Situation von allen vorausgesetzt, dass sie wissen, was Verantwortung ist, auch wenn sie es nicht in wohlgesetzten Worten erklären können.

Was Verantwortung ist, erfahren wir, indem wir sie praktizieren und andere praktizieren sehen. Die Fallgesetze dagegen erkennen wir nicht dadurch, dass wir besonders oft fallen, möglichst noch im Vakuum, denn nur dort fallen alle Körper gleich schnell. Die Fallgesetze werden von unbeteiligten Beobachtern hinter Messgeräten erforscht. Was Kinder durch das Hinfallen lernen, sind nicht die Fallgesetze, sondern Aufpassen und Aufstehen, oder kurz: Sie lernen den Umgang mit ihrem Körper – wenn sie beim Fallen Zuspruch erfahren. Dafür helfen ihnen Newtons Bewegungsgesetze gar nichts. Denn dass sich nach Newton jeder Körper in Ruhe oder geradliniger gleichförmiger Bewegung befindet, wenn keine Kraft auf ihn wirkt (so sein erstes Bewegungsaxiom), ist ja keine Tatsache unserer Lebenserfahrung, sondern das Axiom einer Theorie, die außerdem noch erklärt, warum man einen solchen Körper nie beobachten kann, denn er müsste der einzige in der Welt sein. Schon wieder haben wir etwas Unsichtbares entdeckt: den sich gleichförmig geradlinig bewegenden Körper. Man kann mit Newtons Bewegungsgesetzen Planetenbahnen und Geschossbahnen berechnen, aber nicht laufen lernen. Man ist durch ihre Kenntnis auch nicht vor Hinfallen und Stolpern geschützt. Physiker stolpern nicht seltener als andere.

Lebensweltliche Erfahrungen und naturwissenschaftliche experimentelle Erfahrungen sind also zwei paar Schuhe und die zweiten setzen die ersten nicht außer Kraft, sie können sie nur korrigieren. Wie wir am Beispiel der Gehirnforschung gesehen haben, bleiben die lebensweltlichen Erfahrungen „im Bewusstsein" sogar die Voraussetzung für wissenschaftliche Erfahrungen. Aber der Irrtum ist weit verbreitet, wissenschaftliche Erfahrungen könnten oder sollten gar die lebensweltlichen ersetzen. Das ist der Irrtum der Konzeption einer „wissenschaftlichen Weltanschauung". Ihre Gefahr besteht in der Enteignung der lebensweltlichen Erfahrungen. Glaube nicht deinen Erfahrungen, sondern uns, den Wissenschaftlern. Es gibt den lebensfremden Wissenschaftler. Und es gab bereits die durch „Wissenschaft" legitimierte höchst inhumane Politik.

Wenn wir außerdem noch formulieren wollen, was Verantwortung ist, treten wir in den philosophischen Diskurs ein. Wir merken dann schnell, dass Verantwortung durch zwei Relationen bestimmt wird: Verantwortung *für* jemanden oder etwas und Verantwortung *vor* jemandem.

Die Frage: „Wer ist dafür verantwortlich?" gehört in ein Welt- und Selbstverständnis, das eine Zuständigkeitsordnung voraussetzt, in die wir Menschen eingewiesen sind. Die elementarste Erfahrung von Verantwortung, sagt Hans Jonas, ist ein weinendes Kind. Die jeweilige Zuständigkeit besteht nicht primär im Eingreifen und Verursachen – sie lässt sich nach dem Schema Ursache-Wirkung gar nicht hinreichend erfassen. Man kann nämlich auch für Unterlassung, also Nicht-Wirken, „zur Verantwortung gezogen werden", also sowohl dafür, dass die Weiche falsch gestellt wurde, als auch dafür, dass sie gar nicht gestellt wurde. Entscheidend ist nämlich immer, ob es in dem Bereich meiner Zuständigkeit mit rechten Dingen zugeht oder ob da etwas geschehen ist, das nicht geschehen durfte. Wer Verantwortung praktiziert, versteht sich dabei nicht als Macher, sondern als Bewahrer der Ordnungen und Freiräume, der Freiheit also, in der das Anvertraute gedeiht. Gedeihenlassen, seinlassen, Entfaltungsräume schützen, das charakterisiert sein Tun. Für den, der Verantwortung wahrnimmt, ist die Welt teleologisch strukturiert, weil sie am Gedeihen von Lebendigem orientiert ist. Er tut, was für sie (und damit für ihn) gut ist. Sein Tun hat für ihn einen Sinn, den er sich nicht selbst gemacht hat. Die Welt, in der es Verantwortung gibt, ist nicht sinnlos. Wer Verantwortung wahrnimmt, kann dabei und in dieser Hinsicht weder sich noch was er tut darwinistisch verstehen. Er kann kein reiner Egoist sein, aber auch kein reiner Altruist, denn wer sich ruiniert, kann keine Verantwortung mehr wahrnehmen.

Die Perspektive der Verantwortung ist uns ja wieder vertrauter geworden, seitdem wir uns mit Ökologie befassen und der „Bewahrung der Schöpfung". Die Gefährdungen, auf die wir da zunehmend empfindlicher und manchmal auch überempfindlich reagieren, sind gewiss nicht unmittelbar durch die Religion bedingt, sondern durch die umsichtslose massenhafte technische Anwendung naturwissenschaftlicher Erkenntnisse in der Perspektive des Machers. Manche sagen allerdings, daran sei ein Satz der Bibel schuld: „Macht euch die Erde untertan." (1. Mose 1,28) Der meinte aber: wie ein Gärtner und nicht wie ein Räuber. Jedenfalls macht der, der jenen Satz für ökologische Schäden verantwortlich macht, dabei die Voraussetzung, dass das technische Weltbeherrschungspathos religiösen, nämlich jüdisch-christlichen Ursprungs sei. Interessanterweise hat Dawkins diesen

Argumentationstyp gegen die Religion nicht in Stellung gebracht. Sie würde ja mit seiner Hauptthese von der Wissenschaftsfeindlichkeit der Religion kollidieren. Religionskritik ist also auch eine sehr plurale Angelegenheit und manchmal widerspricht der eine Typ dem anderen. Wenn Dawkins fragt: „Und welche Religion soll gelten?", kann ich zurückfragen: „Und welche Religionskritik soll gelten?"

Verantwortung gibt es nur in einem Geflecht interpersonaler Bezüge. Nur Personen können Verantwortung tragen. Wenn es Verantwortung geben soll, kann man die Welt nicht dergestalt monistisch verstehen, dass die Individuen nur Instrumente, Erscheinungen, Eigenschaften von etwas anderem sind. Für diese Welt ist Individualität und also auch Pluralität konstitutiv, auch wenn das jeden Monisten und nicht nur den materialistischen sozusagen system-ästhetisch empört. Vielleicht sollten wir weder Monisten sein, die alles auf ein Prinzip zurückführen, noch Dualisten, die alles auf zwei Prinzipien zurückführen, sondern das Zurückführen mal zurückstellen und uns erst einmal umsichtig umsehen in unserer Welt. Auch wenn wir Verantwortung für Dinge, Pflanzen, Tiere wahrnehmen und dies nicht nur, weil sie für andere Menschen nützlich sind, sondern auch um ihrer selbst willen – weil es sie weiter geben soll –, bleibt doch jedenfalls die Verantwortung vor ... immer ein personaler Bezug. Der kann verschieden besetzt werden: die Gesellschaft, die Nachkommen, die Geschichte. In der Präambel des Grundgesetzes heißt es, das deutsche Volk habe sich dieses „im Bewusstsein seiner Verantwortung vor Gott und den Menschen" gegeben. Was das für die Art der Verantwortung besagt, dürfte wohl auch ein Atheist verstehen. „Vor Gott" heißt hier: Trickserei geht nicht. Wer geschickt ist, kann nämlich Menschen ziemlich lange narren, verführen, blenden, sprich Verantwortung vortäuschen.

Fragen wie die rings um das Thema Verantwortung werden zumeist als ethische Fragen verstanden, die nichts zu tun haben mit der Beschreibung der Wirklichkeit, für die die Naturwissenschaften zuständig seien. Man verweist dann gern auf den Unterschied zwischen Sein und Sollen und auf den naturalistischen Fehlschluss vom Sein aufs Sollen. Daran ist ja richtig, dass sich aus der naturwissenschaftlichen Rekonstruktion der Wirklichkeit keine Ethik ableiten lässt. Unser kleiner Diskurs über die Verantwortung hat aber gezeigt, dass Verantwortung kein ethischer Spezialbegriff ist, der, ich weiß nicht wie, über dem naturwissenschaftlichen Wirklichkeitsverständnis schwebt. Verantwortung impliziert vielmehr selbst ein Welt- und Selbstverständnis, allerdings ein anderes als das naturwissenschaftliche. Die scharfe Unterscheidung zwischen Sein und Sollen greift hier nicht. In diesem Welt- und Selbstverständnis sind Sein und Sollen verwoben.

Die Welt, in der es Verantwortung gibt, ist mit den Methoden der Naturwissenschaft schlechterdings nicht erfassbar. Oder: Die Frage „Was ist der Mensch, wer sind wir?" lässt sich mit naturwissenschaftlichen Methoden nicht hinreichend beantworten. Das spricht nicht gegen die Naturwissenschaft, wohl aber gegen den Wahn, ihr eine Allerklärungskompetenz zuzuschreiben. Auch Gerechtigkeit, Frieden und Freiheit, Schuld und Vergebung sind in unserer Lebenswelt von großer Bedeutung, aber für Naturwissenschaften schlechterdings unzugänglich.

Also: auch Dawkins' dritter Singular „die Wissenschaft" pluralisiert sich. Verstehen wir Wissenschaft in der alten Bedeutung des Wortes als Gesamtheit des Wissens, müssen wir sagen: Es gibt verschiedene Wissenschaften, die sich nicht zu einer Einheitswissenschaft vereinigen lassen. Verstehen wir unter Wissenschaft, wie heute zumeist üblich, lediglich dasjenige Wissen, das durch messende Verfahren erworben wird, müssen wir sagen: Neben dem wissenschaftlichen Wissen gibt es noch andere Weisen des Wissens, die für uns sogar gewichtiger sind. Dazu gehört an erster Stelle unser gelebtes Selbstverständnis mitsamt unseren lebensweltlichen Erfahrungen und lebensleitenden Überzeugungen. Auf diesem Feld praktizieren wir unsere Antworten auf die Frage: „Wer sind wir?" oder eben: „Was ist der Mensch", auch wenn wir diese von uns praktizierten Antworten schlecht oder gar nicht in Worte fassen können. Und in diesem Felde geben Religionen und nichtreligiöse Weltanschauungen ihre Antworten.

6. Pluralität der Religionen – wie gehen wir damit um?

Religionen (es gibt sie nur im Plural) gehören in die menschliche Lebenswelt und nicht in die Welt, wie die Naturwissenschaften sie durch die Festlegung auf eine sehr spezielle Perspektive rekonstruieren. Menschen leben mit diesen ihren Antworten, weil sie ihnen ihre Welt erschließen. Deshalb sind sie mit ihnen sozusagen verwachsen, oder sie wohnen sozusagen in ihnen.

Aber Religionen geben doch offenkundig auf jene Fragen ganz verschiedene und einander ausschließende Antworten! Das ist wohl wahr. Allerdings würde sich diesbezüglich nach Abschaffung „der Religion" gar nicht viel ändern. Denn nichtreligiöse Weltanschauungen und Lebensentwürfe geben ja ebenfalls ganz verschiedene Antworten. Und was die Philosophie betrifft, so treten zwar immer wieder Großdenker auf, die die eine einzig wahre Philosophie verkündigen, sie haben aber damit die Zahl der Philosophien nur um eine weitere vermehrt.

Allerdings wird die Pluralität der Religionen und Kulturen heute, da die Menschheit sich vom abstractum zur globalen Kommunikationsgemeinschaft wandelt, verschärft zum Problem, wenn nämlich die Fremden nicht mehr fern sind, sondern nebenan wohnen und wenn durch die Medien die ganze Pluralität oder Vielfalt menschlicher Kulturen gleichzeitig überall anschaubar wird.

Die dadurch verschärft auftretenden Probleme stellen sich auf zwei Ebenen: auf der Ebene des Zusammenlebens und auf der Ebene konkurrierender Wahrheitsansprüche. Ich kann leider nicht erkennen, dass Dawkins für diese beiden Probleme etwas Konstruktives und Weiterführendes vorgetragen hat.

Die erste Ebene, die des Zusammenlebens, ist die politische. Er behandelt sie gar nicht ausdrücklich, lässt aber einiges verlauten, das nichts Gutes ahnen lässt.

„Solange wir das Prinzip anerkennen, dass religiöser Glaube respektiert werden muss, einfach weil er religiöser Glaube ist, kann man auch den Respekt gegenüber dem Glauben eines Osama bin Laden oder der Selbstmordattentäter kaum ablegen." „Das ist ein Grund, warum ich alles in meiner Macht Stehende tue, um die Menschen nicht nur vor so genanntem ‚extremistischem' Glauben zu warnen, sondern vor dem Glauben überhaupt. Die Lehren der ‚gemäßigten' Religion sind zwar selbst nicht extremistisch, sie öffnen aber den Extremisten Tür und Tor." (GW 427) Genauso gut könnte man auf die Idee kommen, vor den Lehren des Darwinismus zu warnen, weil er dem Sozialdarwinismus und der Rassenhygiene mit Zwangssterilisationen und der Vernichtung lebensunwerten Lebens Tor und Tür geöffnet habe. Man kann fast alles in der Welt missbrauchen, zum Beispiel Handwerkszeuge als Mordinstrumente. Wir sollten doch sowohl bei Dingen wie bei Theorien weiterhin möglichst sorgfältig den Missbrauch vom Gebrauch unterscheiden, statt mit aller Macht vor dem Gebrauch zu warnen.

Es geht jetzt um Politik und nicht um die Wahrheitsansprüche. Selbstmordattentäter möchte Dawkins verhindern. Er tut das mit der Strategie „viel Feind, viel Ehr", denn die allermeisten Muslime lehnen Selbstmordattentate ab, Christen ohnehin. Aber religiös sind sie, also stellt er sie allesamt mit Osama bin Laden in eine Ecke. Da fehlt ihm die einfachste wissenschaftliche Tugend: Unterscheidungsvermögen. Die Religionsstatistik weist aus, dass etwa 90 % der Weltbevölkerung Religionsangehörige sind. Der Anteil der Atheisten wird auf 8 % geschätzt, denn es gibt außerdem noch Menschen, die keiner Religion angehören, aber an ein „höheres Wesen" glauben. Das sind unsichere Zahlenangaben und die nominelle Religionszugehörigkeit sagt noch nicht viel darüber, wie ernst jemand seine Religion nimmt. Jedenfalls muss Dawkins noch die weit überwiegende Mehrheit der heute existierenden Menschen bekehren, und zwar nachdem er sie zuvor allesamt verspottet und verlästert hat.

Die meisten Opfer von Selbstmordattentaten sind Muslime und die Angehörigen der Opfer respektieren diese Attentate keineswegs als legitime religiöse Handlungen. Daran könnte ein vernünftiger Kampf gegen den Terrorismus anknüpfen.

Diejenigen, die in Westafrika etwas gegen die Mädchenbeschneidung, genauer gesagt: die Verstümmelung ihrer Sexualorgane, unternehmen, gehen da sehr viel intelligenter, vor allem aber sensibler vor. Sie lassen sich nämlich vom örtlichen islamischen Geistlichen zuerst bestätigen, dass die Mädchenbeschneidung nicht zu den Geboten des Islam gehört, was dort viele annehmen, da sie schlicht die Gesamtheit ihrer Kultur und alle ihre Bräuche als islamisch deuten. Wenn jene Aufklärer dann noch eine der Beschneiderinnen dazu bewegen können, zu erzählen, wie sie ihre eigene Beschneidung erlebt haben, ist oft das Eis gebrochen. Einmal ausgesprochen wagen auch die anderen, darüber zu sprechen, wie sie das erlebt haben. Die Aufklärung beruht hier darauf, dass Menschen dazu verholfen wird, ihre eigenen Erfahrungen ernst zu nehmen. Das ganze Dorf beschließt dann die Abschaffung der Mädchenbeschneidung. Der Abschaffung des Islam hätte das Dorf nie zugestimmt.

Diese Aufklärerinnen haben sich in diejenigen, denen sie helfen wollen, hineinversetzt. Sie haben darüber nachgedacht, wie sie ihr Anliegen, die Abschaffung der Mädchenbeschneidung, denjenigen vermitteln können, die sie für selbstverständlich geboten hielten. Sie haben dabei deren eigenes Selbstverständnis respektiert und ihnen gezeigt, dass die Abschaffung dieses inhumanen Brauchs sich sehr wohl mit ihrem religiösen Selbstverständnis verträgt. Und sie haben an deren eigenes Erleben appelliert und ihnen dazu verholfen, es auszusprechen. Das sind die Gründe dafür, dass solche Bekehrung, die Abkehr von einer inhumanen Praxis, gar nicht so selten gelingt.

Der Dreißigjährige Religionskrieg ist nicht durch Abschaffung „des Glaubens" beendet worden, sondern dadurch, dass rechtliche Regelungen gefunden wurden, die die konfessionellen Gegensätze ausklammerten. Das war ein Paradigmenwechsel. Das Recht sollte nicht mehr die (religiöse) Wahrheit schützen, sondern die Personen mitsamt ihren Überzeugungen, deshalb Religionsfreiheit (zunächst nur für die Stände). Der damit geforderte Respekt gilt der Person und deshalb ihren Überzeugungen, denn Menschen sind keine Behälter für Meme, die man (wer eigentlich?) schnell mal austauschen kann. Was ich als Person bin, bin ich nur mit meinen Überzeugungen. Das ist gemeint mit dem Prinzip, dass (auch) der religiöse Glaube respektiert werden muss. Dieser Respekt findet überall in der Welt seine Grenze am Recht, und namentlich am Strafrecht. Ich kenne keinen Staat, der Selbstmordattentate als religiöse Handlungen respektiert. Die Religions- und Gewissensfreiheit findet ihre Grenze in dem Grundsatz, dass ich nicht anderen die Kosten dieser meiner Freiheit aufbürden darf. Und das lässt sich mit der Goldenen Regel plausibel machen.

Als Beispiel für übermäßigen Respekt vor der Religion nennt Dawkins die Wehrdienstverweigerung aus religiösen Gründen. „Ein großartiger Moralphilosoph, der in einer preisgekrönten Doktorarbeit ausführlich die Übel des Krieges offenlegt, hat es unter Umständen vor dem Prüfungsausschuss dennoch schwer, als Kriegsdienstverweigerer anerkannt zu werden. Wenn man dagegen erklärt, ein Elternteil oder beide seien Quäker, bekommt man kaum noch Gegenwind, ganz gleich, wie schlecht man argumentieren kann und wie wenig man über die Theorie des Pazifismus oder sogar über das Quäkertum weiß." (GW 36) Die Überzeugungen der Eltern sind sicher keine tragfähige Begründung für die Wehrdienstverweigerung, die eloquente Darlegung der Übel des Krieges und der Theorie des Pazifismus allerdings auch nicht. Dass Wehrdienstverweigerung nur bei denen akzeptiert wird, die gut argumentieren und gut Theorien referieren können, vorzugsweise also bei Akademikern, wäre eine schreiende Ungerechtigkeit. Das Kriterium – in der Praxis schwer genug anzuwenden – muss vielmehr sein, ob *Gewissensgründe* (nicht nur religiöse!) vorliegen, deretwegen jemand sagen muss: Ich *kann nicht* andere Menschen töten, unter keinen Umständen kann ich das, es widerspräche meinen innersten Überzeugungen, ich würde meine Identität verletzen, es wäre für mich wie eine Zwangstaufe.

Übrigens ist die Verweigerung des Wehrdienstes mit der Waffe aus Gewissensgründen sogar in der DDR – allerdings mit Einschränkungen – respektiert worden (Bausoldaten), was es in keinem anderen sozialistischen Staat gegeben hat. Erstaunlich war das auch deshalb, weil das Gewissen kein Thema der marxistisch-leninistischen Doktrin war. Im offiziösen Philosophischen Wörterbuch fehlte das Stichwort. Es war wohl eine überraschende Erfahrung für die SED, dass Menschen aus Gewissensgründen lieber ins Gefängnis gehen als ihren Wehrdienst abzuleisten. Die SED wollte solche Märtyrer der Gewaltlosigkeit wohl lieber vermeiden, weil sie in den Kirchen (halb-)öffentliche Unterstützung fanden.

Ich habe den Eindruck gewonnen, diese Dimension personaler Identität und Überzeugungstreue kennt Dawkins gar nicht. Jedenfalls kommt das Wort „Gewissen", so weit ich sehe, in seinem Buch nicht vor – immerhin erstaunlich, da sein Kampf gegen die Religion vorrangig auf das Christentum zielt und im abendländischen Christentum seit dem Mittelalter das Gewissen eine hervorgehobene Bedeutung hat. Er ist, wie er selbst sagt, Konsequentialist oder Utilitarist, möchte also alle ethischen Fragen nach dem Prinzip des Nutzens entscheiden. (GW 420) Dann hat er allerdings auch keinen Grund zur prinzipiellen Wehrdienstverweigerung, denn das Nutzenkalkül könnte ja in bestimmten Fällen ergeben, dass es für ein Land nützlicher sei, sich zu verteidigen als sich – zum Beispiel von den Nazis – erobern zu lassen. Er braucht sich dann auch nicht über das Gewissen Gedanken zu machen, denn Nutzenberechnungen kann man auf dem Marktplatz anstellen oder sich von einem Computerprogramm abnehmen lassen – immer vorausgesetzt, dass wir die Folgen unseres Handelns tatsächlich exakt voraussagen können, denn nur dann kann ihr Nutzen exakt berechnet werden. Kant war der Auffassung, für solche Folgenprognosen sei unsere Vernunft nicht erleuchtet genug.

Der andere Punkt, der nichts Gutes ahnen lässt, ist sein Protest gegen die religiöse Erziehung von Kindern. „Kleine

Kinder können noch nicht selbst entscheiden, welche Ansichten sie über den Ursprung des Kosmos, das Leben oder moralische Prinzipien haben." (GW 471) Richtig. Deshalb beginnt die Religionsmündigkeit erst mit dem 14. Lebensjahr. Kinder können allerdings auch nicht entscheiden, welche Sprache sie sprechen möchten und ihre Eltern können sie sich auch nicht aussuchen. Sie können aber nur dann eine Fremdsprache lernen, wenn sie zuvor ihre Muttersprache gelernt haben. Und bis zur Religionsmündigkeit können sie nur heranwachsen, wenn sie am Leben ihrer Angehörigen teilnehmen und wenn das eine religiös geprägte Familie ist, nehmen sie zwangsläufig auch am religiösen Leben ihrer Familie teil. Religion ist eben nicht nur ein Bündel von Antworten auf Fragen, die nur Erwachsene beurteilen können, sondern eine Lebensform. Gewiss sollen Eltern ihre Kinder nicht indoktrinieren. Aber sie sollen sie an ihrem Leben teilnehmen lassen. Kinder wollen das nämlich. Nach dem physischen Uterus brauchen sie sozusagen einen sozialen Uterus, von dem sie sich erst mit der Pubertät abnabeln. Für sie ist die Welt der Eltern der Weg ins Leben. Einen anderen gibt es für sie nicht. Eltern würden ihre Kinder um etwas betrügen, wenn sie ihnen vorenthielten, was ihnen für ihr Leben wichtig ist.

Nun komme ich zu der anderen Ebene, den konkurrierenden Wahrheitsansprüchen.

Dawkins möchte missionieren, nämlich zum Atheismus bekehren. Wer jemanden zum geistigen Wohnungswechsel animieren möchte, muss ihm eine bessere Wohnung anbieten. Dawkins' Generalangriff gegen „die Religion" gleicht aber eher einem Abriss- als einem Wohnungsbauunternehmen. Und die neue Wohnung, die er anbietet, das neue Selbstverständnis also, ist jedenfalls sehr unwohnlich, wenn er uns als Überlebensmaschinen der Gene oder Behälter der Meme interpretiert. Ich bin sicher: er versteht sich ja auch gar nicht im alltäglichen Leben so. Da versteht er sich als Aufklärer im Namen der Wissenschaft.

Der Wahrheitsanspruch, den Religionen erheben, ist der Anspruch auf ein Selbstverständnis, das gelebt wird. Aber welche hat nun recht? Nochmals: Die Aporie des Pluralismus der Wahrheitsansprüche würde durch das Verschwinden der Religion nicht beseitigt, sie würde als Pluralität nichtreligiöser Weltanschauungen wiederkehren. Aber es kann doch nur eine Wahrheit geben! Richtig, anderes können wir nicht konsistent denken. Nachvollziehbar ist aber der Gedanke, dass wir Menschen untereinander diesen Konsens über die eine Wahrheit nicht bewerkstelligen können. Genauer: Diejenigen Sachverhalte, über die sich alle Menschen, die bei Verstande sind, unstrittig einigen, wie der, dass zwei mal zwei vier ist, haben leider für die relevanten Fragen der Lebensführung die geringste Relevanz. Aber hinter diesem Konsens steht schon die nächste strittige Frage auf dem Teppich: wovon eigentlich die Mathematik handelt. Was sind Zahlen? Und wie ist es möglich, dass wir mathematische Modelle entwickeln können, die durch Experimente bestätigt werden?

Es kann nur eine Wahrheit geben, aber es gibt für uns Menschen nicht den absoluten Standpunkt, von dem aus sich für uns die eine Wahrheit als ein einheitliches Wissen von allem erschließt, weil es für uns keinen voraussetzungslosen Standpunkt gibt. Das wäre nämlich der Standpunkt Gottes. Genauer: Wir können uns einen voraussetzungslosen Standpunkt ernsthaft nur als den Standpunkt Gottes denken. Der berühmte Laplacesche Dämon, der als idealer Naturwissenschaftler alle Zustände der Welt kennt, ist nur ein Gedankenexperiment – und eine Anleihe beim (nicht nur christlichen) Gottesverständnis. Trotzdem scheint mir Dawkins diesen Standpunkt zu beanspruchen, was freilich mit der Freizügigkeit seines fast beliebigen Mutmaßens nicht gut zusammenpasst.

Unser Erkennen ist immer perspektivisch. Wir können aber die verschiedenen Perspektiven oder Erkenntnishaltungen unterscheidend beschreiben. Hier ist jetzt der Unterschied zwischen der *objektiven* Erkenntnishaltung, bei der idealerweise ein neutraler Beobachter Feststellungen über einen Sachverhalt oder Gegenstand trifft – das ist die Perspektive der klassischen Naturwissenschaft, die noch nicht mit Heisenbergs Unschärferelation und verwandten Problemen der Quantenphysik zu tun hatte –, und der *interpersonalen* Erkenntnishaltung, bei der Menschen miteinander über etwas oder jemanden diskutieren, streiten, sich verständigen. Das ist nur möglich, wenn ich den anderen als meinesgleichen akzeptiere, also nicht als neutraler Beobachter Daten über ihn und sein Gehirn registriere und auswerte, sondern mich in ihn hineinversetze und, wenn wir in Verbindung sind, seine Zustimmung suche. Wir verständigen uns und teilen dann (diesbezüglich) dieselbe Ansicht – und sieh da: eins und eins sind in diesem Falle nicht zwei (Ansichten), sondern eine und dieselbe. Nun gelingt das nicht immer, wie wir alle wissen. Der interpersonale Standpunkt vollzieht hinsichtlich des Erkennens, was die Goldene Regel: „Alles, was ihr wollt, dass euch die Leute tun, das tut ihnen auch" für das Tun fordert (Matth. 7,12). Offensichtlich kann sich die Katze nicht in die Maus versetzen, die sie fängt. Sie würde ja sonst auch verhungern. Und offensichtlich ist Menschen diese Perspektive (sich in die Opfer ihres Tuns versetzen) oft unzugänglich, manchen wohl sogar grundsätzlich und unaufhebbar. Dann wird Sicherungsverwahrung unvermeidlich.

Treffen wir auf eine Überzeugung, die wir nicht teilen können, so können wir versuchen, sie zu verstehen, indem wir erklären, was wir nicht teilen oder akzeptieren können.

Der Versuch gelingt nicht immer, es gibt Grenzen des Verstehens. Erklären können wir das zunächst Unverständliche auf vielerlei, aber grundsätzlich auf zweierlei Weise.

Erklären wir die nicht geteilte Überzeugung eines anderen aus anderen Randbedingungen seiner Situation, anderen Voraussetzungen als den unseren und der Unkenntnis bestimmter Sachverhalte, so können wir nachvollziehen, warum er eine andere Überzeugung vertritt, d. h. wir können uns vorstellen, an seinem Ort und unter seinen Voraussetzungen seiner Überzeugung zu sein. Obwohl sich die Unterschiede nicht ausräumen ließen, bleibt er für mich noch in einem gemeinsamen Verständigungsraum oder in der Binnenperspektive der Verständigung. Nennen wir dies Erklärung Typ eins.

Ganz anders verfährt das Erklären Typ zwei. Es führt die nicht geteilte Überzeugung auf determinierende Ursachen wie eine Geisteskrankheit, einen Gehirnschaden oder Verblendung zurück. Dann ist die Frage, ob wir die Überzeugung des Betreffenden in seiner Situation teilen könnten, sinnlos. Was ein Geistesgestörter oder ein verblendeter Fanatiker zu einer bestimmten Sachfrage von sich gibt, können wir nicht als Äußerung zur Sache verstehen. Seine Überzeugung ist für uns nicht mehr Zeugnis eines anderen Verstehens in einem gemeinsamen Verstehenshorizont, sondern Wirkung einer Ursache, mit der wir uns erklären, warum seine Äußerung nicht zu verstehen ist. Wir sagen dann: der spinnt, ist verrückt, nicht zurechnungsfähig oder den kann man doch nicht ernst nehmen. Seine Äußerungen sind nur noch ein Krankheitssymptom, die Scherbe eines zerbrochenen Ganzen oder Ausdruck von Geistesverwirrung. Wir haben in der betreffenden Sachfrage mit ihm keine gemeinsame Binnenperspektive mehr.

Dieser Übergang vom Verstehen anderer Menschen zum Erklären ihrer unverständlichen Äußerungen nach

Typ zwei bedeutet immer den Kommunikationsabbruch im Diskurs zur Sache.

Es gibt allerdings keine feststehende, „objektive" Grenze, die uns nötigt, vom Erklären innerhalb eines gemeinsamen Verstehenshorizontes zum Erklären aus (der Binnenperspektive auf die Sache gegenüber) äußeren Ursachen überzugehen. Wer sich intensiv mit einer fremden Kultur oder einem anderen Zeitalter beschäftigt, kann vieles verstehen, was Unkundige nur als Blödsinn abtun.

Am häufigsten erklären diejenigen jemanden für verrückt, deren eigene Verstehensmöglichkeiten beschränkt sind, die Fähigkeit also, sich in andere Menschen zu versetzen. Sie können sich nur mit Menschen verständigen, die passgenau so denken wie sie. Da sie sich nur mit ihresgleichen verständigen, tendieren sie zur fundamentalistischen Selbstisolierung. Die gibt es unter Religiösen ebenso wie unter Nichtreligiösen.

Es ist ein Gebot der Fairness, das sich aus der Anerkennung anderer Menschen als meinesgleichen ergibt (und nicht aus der Physik), es so weit irgend möglich mit den Erklärungen des ersten Typs zu versuchen. Wohlwollen ist das oberste methodische Gebot der Hermeneutik und der schönste Erfolg ist der, jemanden besser zu verstehen, als er sich selbst verstand und ihm das vermitteln zu können. „Wunderbar haben Sie das gesagt. Genau so habe ich es gemeint", sagt der dann. Dagegen wird jeder von uns mindestens enttäuscht, wenn nicht sogar beleidigt sein, wenn ihm seine Ansichten nach Typ zwei erklärt werden. Ich habe damit meine spezifischen Erfahrungen: Weil du den falschen Klassenstandpunkt hast und religiös befangen bist, kannst du nicht wissenschaftlich denken. Immerhin wurde uns angeboten, den Klassenstandpunkt zu wechseln, sofern wir nicht als hoffnungslose Fälle eingestuft wurden.

Dawkins' Erklärung der Religion ist nun eindeutig dem Typ zwei zuzuordnen. Es sind Erklärungen für Religionsverächter und solche, die es werden möchten. Religion sei nämlich „eine Fehlfunktion eines eigentlich nützlichen Mechanismus" (GW 263) einiger Module des Gehirns (GW 250). Das erklärt er uns an den Motten, die nachts in die Kerzenflamme fliegen. Weil sie darauf programmiert sind, dass das Licht normalerweise unerreichbar von oben kommt und sie sich daran orientieren, steuern sie in berechenbaren Kurven unweigerlich die Kerze an und verbrennen. (GW 239) Er sucht deshalb „das primitiv-vorteilhafte Merkmal ..., das manchmal falsch funktioniert und dann die Religion entstehen lässt" (GW 242). Dabei geht es ihm „weniger um eine ganz bestimmte Einzelantwort als vielmehr um das allgemeine Prinzip, dass man die Frage richtig stellen und im Bedarfsfall neu formulieren muss" (GW 242). Um eine physikalisch sinnvolle Antwort zu bekommen, muss man in der Tat zuerst physikalisch sinnvolle Fragen stellen. Sie müssen zum Beispiel Quantifizierbares benennen, wenn die Antwort durch ein messendes Experiment überprüft werden soll. Dieses Prinzip wendet Dawkins jetzt auf die Religion folgendermaßen an: Viele Antworten sind möglich, sie müssen aber immer unter der Voraussetzung stehen, dass Religion eine Fehlfunktion ist. Es gibt da aber noch eine andere Ebene des Fragens: Ob denn die Frage wirklich so gestellt werden muss. Oder allgemeiner: Was tun wir eigentlich, wenn wir Wissenschaft betreiben? Dawkins geht von der allzu einfachen Antwort aus: Dann universalisieren wir den Darwinismus.

In den Naturwissenschaften ist es berechtigt, nur solche Antworten zuzulassen, die den Kriterien experimenteller Überprüfbarkeit genügen. Das gehört zu den vereinbarten Spielregeln und ermöglicht diese faszinierende Kooperation von Forschern, die in anderen, politischen, weltanschaulichen, religiösen, kulturellen Fragen gar nicht einer Meinung sind. Im Feld interpersonaler Verständigung dagegen sind solche präjudizierenden Fragestellungen gegebenenfalls inhumane sophistische Fallen. Ich erinnere mich an stalinistische Verhörmethoden. „Für welchen westlichen Geheimdienst haben Sie spioniert?" Dem Vernehmer war jede Antwort recht, wenn sie nur Antworten auf die von ihm „richtig" gestellte Frage waren. Er musste nämlich sein Soll in der Entlarvung von Volksfeinden erfüllen. Der Vernommene musste nach Sibirien, warum genau war zweitrangig. Dawkins ist auch jede Antwort recht, wenn sie nur die Religion als Fehlfunktion entlarvt.

Dawkins möchte die Menschheit von der Religion befreien. Für diese Absicht passt das Paradigma des Arztes. Und eine Welt ohne Kinderlähmung ist ja im Unterschied zu dem Projekt einer Welt ohne Religion oder eine Welt ohne Gewalt tatsächlich ein erreichbares Ziel. Wer dieses Ziel erreichen will, muss aber die Krankheit, die da bekämpft werden soll, sehr genau studieren und darf nicht nach dem Grundsatz verfahren: alle Antworten sind mir recht, wenn sie nur irgendwie dartun, dass Kinderlähmung eine Krankheit ist. Dawkins Religionskenntnisse sind weniger als dürftig.

Als solche „Merkmale" nennt Dawkins ohne Anspruch auf Vollständigkeit (alle Antworten sind ja erwünscht, wenn sie nur ins festgelegte Frageschema passen): Kinder glauben den Erwachsenen und sind deshalb „anfällig für ,geistige Viren'" (die sich selbst verbreitenden Meme) (GW 263), was allerdings nur die Verbreitung, nicht die Entstehung jener „Viren" erklären würde. Menschen und insbesondere Kinder seien zweitens „von Natur aus geborene Dualisten", die irrtümlich davon ausgehen, „dass zwischen Materie und Geist ein grundlegender Unterschied besteht" und deshalb unbelebte Gegenstände zu Geistern und Dämonen personifizieren (GW 250). Schließlich: da es vorteilhaft sei, anderen Menschen Zwecke oder Intentionen zu unterstellen, entstehe die Neigung, sie auch dort zu finden, wo es sie nicht gibt. „Kinder sind von Geburt an Teleologen, und manche wachsen nie heraus" (GW 252). Diese Religionserklärungen sollen uns später noch beschäftigen. Das sind ja relevante Themen. Auch ich muss mir ja erklären, warum Menschen Sonne, Mond und Sterne und vieles andere als Götter verehren. Ich erkläre mir das so, dass sie Geschöpfe mit dem Schöpfer verwechseln. Diese Erklärung kommt für einen Atheisten selbstverständlich nicht in Frage. Dawkins also erklärt sich dies mit einer Fehlfunktion des Gehirns. Das wiederum erkläre ich mir so, dass er exklusiv mit technomorphen Erklärungsmodellen arbeitet.

Hier weise ich nur darauf hin, dass das Mottenbeispiel den Unterschied zwischen der Normalsituation und der Ausnahmesituation voraussetzt. Religion ist aber weder in der Menschheitsgeschichte noch unter den heute lebenden Menschen ein Ausnahmephänomen („*manchmal* falsch funktioniert"), sondern der Normalfall. Epikur, der selbst oft Atheist gescholten worden ist (weil er bestritt, dass sich die Götter um die Menschen kümmern, das würde nämlich Mühe machen und ihr Glück beeinträchtigen), hat die Existenz der Götter e consensu omnium „bewiesen": Alle glauben, dass es sie gibt, also gibt es sie, nur anders als die meisten denken. Und das traf damals auch weithin zu. Wir kennen keine atheistische Stammeskultur.

Die Motte verbrennt im Kerzenlicht. Dass Religion die Überlebenschancen schmälert und die Zahl der Nachkommen oder ihre Lebenstüchtigkeit gegenüber Atheisten reduziert, was ja ein echtes darwinistisches Argument wäre, behauptet Dawkins gar nicht. Wollte aber auch ich einmal ein Verblüffungsargument aus dem Ärmel schütteln, könnte ich zutreffend behaupten, dass Religöse mehr Kinder haben als Atheisten. Das liegt aber in Wahrheit daran, dass es Atheisten vorrangig in der europäisch geprägten Welt gibt und dort die Kinderzahl viel niedriger ist als in anderen Teilen der Welt.

So sieht er denn auch selbst, dass das darwinistische Paradigma auf die Religion und auch auf die Sprache schlecht passt, weil der Selektionsdruck fehlt. Um welches knappe Gut sollten denn „die Religionen" konkurrieren? Er spricht deshalb von zufälliger, ungerichteter Evolution. (GW 265f.)

Sein Sündenregister der Religion ist ja gar nicht an darwinistischen Kriterien orientiert, sondern an Kriterien der Humanität. Wenn ich ihn richtig verstanden habe, beschäftigt ihn ganz besonders, wie „der barmherzige Samariter in uns entsteht," also der Altruismus (GW 297). Diese durch Jesu Gleichnis ausgelöste Frage finde ich auch interessant. Ich wundere mich nur, wie jemand auf die Idee kommen kann, mittels des darwinistischen Paradigmas vom Überleben der Fittesten, erweitert um die Theorie vom „egoistischen" Gen, darauf eine Antwort zu bekommen. Warum er eine darwinistische Interpretation der Religion dennoch für geboten hält, erklärt er so: „Religion ist verschwenderisch und extravagant, die darwinistische Selektion indes richtet sich gewöhnlich gegen Verschwendung und merzt sie aus." (GW 225) „Führt ein wildes Tier immer wieder irgendeine nutzlose Tätigkeit aus, so wird die natürliche Selektion jene Konkurrenten begünstigen, die Zeit und Energie stattdessen auf Überleben und Fortpflanzung verwenden." (GW 226) Lassen wir dahingestellt, ob Tierverhalten sich durchweg nach dieser betriebswirtschaftlichen Logik erklären lässt. Jedenfalls haben wir Menschen heute nicht das Problem, dass zu viele Menschen zu wenig Zeit und Energie auf die Fortpflanzung verwenden, sonst brauchte uns das exponentielle Bevölkerungswachstum nicht zu beunruhigen. Eine menschliche Gesellschaft, in der alle Zeit und Energie auf Überleben und Fortpflanzung verwendet wird, wäre eine kulturlose und inhumane Gesellschaft. Die Nazis haben eine Politik nach diesen Kriterien betrieben: das „nordische Erbgut" durch Kinderreichtum vermehren und den Osten Europas als Ernährungsgrundlage erobern. Sie haben mit dem Projekt Lebensborn richtiggehend Menschenzüchtung betrieben und ausgewählte SS-Männer zum Beispiel mit norwegischen Frauen Kinder zeugen lassen, die zum Zweck der „Aufnordung" des Erbguts in deutschen Kinderheimen aufgezogen wurden.

Verschwenderisch findet Dawkins an der Religion zum Beispiel den Bau von Kathedralen, die nutzlos seien, weil niemand drin wohnt (GW 228) oder zeitaufwendige, Wohlstand verschlingende, Feindseligkeiten provozierende Rituale (GW 230). Lassen wir das mit der Feindseligkeit mal beiseite, die meisten religiösen Feste verlaufen ohne Feindseligkeiten. Ist es denn wirklich rätselhaft, dass Menschen feiern und dass sie, was ihnen am wichtigsten ist, in ihrer Lebenswelt kunstreich zur Darstellung bringen, nicht nur durch Bauwerke, sondern auch durch Tanz, Theater und andere Kunstformen? Ist es wirklich erklärungsbedürftig, dass wir nicht in Wohnungen mit kahlen Wänden leben möchten, Museen und Galerien sehr aufwendig errichten, obwohl niemand drin wohnt, dass wir außer Bauingenieuren auch noch Architekten beschäftigen? Da ruft jemand den Darwinismus zu Hilfe für ein Problem, das er sich erst durch die Anwendung des Darwinismus auf die menschliche Kultur aufgehalst hat. Religion, Kunst, Wissenschaft, das gibt es eben so nur bei Menschen und es hat die gemeinsame Voraussetzung, dass Menschen ein Verhältnis zu sich und ihrer Welt oder eben eine Binnenperspektive haben – und Motten nicht.

7. Eine absolute Grenze darwinistischer Erklärungen

Es gibt für Erklärungen vom Typ zwei, also Erklärungen von Überzeugungen aus Ursachen statt aus Gründen, eine absolute Grenze ihrer Universalisierbarkeit. Sie sind nämlich nicht auf sich selbst anwendbar. Niemand wendet sie auf seine eigenen Überzeugungen an, weil er sie damit als Überzeugung tilgen würde – es sei denn in rückblickender Selbstkorrektur: Bei jener Entscheidung oder Äußerung war ich nicht ganz bei Troste, ich bitte um Entschuldigung. Wer allerdings lange und grundsätzlich verkehrt gedacht hat und das spürt, tut sich oft schwer mit der Selbstkorrektur. Da tritt nämlich Identitätsangst auf.

Wer also alles mithilfe eines universalisierten Darwinismus erklären möchte – und das wird ja versucht: evolutionäre Ethik, evolutionäre Erkenntnistheorie usw. –, muss doch immer eine Ausnahme machen, nämlich für seine Erklärung selbst. Die soll ja richtig oder wahr sein und dafür wird er Gründe anführen und Zustimmung erwarten. Sonst beißt sich die Katze in den Schwanz und man gerät in logische Aporien. Dann ist die Erkenntnis, dass das Denken eine Eigenschaft der Materie ist, wiederum eine Eigenschaft der Materie und dass ich das sage, wiederum und so weiter. Oder: das Gehirn produziert die Gedanken und darunter auch den Gedanken, dass das Gehirn die Gedanken produziert. Das kannst du dann aber auch für dich behalten, denn mein Gehirn produziert meine Gedanken. Wer an Einsicht appelliert, und das tut Dawkins ja mit aller Macht, setzt voraus, dass es Einsicht gibt. Wer für irgendeine Aussage Wahrheit beansprucht, muss voraussetzen, dass es einsichtige Gründe gibt und nicht nur wirkende Ursachen.

Auf dieses Problem ist Dawkins auch gestoßen. Einerseits sagt er, jedes Lebewesen sei an seine Umwelt optimal angepasst (GW 227). Demnach müsste auch unser Erkenntnisvermögen optimal angepasst sein – was auch immer das besagen soll. Aber dann überrascht er uns mit der Aussage: Die natürliche Selektion „begünstigt nicht die Evolution des kognitiven Bewusstseins dafür, was gut für unsere Gene ist. Ein solches Bewusstsein konnte erst im 20. Jahrhundert die kognitive Ebene erreichen" (GW 306). Der letzte Satz ist wohl nur der verschrobene Ausdruck für die Tatsache, dass 1944 die DNA als Träger der Erbinformation entdeckt und 1953 ihre Struktur entschlüsselt wurde. Dass damit „ein solches Bewusstsein" „die kognitive Ebene" erreichte, ist eine seltsame Mystifikation dieser Entdeckungen. Wo war dieses Bewusstsein vorher? Auf dem Wege zu diesen Entdeckungen spielte allerdings weniger „was gut ist für unsere Gene" als vielmehr was schlecht für sie ist eine wichtige heuristische Rolle: Röntgenstrahlen führen zu Mutationen und genetische Defekte lösen Erbkrankheiten aus. Jene (künstlichen) Störungen lieferten den Beweis, dass tatsächlich die physische Beschaffenheit der Erbsubstanz die physische Beschaffenheit der Nachkommen bedingt. Aber ganz richtig sieht Dawkins, dass die Entstehung der Wissenschaft namens Genetik nicht das Resultat natürlicher Selektion und schon gar nicht einer genetischen Mutation ist. Sie ist das Ergebnis sehr intensiver Forschungsarbeit.

„Wissenschaft tut – anders als Technologie – dem gesunden Menschenverstand ganz allgemein Gewalt an" (GW 508). In der Tat können wir uns ein vierdimensionales Raum-Zeit-Kontinuum nicht vorstellen und die Bewegung der Erde nicht unmittelbar erleben wie eine Autofahrt. Allerdings werden wir dadurch nicht lebensuntüchtig oder im Alltag desorientiert. Und es ist doch nichts anderes als unser Verstand, der einsieht, in welchen Zusammenhängen und aus welchen Gründen Einsteins Relativitätstheorie plausibel ist, warum unsere lebensweltlichen Erfahrungen dennoch ihre Berechtigung behalten und warum wir nicht unmittelbar erleben können, wie die Erde sich bewegt. Unmittelbar, soll heißen: bei geschlossenen Augen und verstopften Ohren, können wir unsere eigene Bewegung gar nicht wahrnehmen, sondern nur Bewegungsänderung oder Beschleunigung. Die Kugelgestalt der Erde tat dem naiven Menschenverstand auch schon Gewalt an, ist aber seit über 2000 Jahren in Europa allgemein bekannt. So neu also ist diese Erfahrung mit der Wissenschaft nicht. Aber Dawkins sieht ganz richtig, dass Wissenschaft sich einer darwinistischen Erklärung entzieht.

„Die Naturwissenschaft ... hat uns entgegen unserer evolutionsbedingten Intuition gelehrt, dass scheinbar feste Gegenstände wie Kristalle oder Felsen in Wirklichkeit fast vollständig aus leerem Raum bestehen" (GW 510). Diese seine Behauptung selbst ist zwar Unfug – „in Wirklichkeit" brechen wir uns nach wie vor an einem Bergkristall womöglich die Zähne aus und kein seriöser Wissenschaftler behauptet, dass irgend etwas aus leerem Raum besteht –, aber er spürt auch hier ganz richtig, dass die Naturwissenschaft nicht als darwinistisches Anpassungsresultat interpretiert werden kann. Wie ist sie dann entstanden? Wenn man diese Frage sinnvoll beantworten will, muss man sich in die Wissenschaftsgeschichte, d. h. in die Binnenperspektive der Diskurse, begeben. Dann kommt der Evolutionsbiologe zu der Einsicht, dass er die Evolutionsbiologie nicht der darwinistischen Evolution verdankt, sondern zuerst der Fähigkeit des Menschen, ein Verhältnis zu seinen Verhältnissen zu haben, und dann einer singulären Kulturgeschichte, nämlich der abendländischen. Und die ist auch durch eine spezifische Gestalt des Christentums, eben die abendländische, entscheidend geprägt worden.

Außer der „Materie" und allem, was wir von ihr erforschen können, gibt es also mindestens noch den Forscher und außer der darwinistischen Evolution noch den Evolutionstheoretiker. Es gibt mindestens einen „Gegenstand", auf den der Darwinismus nicht umstandslos anwendbar ist: den Darwinisten. Der versteht sich nämlich nicht als vom Selektionsdruck Geschobener, sondern als derjenige, der die Wirklichkeit erkennt, wie sie wirklich ist, auch wenn er sich dabei kräftig vertut.

Dawkins hat noch eine zweite Überraschung bereit. Nachdem er uns lang und breit erklärt hat, dass wir „Wegwerf-Überlebensmaschinen" (EG 382) der egoistischen Gene sind, überrascht er uns mit folgender Passage: „Wir haben die Macht, den egoistischen Genen unserer Geburt und, wenn nötig, auch den egoistischen Memen unserer Erziehung zu trotzen. Wir können sogar erörtern, auf welche Weise sich bewusst ein reiner, selbstloser Altruismus kultivieren und pflegen lässt – etwas, für das es in der Natur keinen Raum gibt, etwas, das es in der gesamten Geschichte der Welt nie zuvor gegeben hat. Wir sind als Genmaschinen gebaut und werden als Memmaschinen erzogen, aber wir haben die Macht, uns unseren Schöpfern entgegenzustellen. Als einzige Lebewesen auf der Erde können wir uns gegen die Tyrannei der egoistischen Replikatoren auflehnen." (EG 334) Woher wir diese wunderbare Macht haben, erklärt er uns nicht. Das bleibt eine Behauptung ohne Kontext. Und es ist ein Perspektivenwechsel, von der technizistisch-objektivistischen Perspektive zur interpersonalen. Denn von Befreiung und Selbstbefreiung können nur Personen reden und die sind immer Individuen.

Mir scheint, er findet es schön, wenn wir jene Macht hätten, also proklamiert er sie. Denn dass wir den Genen unserer Geburt trotzen können – Dawkins' wenig überzeugendes Beispiel ist die Empfängnisverhütung (EG 9) – ist eine seltsame Behauptung. Niemand kann seiner Länge eine Elle zusetzen, sagt Jesus (Matth. 6,27). Niemand kann seine Gene verändern und seine biologische Abstammung auch nicht. Gentherapie ist ein Zukunftsprojekt und würde lediglich defekte Gene ersetzen, um ein physiologisches Defizit zu beheben. Für unsere genetische Veranlagung sind wir nicht verantwortlich, wohl aber dafür, wie wir mit ihr umgehen. Wir müssen nicht darunter leiden, dass wir zu kurz oder zu lang geraten sind. Der Umgang mit dem Unabänderlichen (Schicksal) ist ein altes Thema religiöser und philosophischer Diskurse. Dass es in der Geschichte kein Beispiel für reinen Altruismus gegeben habe, ist auch eine starke These, von der ich gern wüsste, wie sie bewiesen werden kann. Gar nicht verstanden habe ich aber, woher er, als Darwinist und Materialist, die These nimmt, dass wir etwas zuwege bringen können, „für das es in der Natur keinen Raum gibt" – wo dann gibt es einen Raum dafür? Ist jener reine Altruismus, für den er eine „Verschwörung der Tauben" (EG 334) ins Leben rufen möchte, dann etwas Übernatürliches? Er sagt uns aber, es gebe nichts Übernatürliches. Aber etwas Nicht-Natürliches muss es doch dann geben. Wenn der reine Altruismus nichts Natürliches und nichts Übernatürliches ist, ist er vielleicht etwas Künstliches, gehört also in den Bereich der spezifisch menschlichen Geschichte. Aber dort soll es ja auch kein Beispiel von ihm geben. Dann bleibt nur übrig, dass er ins Feld der Wünsche gehört. Von den Wünschen gibt es die realistischen und die phantastischen. Realistische Wünsche müssen irgendeinen Anhalt in der Wirklichkeit haben. Den hat er uns nicht genannt. Nun gut, er will den reinen Altruismus ja auch nur „erörtern".

Ich kann ja gut nachvollziehen, dass er mit einem Selbstverständnis als Überlebensmaschine der egoistischen Gene nicht leben mochte. Ich auch nicht. Aber diese Proklamation einer geradezu grenzenlosen Freiheit kommt daher wie ein deus ex machina oder ein weißes Kaninchen aus dem Zylinder. Und wenn wir als „einzige Lebewesen auf der Erde" uns der Tyrannei der Replikatoren widersetzen können, dann sind wir ja doch so etwas wie die Krone der Schöpfung. Von der Illusion einer Sonderstellung des Menschen soll uns aber der Darwinismus befreit haben. (GW 419f.) Was die „Verschwörung der Tauben" betrifft: Da stimmt die Selbsteinschätzung sehr oft mit der Fremdwahrnehmung nicht überein. Die Kollateralschäden der Weltverbesserer ohne Augenmaß und selbsternannten Friedenstauben sind oft erheblich und das Gegenteil von gut ist oft: gut gemeint. Viele werden Dawkins' Buch als das eines aggressiven Falken wahrnehmen und ich habe den Eindruck, dass es sich hier eher um eine Verschwörung der Blinden und Tauben handelt, was die Wahrnehmung lebensweltlicher Sachverhalte und die selbstkritische Reflexion betrifft.

Mein hoher Respekt vor den Naturwissenschaften gilt der Sorgfalt, mit der sie unter streng definierten Voraussetzungen ihre Forschungen betreiben. Was Dawkins hier vorträgt, verdient solchen Respekt nicht. Das ist unreflektierte materialistische Pseudometaphysik und Pseudotheologie, und zwar eine inkonsistente, die uns erst zu Produkten egoistischer Gene und Meme erklärt und dann den Aufstand gegen unsere Schöpfer proklamiert. Und das ganze verbindet sich mit einer Beliebigkeit des Mutmaßens, die mir den Eindruck erweckt, er habe sich nicht nur von den Genen und Memen, sondern auch von der Seriosität befreit.

Ich kenne diese Kombination von (natur-)wissenschaftlichem Determinismus und voluntaristischem Freiheitspathos aus dem Marxismus-Leninismus, der ja auch erst das Bewusstsein als Funktion hochorganisierter Materie verstand und (dies nicht grundlos) den Menschen mit seinem Denken als durch die gesellschaftlichen Verhältnisse determiniert, um dann die Tonart abrupt zu wechseln und den sozialistischen Menschen zu proklamieren, der die Gesetzmäßigkeiten in Natur und Gesellschaft erkennt und souverän anwendet, was dann allerdings in der Praxis den Unterschied zwischen denen, die anwenden und denen, auf die angewendet wird, ergab. Allerdings muss bei der Erkenntnis oder Anwendung oder bei beidem etwas schief gelaufen sein, denn der gesetzmäßige Übergang vom Kapitalismus zum Sozialismus erlitt zur Überraschung der Akteure einen herben Rückschlag.

Dawkins unterscheidet also sehr wohl, wenn auch verdeckt und überraschend, zwischen „Materie" – die Anführungszeichen sind nötig, weil keineswegs selbstverständlich ist, was unter dem monistischen Prinzip dieses Namens genauer verstanden werden soll – und Bewusstsein, nämlich zwiefach: 1. die Evolution begünstigt nicht die (Natur-)Wissenschaft und 2. wir können uns von unseren Schöpfern befreien. Nun hatte Dawkins erklärt, diejenigen, die zwischen Materie und Bewusstsein unterscheiden, seien Dualisten. Dann ist er selbst aber an diesen beiden Punkten auch einer. Dualist in dieser Bedeutung des Wortes ist dann irgendwo jeder, der überhaupt irgendeinen Wahrheitsanspruch erhebt. Und die Kinder haben ganz recht, wenn sie hinter ihrem Auge ein Ich vermuten. Hinter Dawkins' Auge steht das Ich mit Namen Richard Dawkins, das denkt, es könne sich von der Tyrannei der Gene befreien. Dieses Ich erklärt zwar, Individuen seien keine Einheiten, sondern so etwas wie Wolken oder Wellen (EG 84) und es müsse auch gar keine Individuen (einzelne Körper) in der Welt geben, weil die Replikatoren auch ohne sie auskommen könnten (EG 431). Er ist aber selber ein Individuum und möchte sich mit anderen Individuen (also weder mit „der Materie" noch mit „der Evolution") zur „Verschwörung der Tauben" zusammentun, um etwas zustande zu bringen, wofür es in der Natur keinen Raum gibt. Dieses Ich namens Dawkins ist sehr wohl eine identische Einheit, die seit Jahren immer und überall und mit aller Macht dasselbe betreibt: zum Atheismus bekehren, trotz seines Stoffwechsels und des Austauschs aller seiner Atome alle sieben Jahre. Seltsamerweise bleibt er trotzdem derselbe. Seltsames Geheimnis unserer Identität: Auf der physischen Identität der Atome und Moleküle kann sie nicht beruhen, denn die kommen und gehen mit jedem Atemzug und jedem Stuhlgang.

8. Im Osten liest sich manches anders

Nun weiß ich sehr wohl, dass Dawkins sein Buch nicht für deutsche Leser geschrieben hat, sondern wohl vor allem für nordamerikanische. Es gehört in den amerikanischen „Kulturkampf", den dort christliche Fundamentalisten gegen die Evolutionstheorie führen, entweder in Gestalt des Kreationismus, der ein wortwörtliches Verständnis der biblischen Schöpfungsgeschichten gegen Darwin ins Feld führt, oder in Gestalt der Theorie des Intelligent Design, die behauptet, es gebe im Felde naturwissenschaftlicher Forschung Sachverhalte, die sich nur mit der Annahme eines vernünftigen Weltgestalters erklären lassen, im Besonderen irreduzible Komplexität. Das ist tatsächlich ein Kulturkampf, der um Schulbücher und Lehrpläne geführt wird und um politischen Einfluss. Aber wer sich in einen Gegner allzu sehr verbeißt, steht immer in der Gefahr, ihm ähnlich zu werden. Ein Beobachter sagt dann nicht selten: Die sind ja beide in derselben Alternative gefangen. Sie wollen „dasselbe" in dem Sinne, wie Friedrich II. gesagt hat: „Maria Theresia und ich wollen ganz dasselbe, nämlich Schlesien." Dawkins leugnet gar nicht die Verwandtschaft seines Standpunkts mit dem der Kreationisten. „Eines haben die Kreationisten mit mir gemeinsam. Wie ich ... geben sie sich mit ... getrennten Wissensbereichen nicht zufrieden. Sie respektieren keineswegs ein abgegrenztes Revier der Naturwissenschaften, sondern tun nichts lieber, als darin überall ihre schmutzigen Pflöcke einzuschlagen." (GW 98) Dawkins' Beschreibung trifft zu – aber leider für beide. Wie die Kreationisten die biblischen Schöpfungsgeschichten (es gibt zwei) – ohne Reflexion auf ihren geschichtlichen Zusammenhang und ihre Intention und ohne Reflexion auf Perspektiven – wie ein Protokoll verstehen, so versteht Dawkins die Naturwissenschaft ohne Reflexion auf ihre spezifische Perspektive und ihre Geschichte als die einzige und vollständige Wirklichkeitsbeschreibung. Beide sind geschichtsblind und beide sind inkonsequent. Die Kreationisten sind inkonsequent, weil sie Atomstrom aus der Steckdose beziehen, aber dieselben physikalischen Erkenntnisse, auf denen die Entwicklung von Atomreaktoren beruht, leugnen, wenn sie für die radiologische Altersbestimmung von fossilen Knochen und Gesteinen eingesetzt werden. Dawkins ist inkonsequent, weil er, wie jeder vernünftige Mensch, schließlich doch faktisch eine Ausnahme vom naturwissenschaftlichen Erklären zulässt, nämlich für sich, den Erklärer, der sich von seinen Schöpfern befreit. Ich könnte ihm ja zustimmen, wenn er die Konzeption getrennter Wissens*bereiche* zurückweist, weil das eine misslungene Metapher ist. Wir stehen diesbezüglich nicht auf einem Turm und sehen hier das Rapsfeld und dort die Wiese. Diese Metapher mag brauchbar sein, um das Verhältnis von Geologie und Biologie zu bestimmen. Philosophie, Theologie – und Religion entziehen sich aber einer solchen regionalen Nebenordnung zu den Naturwissenschaften. Unvermeidlich ist aber die Unterscheidung verschiedener *Perspektiven*: Wir sehen dieses und jenes vom Turm aus, können aber außerdem noch thematisieren, dass wir das nur von diesem Turm aus so sehen. „Perspektive" ist auch eine Metapher, nämlich vom (optischen) Sehen hergenommen, aber eine treffendere.

Dawkins hat noch mehr mit den Kreationisten gemeinsam: ihr Bibelverständnis. Er hält es nämlich für das einzig mögliche und steigert es sogar noch zur Absurdität, was die Widerlegung enorm erleichtert. Alles oder nichts von dem, was da zu lesen ist, müsse gelten, und zwar nicht nur Texte mit normativem Anspruch, wie etwa die Todesstrafe für das Sammeln von Holz am Sabbat oder für Ehebruch (GW 82f., 411), sondern auch was erzählt wird, müsse als vorbildlich und nachahmenswert verstanden werden. Da wird er Victorianer und findet, die Bibel sei nicht jugendfrei. Recht hat er. Es gibt in der Bibel Texte namentlich aus archaischen vorstaatlichen Zeiten, die uns schockieren. Es gibt aber auch außerbiblische archaische Texte, die uns schockieren, wie die assyrischen Königsannalen, die schlicht berichten: Ich eroberte die Stadt x, ihre Einwohner ließ ich pfählen. Und es gibt täglich schockierende Berichte menschlicher Ungeheuerlichkeiten, die nicht jugendfrei sind. Er behauptet nun, es gebe kein Kriterium der Auswahl, also müsse ein Christ alles oder nichts für verbindlich halten. (GW 328f., 336, 365) Da irrt er sich. Auswahlkriterien zwar gibt es nicht, denn wir sind hier nicht im Supermarkt, aber Auslegungshinsichten und Fokussierungen gibt es in der Bibel selbst, und die Unterscheidung von Geist und Buchstabe (2. Kor. 3,6). „Der Sabbat ist um des Menschen willen da und nicht der Mensch um des Sabbats willen", sagt Jesus (Mk. 2, 27). Das ist eine neue und humane Regel für den Umgang mit Sabbatgeboten. „Nicht was in den Mund hineingeht (Speise), verunreinigt den Menschen, sondern was aus dem Mund herauskommt (Worte), das verunreinigt den Menschen" (Matth. 15,11). Damit sind die alttestamentlichen Speisegesetze (koscher) suspendiert. „Wer von euch ohne Sünde ist, werfe den ersten Stein", soll Jesus zu denen gesagt haben, die gerade eine Ehebrecherin steinigen wollten (Joh. 8,7). Bekanntlich hat Jesus das ganze Alte Testament (das Gesetz und die Propheten) zusammengefasst gesehen in dem Doppelgebot der Liebe (Matth. 22,27f.). Oder Paulus: „Die Liebe ist des Gesetzes Erfüllung" (Rö. 13,10). Das ist eine radikale Absage an jede Kasuistik. Augustin hat dies noch provozierender formuliert: „Liebe, und tu was du willst".

So fundamentalistisch wie die Christen nach Dawkins sein müssten, können also nicht einmal die fundamentalistischsten christlichen Fundamentalisten sein, da auch für sie der Neue Bund („Testament") den Alten neu interpretiert. Seltsam, dass jemand, der als Darwinist zu Recht darauf besteht, dass auch die Natur eine Geschichte hat, blind dafür ist, dass die Bibel eine Geschichte Gottes mit den Menschen präsentiert – und im übrigen eine Entstehungsgeschichte von etwa tausend Jahren hat, um deren wissenschaftliche Erforschung sich die christliche Theologie seit etwa zweihundert Jahren intensiv bemüht. Davon hat wohl Dawkins nichts mitbekommen.

Dawkins' hermeneutische These „alles oder nichts muss gelten" kann ich mir nur so erklären, dass er die Bibel mit einem Gesetzestext verwechselt. Doch wenn er sich ein wenig mit Rechtswissenschaft beschäftigt hätte, wäre ihm aufgegangen, dass auch die Juristen eine Hermeneutik, Auslegungskunde brauchen. Wenn es auf diesem Gebiet keine Auslegungsprobleme gäbe, könnten Computer die Rechtsprechung ersetzen. Ich möchte gern wissen, ob er der Jurisprudenz auch den Wissenschaftscharakter abspricht. Sie heißt übrigens lateinisch nicht Jurisszienz, Rechtswissenschaft, sondern Rechtsklugheit.

Die Alles-oder-nichts-Hermeneutik verschafft ein sehr schlichtes Diskriminierungsinstrument. Wer sich Christ nennt und nicht jedem Satz der Bibel die Geltung eines Gesetzesparagraphen zuspricht, ist ein Heuchler, denn er glaubt nicht, was in der Bibel steht. Auch diese Zumutung der Beschränktheit kenne ich aus der DDR. Die Christen sollten sich auf den „Kult" (gemeint war der Gottesdienst) beschränken und sich nicht mit politischen oder anderen Gegenwartsfragen befassen, denn dazu seien sie weder qualifiziert noch legitimiert.

Und schließlich hat er auch sein Religionsverständnis ganz auf die fundamentalistischen Kreationisten zugeschnitten. Es handle sich bei der Religion um kosmologische Hypothesen, die einer wissenschaftlichen Überprüfung zugänglich sind.

Nun verbindet sich der Zorn über jenen christlichen Fundamentalismus in den USA für Dawkins und viele andere mit dem Schock des 11. September, den Selbstmordattentaten islamistischer Fundamentalisten. Das könnte er zum Anlass nehmen, „den Fundamentalismus" argumentativ zu bekämpfen. Er öffnet aber lieber den ganz großen Sack und bekämpft gleich „die Religion". Dann ist die Auswahl von Skandalen aus tausenden von Jahren der Menschheitsgeschichte groß, aber um den Preis, dass die Treffsicherheit der Argumente gegen Null tendiert.

Dawkins hat ein zorniges Buch vorrangig für nordamerikanische Verhältnisse geschrieben. Es hat auch im Osten Deutschlands nicht wenige Leser gefunden, darunter sicherlich auch diejenigen, die den Kirchen in der DDR vorwerfen, dem großartigen Menschheitsexperiment Sozialismus in den Rücken gefallen zu sein. Wir sind geständig, drücken das aber etwas anders aus: am Untergang der kommunistischen Diktatur mitgewirkt zu haben.

Bürgermeister im Osten Deutschlands werden aber wenig Verständnis für die Gefahr der Religion aufbringen. Sie werden eher froh sein, wenn es in ihrem Ort eine attraktive kirchliche Jugendarbeit gibt, was selten genug vorkommt. Dass dabei Jugendliche religiös beeinflusst werden, stört sie nicht. Ihnen macht nämlich ein anderer Einfluss auf

Jugendliche Sorgen: der des Rechtsextremismus, Skinheads und Neonazis mit ihren brutalen und menschenverachtenden, namentlich ausländerfeindlichen Songtexten. Die brauchen zumeist nicht zum Atheismus bekehrt zu werden, denn vom christlichen Glauben und der Kirche halten sie nichts. Sie hassen auch die Christen, weil die sich für Ausländer, Asylbewerber und Behinderte einsetzen, Gottesdienste zum Gedenken an die Opfer rechtsextremer Gewalt veranstalten und Gegendemonstrationen gegen rechtsextremistische Aufmärsche unterstützen oder organisieren, dies übrigens oft zusammen mit sehr linken Gruppierungen, unter denen viele sich als Atheisten verstehen, aber im Sinne eines menschenfreundlichen Atheismus. Jene rechtsextremen Jugendlichen werden, sofern sie überhaupt Bücher lesen, von Dawkins' Büchern sicher nicht zu Besserem bekehrt, sondern eher darin Munition finden gegen das Humanitätsgequatsche und gegen die Kirche und sie werden ihre eigenen Konsequenzen aus dem Egoismus der Gene ziehen. Islamistische Selbstmordattentate finden diese (atheistischen) Rechtsextremen gut, wenn sie sich gegen Juden und den amerikanischen „Kapitalismus" wenden. Dawkins wird sagen: Mit denen habe ich doch nichts gemein. Das glaube ich ihm sofort. Aber er ist Konsequentialist oder Utilitarist, möchte also die Moralität der Handlungen ausschließlich nach ihren Wirkungen beurteilen. Solche Wirkungen hat er nicht beabsichtigt. Ach so. Das genau ist aber das Problem des konsequenten Konsequentialismus: Die Wirkungen unserer Handlungen können wir selten vorher genau kennen, Fernwirkungen ohnehin nicht. Dawkins selbst ist darüber erschrocken, dass ein rücksichtsloser Manager erklärt hat, er sehe sich durch das Buch „Das egoistische Gen" bestätigt. (GW 297 Anm.) Das hätte er voraussehen können. Wer erklärt, dass die Nächstenliebe oder der barmherzige

Samariter in uns eine Fehlfunktion *ist*, schiebt vergeblich nach, dass das nicht abwertend *gemeint* sei. Der normale Leser findet „Sein" wichtiger als „Meinen": „Du bist ein Esel, das ist aber nicht beleidigend gemeint." Wenn der „reine Altruismus" (was das genau ist, weiß ich übrigens nicht) in der Natur nicht vorkommen kann und in der Geschichte noch nie vorkam, also – nach Dawkins' Voraussetzung – nirgends in der Wirklichkeit einen Anhalt hat, leuchtet dem normalen Menschen seine Proklamation nicht ein. Sie erscheint ihm schlicht hohl.

II. Religion – ein widerborstiges Phänomen

1. Definitionsprobleme

Was Religion ist, wissen wir alle irgendwie, aber eine Definition fällt uns schwer. Diejenigen, die sich wissenschaftlich mit Religion befassen, wissen sehr viel mehr als wir über die Religionen, sind aber ebenfalls um eine Definition verlegen. Manche empfehlen, auf eine Definition zu verzichten und sich auf die Beschreibung der jeweiligen religiösen Überzeugungen und Handlungen zu konzentrieren. Das ist nicht Drückebergerei, sondern entspricht der Tatsache, dass es Religionen, wie übrigens die Sprachen, nur im Plural gibt.

Trotzdem erlaube ich mir eine vorbehaltliche und vorläufige Aufzählung von fünf Zügen, die uns nicht grundlos vorschweben, wenn wir von Religion sprechen:
- den Bezug auf übermenschliche Macht, Unbedingtes, Heiliges oder Transzendentes;
- einen Bezug auf Traditionen, also eine Generationenkontinuität;
- einen Gemeinschaftsbezug, der in der Regel die Grenzen des Standes überschreitet, bei den sogenannten Weltreligionen auch nationale Grenzen;
- Lebensorientierung, und zwar sowohl im Alltag als auch besonders in den sogenannten Grenzsituationen des menschlichen Lebens, wie Krankheit, Schicksalsschläge, Tod und Schuld;
- eine religiöse Praxis, und zwar sowohl gemeinschaftliche, wie etwa den Gottesdienst, als auch individuelle, wie das Gebet.

Die Schwierigkeiten einer Definition der Religion ergeben sich daraus, dass sich im Abendland zunächst ein Religionsbegriff gebildet hat, der sich an dem orientierte, was im westlichen Kulturkreis unter Religion verstanden wurde: Glaube an Gott oder Götter. Das passte ganz gut für Judentum, Christentum, Islam und die Religionen der bekannten Antike der Griechen und Römer. Doch dann kamen zwei außereuropäische Entdeckungen hinzu, die sich dieser Definition nicht einfügten.

Die eine waren die sogenannten Naturreligionen, wir nennen sie besser *Stammesreligionen schriftloser Völker*. Das Schamanentum gehört dazu, der sogenannte Fetischismus, der Ahnenkult. Hier geht es nicht um Götterverehrung, sondern um den Umgang mit Geistern und Kräften, die Magie gehört hierher.

Die andere Entdeckung war der *Buddhismus*. Das Nirwana ist kein Gott und das Ziel des Buddhismus ist nicht Götterverehrung, er möchte sie als etwas Vorläufiges überwinden. Der Buddhismus ist aber gemeinschaftsbildend, traditionsbildend und lebensorientierend wie ansonsten Religionen. Also eine atheistische Religion (H. v. Glasenapp)? Der Ausdruck ist mindestens ungewohnt.

Man hat dann versucht, das unübersichtlich gewordene Feld durch den *Entwicklungsgedanken* zu ordnen, und zwar durch zwei entgegengesetzte Konzeptionen.

Das eine Schema lautete: Höherentwicklung von den Naturreligionen über den Polytheismus zum Monotheismus. Die Folge musste sein, dass die unter dem Namen Hinduismus zusammengefassten indischen Religionen als primitiv gegenüber den monotheistischen Religionen des europäisch-vorderorientalen Bereichs (Judentum, Christentum, Islam) erscheinen mussten, was ein Hindu als intellektuellen Kolonialismus zurückweist. Aber auch die unterstellte Primitivität der sogenannten Naturreligionen ist problematisch, wenn wir nur bedenken, dass Gesellschaften nach dieser Orientierung zigtausende von Jahren bis heute lebensfähig waren und sind. Sie sind auch nicht primitiv nach dem Maßstab der Differenziertheit, sondern hochkomplex in ihren Riten und Bräuchen. Die Lehrzeit der keltischen Druiden soll zwanzig Jahre betragen haben.

Das andere Schema ist eher eine Dekadenztheorie: vom Urmonotheismus zum Polytheismus zurück zum differenzierten Monotheismus. Aber ein solcher Urmonotheismus lässt sich ernsthaft nicht nachweisen.

Zu offenkundig machen beide Entwicklungsschemata die europäischen Gegebenheiten zum Entwicklungsziel.

Innerhalb des westlichen Kulturkreises kommt aber noch ein weiteres Problem hinzu. Wenn wir voraussetzen, dass zu jeder Art von Religion ein Transzendenzbezug gehört, dann können Ideologien wie der Kommunismus nicht zu den Religionen gerechnet werden. Sie beanspruchen aber in vergleichbarer Weise den ganzen Menschen. Die diesen Ideologien entsprechende Gemeinschaftsform war die der politischen Weltanschauungspartei. Sollen wir sie als Pseudoreligionen bezeichnen? Kommunisten würden diese Einordnung zurückweisen. Sie beanspruchen, eine wissenschaftliche Weltanschauung zu vertreten, die gerade von der Religionskritik ihren Ausgang nimmt. Dieser Anspruch auf eine wissenschaftliche Weltanschauung lässt sich nach allgemein anerkannten Kriterien der Wissenschaftlichkeit zurückweisen, es bleibt aber das erstaunliche Phänomen, in welchem Maße sich der herrschende Kommunismus religiöser Sprache (ewig, allmächtig) und Riten (Jugendweihe, Massenaufzüge) bedient und quasireligiöse Verhaltensweisen (Ergebenheit, aber gegenüber der Partei) eingefordert hat. Verheerend hat sich ausgewirkt, dass in den sozialistischen Staaten auch der ethische Diskurs zunächst radikal abgebrochen wurde. Lenin: Es gibt

„im ganzen Marxismus von vorn bis hinten auch nicht ein Gran Ethik". Und was danach als sogenannte sozialistische Moral etabliert wurde, war ein partikularistisches Dekret. Die „Zehn Gebote der sozialistischen Moral" von Walter Ulbricht haben zwar eine Zeit lang jedes Postamt geziert, haben aber den Dekalog nicht ersetzt, sondern nur bewirkt, dass nun im Osten meist beide vergessen sind.

Anders stehen die Dinge bei einem atheistischen Humanismus, der von solchen pseudoreligiösen Versatzstücken keinen Gebrauch macht. Allerdings haben solche Überzeugungen selten nur gemeinschaftsbildend gewirkt.

2. Wortgeschichte

Eine gewisse Klärung ergibt sich, wenn wir der *Wortgeschichte von Religion* nachgehen. Es gibt nämlich keineswegs in allen Sprachen ein angestammtes Wort für Religion in der heutigen Bedeutung des Wortes. Die Äquivalente, die heute Wörterbücher aufführen, haben ursprünglich andere Konnotationen: im Sanskrit dharma: Ordnung; arabisch din: Sitte, Brauch, islam: Ergebung; japanisch kyo: Lehre, do: Weg usw.

Religio ist ursprünglich ein Wort der lateinischen Alltagssprache und bezeichnet ein bestimmtes Verhalten, eine Tugend. Die beste Übersetzung ist wohl: Respekt. Deshalb kommt dieses Wort ursprünglich nur im Singular vor. Von anderen Tugenden wie Mut oder Besonnenheit können wir ja auch keinen Plural bilden. Ob das Wort von relegare, genau beobachten oder von religare, verbinden abzuleiten ist, war schon in der Antike umstritten. Bei den Römern meint das Wort religio so viel wie korrektes Verhalten den Verwandten und jeglichen Verbindlichkeiten gegenüber, besonders aber den Göttern gegenüber, und zwar als Vollzug der landesüblichen Riten und Sitten. Der irreligiosus ist nicht der Atheist im Sinne einer atheistischen Weltanschauung, sondern der Respektlose.

Und da man es mit dem Respekt auch übertreiben kann, kann religiosus auch der Skrupulöse, der Abergläubische heißen. Religio benennt also etwas, das Religion und Ethos, die hier gar nicht unterschieden werden, gemeinsam haben: Anerkennung, Respekt.

Erst im christlichen Sprachraum, für den aber nicht „Religion", sondern „Glaube" das Grundwort ist, wird die Unterscheidung von religio vera et falsa entscheidend. Religion steht in neuartiger Weise unter der Wahrheitsfrage. Das angemessene Gottesverhältnis ist nicht mehr durch die landesüblichen Riten abgetan. Entscheidend ist jetzt die personale Beziehung zu Gott, das Gottvertrauen (Glaube). Das hat eine spezifische Kultur der Innerlichkeit ausgelöst, den Heils- und Verantwortungsindividualismus, die Erweiterung der Verantwortung über die Handlungen hinaus auf Gedanken und Worte.

Die eine christliche wahre Gottesverehrung, wie sie für das christliche Mittelalter selbstverständlich geworden war, wird zu Beginn der Neuzeit durch drei Erfahrungen problematisiert: durch

(a) die Erfahrung mit der Pluralität christlicher Konfessionen,
(b) die Erfahrung mit Fremdreligionen und
(c) die Religionskritik der europäischen Aufklärung.

Ad (a) Es waren die Erfahrung der Kirchenspaltung nach der Reformation und der durch sie ausgelösten furchtbaren Religionskriege, die schließlich dem Gedanken der Religionsfreiheit Geltung verschafften. Religion meinte dabei zunächst nur die christlichen Konfessionen, für deren Nebeneinander rechtliche Regelungen getroffen werden. Die rechtliche Gleichstellung der Juden erfolgte erst im 19. Jahrhundert.

Ad (b) Die Erfahrung der Pluralität der christlichen Konfessionen einerseits und die durch die Entdeckungsreisen der Europäer bedingte genauere Kenntnis von Fremdreligionen hat die Pluralität von Religionen manifest gemacht. Damit stellte sich die Frage, wie sich der Plural zum Singular verhält. Die Aufklärung kam auf den Gedanken, man könne allen Streit in Religionssachen durch Vernunft beilegen, indem man hinter den positiven, also faktisch existierenden Religionen das Vernünftige, die eine *natürliche* oder *Vernunftsreligion* rekonstruiert. Man kann kurz sagen: Diese Konzeption ist aus zwei Gründen gescheitert. Keine dieser Konstrukte einer Vernunftsreligion hat je gemeinschaftsbildende Kraft entfaltet. Und bei näherem Hinsehen erwiesen sich diese Konstrukte immer als ein Destillat aus einer bestimmten positiven Religion, nämlich der christlichen Dogmatik.

Ad (c) Die Gegenüberstellung von *Religion und Wissenschaft* schließlich beurteilt Religion, als Inbegriff aller Religionen, vorrangig nach ihrer kognitiven Leistung. In der französischen Aufklärung orientiert sich das Verständnis von Wissenschaft dabei an Newtons Physik, die nun um eine entsprechende Wissenschaft vom Menschen bzw. der Gesellschaft ergänzt werden müsse. Religion erscheint dann als unwissenschaftlicher Aberglaube, der irrtümliche Tatsachenbehauptungen vertritt und durch finstere Machtinteressen (Priesterbetrug) am Leben erhalten wird. Die Auseinandersetzung wurde vorrangig am Thema der Orakel und der Wunder geführt.

Inzwischen hat sich aber die Konstellation insofern verändert, als die aufklärerische Idee einer wissenschaftlichen Weltanschauung ihre Plausibilität weithin verloren hat. Versteht man nämlich unter Wissenschaft nicht mehr, wie noch Hegel, das Wissen vom Ganzen, sondern das institutionalisierte Verfahren zur Feststellung von Regelmäßigkeiten (Gesetzmäßigkeiten) in Natur und Gesellschaft, dann ergibt sich: Die so verstandene Wissenschaft kann zwar unser Verfügungswissen erweitern, aber doch keine Ziele setzen. Wir erfahren durch sie, was wir tun *können*, nicht aber, was wir tun *sollen*. Es kommt nach dieser Methode nie eine Ethik oder Moral, d. h. eine Lebensorientierung zustande. Zweckrationales Wissen gibt keine Zwecke vor. Wissenschaft liefert dann Beiträge, aber keine hinreichende Antwort auf die Frage, wie wir uns selbst zu verstehen und miteinander umzugehen haben. Weil Religion in unserer Kultur der alte Name für Lebensorientierung ist, liegt es dann nahe, den von zweckrationalen Wissenschaften nicht abgedeckten Bereich menschlicher Lebensorientierung „Religion" zu nennen. So etwa versteht die moderne Religionssoziologie Religion. Das Wort steht dann für die Dimension von Norm-, Wert- und Sinnorientierung. Nach diesem Religionsbegriff kann man sinnvoll auch von einer atheistischen Religion sprechen. Religion bezeichnet dann zwar eine unverzichtbare Dimension menschlicher Lebensorientierung, ist aber auf höherem Niveau ebenso unspezifisch wie das alte römische Religionsverständnis und kann weder das Problem der Pluralität der Religionen noch das Verhältnis von Religionen und Pseudoreligionen klären.

Der Weg, den das Wort Religion in seiner abendländischen Geschichte genommen hat, lässt sich also auf die Formel bringen: *vom Singular einer Haltung (Respekt) über den beanspruchten Singular der einen wahren Religion (der christlichen) zur Erfahrung der unaufhebbaren Pluralität der Religionen.* Es gibt keinen wissenschaftlichen Weg zur wahren Religion, aber auch keinen wissenschaftlichen Weg zum wahren Atheismus. Sind wir also im Blick auf die so gewichtige Frage nach Orientierungswissen aufs Belieben gestellt? Nun, ganz so chaotisch ist die Situation nicht.

3. Perspektiven auf Religion

Wir können nämlich noch unterschiedliche *Perspektiven auf Religion* einander zuordnen und auf ihre Verträglichkeit und Unverträglichkeit hin beschreiben. Die wissenschaftliche Perspektive auf Religion oder allgemeiner auf eine Lebensorientierung ist ja die des Beobachters. Religion oder Lebensorientierung ist aber nicht ein dem Beobachter gegenüber neutraler Gegenstand, sie ist zunächst kein Erkenntnisobjekt, das erst durch eine bestimmte wissenschaftliche Fragestellung in den menschlichen Wissenshorizont tritt, wie etwa das Atomgewicht, denn jeder von uns lebt ja immer schon mit bestimmten Lebensorientierungen, auch wenn sie uns in verschiedenen Graden bewusst sind.

Die grundlegende Unterscheidung ist die zwischen *Binnenperspektive und Außenperspektive*, also Religion, wie sie als Lebensorientierung erlebt, verstanden und vollzogen wird, auf der einen Seite, und Religion, wie sie sich einem Beobachter von außen darstellt.

Die *Binnenpersepktive* von Religion kann einfachhin vollzogen werden, wenn sie als fraglos und konkurrenzlos selbstverständlich erfahren wird, wie etwa bei Stammesreligionen isolierter Stämme oder in einem religiös homogenen Kulturbereich, wie das in gewissen Grenzen vom christlichen Mittelalter in Europa galt. Mindestens aber wird die jeweilige Lebensorientierung eigens thematisiert im Erzählen und Überliefern. Aber auch die Reflexion, ja die Kritik an überlieferter oder vorfindlicher Religion kann aus der Binnenperspektive gelebter Religion vollzogen werden, als theologische oder religiöse Religionskritik. Die Geschichte traditioneller Religionen kennt nicht wenige solche reformatorischen oder selbstkritischen Aufbrüche. Die gestifteten Religionen entstammen einem religionskritischen Impuls, indem sie sich von einer vorgefundenen absetzen. Die Botschaft der israelitischen Propheten mit ihrer Kultkritik ist von der Art, auch das Christentum, der Islam und der Buddhismus sind aus religiöser Religionskritik hervorgegangen. Namentlich für solche gestifteten Religionen gehört also eine Außenperspektive auf andere, ältere Religionen zur Binnenperspektive selbst. Schön, wenn man auch voneinander weiß, könnte man denken. Leider ist dem nicht so. Die Art und Weise, in der Judentum, Christentum und Islam sich in ihrer Geschichte aufeinander bezogen haben, ist nämlich reichlich angefüllt mit Missverständnissen des einen über den anderen und das hat schlimme Konsequenzen gehabt. Trotzdem sind auch überlieferte Religionen lernfähige, zur Selbstkorrektur fähige Gebilde. Religionskritik muss nicht atheistisch sein, es gibt auch die religiöse Religionskritik, und das heißt ja immer auch Selbstkritik. Namentlich in sogenannten Schriftreligionen ist die Existenz eines normativen Textes immer wieder eine Instanz der Selbstkritik. Er muss einerseits unter gewandelten Umständen interpretiert werden, interpretiert aber andererseits immer auch selbst diejenigen, die sich dieser Norm verpflichtet wissen.

Die Binnenperspektive von Religion ist aber andererseits immer exzentrisch, weil es bei Religionen immer um einen erfahrenen, nicht um einen selbst gesetzten Anspruch geht. Sie sind an Vorgaben gebunden, an eine Überlieferung, eine Gemeinschaft und an den sie konstituierenden Anspruch selbst. Von Seiten eines atheistischen Humanismus wird gern der Satz von Karl Marx in Anspruch genommen, dass der Mensch für den Menschen das höchste Wesen sei. Man kann von diesem Satz einen menschenfreundlichen Gebrauch machen, nämlich den negativen: Es sollte, es darf für Menschen keine Ziele geben, denen sie Menschenopfer bringen. Dagegen findet diejenige Interpretation, nach der die Menschen sich selbst für das höchste Wesen halten sollten (ein Satz, der übrigens in merkwürdigem Kontrast steht zu der materialistischen These, dass auch der Mensch bloß ein Tier sei und das menschliche Bewusstsein nichts anderes als eine Funktion hochkomplex strukturierter Materie), diese These also findet den Widerspruch mindestens vieler Religionen, deren Lebenspraxis voraussetzt, dass Menschen darin ihre Würde haben, dass sie etwas Höheres als sich selbst anzuerkennen vermögen.

Die *Außenperspektive* eines Betrachters von Religion kann entweder die eigene Lebensorientierung dabei ausklammern, um bloß zu beschreiben, wie andere sich verstehen. Das ist die Perspektive einer Religionskunde. Der Betrachter kann aber auch die Absicht verfolgen, zu erklären, warum sich andere in einer bestimmten Weise verstehen. Erklärungen folgen immer dem Schema: x ist von y abhängig. Deshalb setzt jedes Erklären eine Entscheidung darüber voraus, was als Konstante, was als Variable in Betracht kommt. Erklärungen suchen wir für das, was sich für uns nicht von selbst versteht. Wer also selbstverständlich an Gott glaubt, fragt nicht, warum ein anderer das auch tut, wohl aber, warum er etwa ganz anders von Gott redet und denkt als er. Wer dagegen davon überzeugt ist, dass es Gott gar nicht gibt, sucht nach Erklärungen dafür, dass Menschen an Gott glauben. Was auch immer er als Erklärung dafür angibt, jedenfalls kann er nicht erwarten, dass jemand, der an Gott glaubt, derartige Erklärungen für sich akzeptiert. Man kann zum Beispiel nicht Christ sein und zugleich Gott für eine gesellschaftlich oder psychologisch oder gnoseologisch bedingte Projektion oder Illusion halten. Wohl aber kann man Christ sein und zugleich die verschiedenen menschlichen Gottesbilder, Gottesverehrungen, Religionen als *auch* gesellschaftlich, psychologisch oder gnoseologisch bedingt verstehen. Ein Christ, ein Jude, ein Muslim wird seinen Glauben an Gott immer zuerst aus Gott selbst erklären und wird niemals Erklärungen akzeptieren, die ihn wegerklären. Mit anderen Worten: Nur die beschreibende, nicht die wegerklärende Außenperspektive auf Religion ist mit der Binnenperspektive von Religion kompatibel.

Auch die Perspektive der Religionssoziologie ist ursprünglich eine Außenperspektive, die die Binnenperspektive von Religion nicht erreicht. Denn wer von der Wahrheit einer Religion überzeugt ist, wird das jedenfalls nicht damit begründen, dass diese seine Religion gesellschaftlich bedingt oder gesellschaftlich nützlich ist. Entstanden ist die Fragestellung der Religionssoziologie durch das Studium besonders befremdlicher, der sogenannten Stammeskulturen. Es nötigte zur Modifikation eines bloß abwertenden Religionsverständnisses. Malinowski: „Da wir Kult und Glauben nicht nach ihren Objekten definieren können, müssen wir versuchen, ihre Funktion zu erfassen." Sein Resultat: Religion ermöglicht solchen Völkern erst das gesellschaftliche Zusammenleben, indem sie durch Bräuche und Mythen Verhalten standardisiert, Emotionen sortiert, Tradition stabilisiert. Dieser Typ von Religionssoziologie kann also kurz so verstanden werden: Da uns das Selbstverständnis einer fremden Kultur und ihrer Religion verschlossen sind, können wir wenigstens noch, sozusagen ersatzweise, zu verstehen versuchen, welche Funktion deren Religion für ihr Zusammenleben und für ihre kulturelle Identität hat. Das kann uns dazu verhelfen, den notwendigen Respekt vor dem Anderssein anderer aufzubringen. Nun kann man dieselbe Fragestellung auch auf die eigene

Kultur übertragen. Dann wird die Leistung von Religionen etwa so beschrieben: Sie können sozial stabilisierend wirken, indem sie einen gewissen gesellschaftlichen Konsens stiften, sie können für den Einzelnen sozial integrierend wirken, aber auch biographisch stabilisierend, indem sie, namentlich im Umgang mit Grenzsituationen (Krankheit und Tod, Versagen, Schuld und Verzweiflung) orientieren. Man nennt das heute Kontingenzbewältigung, früher hätte man einfach Trost gesagt. Und sie kann eine emotionale Bindung stiften, die auch in ethischer Hinsicht Grundorientierungen und Motivationen stiftet. Sie können sensibilisieren gegen die fatalistische Hinnahme von Unrecht und Deformationen des Menschen.

Mehr als: „sie können ..." darf man allerdings nicht behaupten. Denn auch Religionen und Religiosität sind durchaus ambivalente Phänomene. Da droht auch immer die Gefahr, die die Lateiner mit „religiosus" bezeichneten, die zwanghafte Skrupulosität in religiösen Fragen, aber auch die Abschottung einer religiösen Sondergemeinschaft, wie wir sie bei bestimmten Sekten beobachten. Religion kann auch missbraucht werden, nicht nur politisch, wofür sich Einzelbeispiele erübrigen, sondern auch im Sinne persönlicher Abhängigkeit. Es gibt eben nicht nur nette Religionen (Spaemann). Es gibt auch *destruktive Religiosität*, nämlich diejenigen Religionen, die sich bewusst den Nachtseiten des Lebens und lebensfeindlichen Mächten zuwenden, sie also nicht etwa irrtümlich, sondern bewusst und gewollt verehren oder instrumentalisieren, wie besonders eklatant die Satanskulte und der Okkultismus, zum Teil wohl auch die magie-orientierten Voodoo-Religionen. Es steht mit der Religiosität so ähnlich wie mit der Sexualität: Entfesselt sind beide lebensbedrohend, nur kultiviert sind sie lebensdienlich. Mir scheint, die bei uns so weit verbreitete religiöse Gleichgültigkeit, die sich gerne Toleranz nennt, aber gar nichts zu ertragen hat, übersieht die Gefahr inhumaner Religiosität.

Einen waschechten Rationalisten muss es ungemein stören, dass es auf dem Feld unserer grundlegenden Lebensorientierungen kein rationales Verfahren zur definitiven Klärung aller anstehenden Fragen geben soll, dass also auf diesem Felde unaufhebbar Entscheidungen im Spiel sind. Das lässt sich aber plausibel machen. In den Naturwissenschaften werden gesicherte Erkenntnisse durch Experimente gewonnen. Experimente sind dadurch charakterisiert, dass sie wiederholt werden können, indem man die betreffende Versuchsanordnung noch einmal herstellt. Wir können auch mit uns selbst Experimente unternehmen, indem wir uns wiederholt derselben Situation aussetzen, etwa nach dem dictum eines Rauchers, mit Rauchen aufhören sei ganz einfach, er habe das schon zehnmal gemacht. Wir können aber mit unserem Leben im Ganzen nicht experimentieren, weil es einmalig ist. Wir können auch nicht möglichst viele Lebensorientierungen durchprobieren, um die beste zu wählen. Dazu ist das Leben zu kurz. Die Extensität des Probierens geht auf Kosten der Intensität. Mündigkeit erweist sich in der kritischen und selbstverantworteten Übernahme von Gegebenem. Jede Religion gibt solches Gegebene vor und stellt damit die Verbindung her zu bereits gelebten Lebensmöglichkeiten.

4. Religionen und Sprachen

Die unaufhebbare Pluralität von Religionen lässt sich durch einen Vergleich mit den Sprachen erhellen. Auch Religionen sind ja für die Ihren immer auch Verständigungsmittel dergestalt, dass sie Einverständnis stiften.

Die Sprache gibt es so wenig wie *die* Religion. Es gibt zwar sprachliche Universalien, Merkmale, die jeder Sprache zukommen müssen, wie die Unterscheidung zwischen Gegenständen und Tätigkeiten, aber mit denen kann man sich nicht verständigen. Wer die Pluralität der Sprachen durch eine künstliche Sprache beenden möchte, z. B. Esperanto, der hat den bereits existierenden Sprachen bloß eine weitere hinzugefügt, die außerdem schwerlich eine Sprachgemeinschaft gründen wird, höchstens Brieffreundschaften. Die Versuche eine Religion zu gründen, die alle anderen enthält – besonders im indischen Kulturkreis sind solche Intentionen zu Hause –, der hat ebenfalls bloß die Anzahl der Religionen vermehrt. Jeder Mensch wächst in einer, höchstens zwei Muttersprachen auf. In der kann er sich besser oder schlechter auskennen. Er muss sich gut in ihr auskennen, wenn er seinen eigenen Sprachstil entwickeln will. Der eigene Sprachstil ist aber keine eigene Sprache. Es ist unsinnig und unmöglich, sich eine eigene Sprache schaffen zu wollen, sie würden ja nur zum Selbstgespräch taugen. Und nur wer sich in seiner Muttersprache gut auskennt, kann Fremdsprachen lernen. Seine Muttersprache kann man auch wechseln, aber schwerlich öfter als einmal im Leben. Analog dazu gibt es Bekehrungen. Wer aber drei bis viermal die Religion wechselt, wird kaum noch ernst genommen. Und es gibt verwandte Sprachen, deren andere man ohne großes Sprachenlernen einigermaßen versteht, wie etwa Norwegisch und Schwedisch, oder was heute nicht mehr wahr sein soll, Serbisch und Kroatisch. Neuerdings soll es eine eigene Sprache namens Bosnisch geben. Andere Sprachen erschließen sich nur durch ein mühsames Studium, wie für uns das Chinesische. Auch das hat seine Parallele in den Konfessionen derselben Religion. Aber auch die sogenannten abrahamitischen Religionen haben einiges gemeinsam, das sie von Religionen etwa des indischen Kulturkreises gemeinsam unterscheidet, etwa den Monotheismus, den Schöpfungsgedanken, den eines göttlichen Gerichts. Und Sprachen entwickeln sich. Aber wir können nicht ernsthaft voraussagen, welche Sprachen in tausend Jahren gesprochen werden. Auch dies gilt analog von den Religionen und Lebensorientierungen.

5. Zur Zukunft der Religionen

Über die Zukunft der Religionen können wir aber einige Vermutungen anstellen. Die großen Religionen werden gegenüber Atheisten und Agnostikern aufgrund der ungleichen Verteilung der Bevölkerungszuwachsraten vermutlich an Mitgliedschaft wachsen. Es ist jedenfalls nicht ausgemacht, dass der westliche Prozess der Entkirchlichung und Entchristlichung nächstens zu einem weltweiten Prozess wird. Aber die Migrationen werden zunehmen und damit die Kohabitationen verschiedener Religionsangehöriger, darunter wohl auch die sozusagen ungleichzeitigen, indem etwa den Westeuropäern mit Staunen vor Ort begegnet, was sie als Touristen oft bewundern: Menschen, die ihre Religion weit ernster nehmen, als der aufgeklärte Westeuropäer die seine. Zugleich nimmt die Tendenz zur Urbanisierung weltweit zu. Dies wird vermutlich die Tendenz zu „neuen Religionen", d. h. zu Religionen, die Elemente verschiedener Herkunft verbinden, wie sie besonders in Südamerika an Bedeutung gewinnen, verstärken.

Ein besonderes Problem stellt der sogenannte Fundamentalismus dar. Der Ausdruck stammt aus den USA und bezeichnete ursprünglich eine christliche Gruppe, die gegen die liberale Theologie und ihren historisch-kritischen Umgang mit den biblischen Texten die Irrtumslosigkeit der Bibel und ihre wortwörtliche Gottgegebenheit (Verbalinspiration) als fundamentals behauptete. Inzwischen wird der Ausdruck erweitert auf Tendenzen in anderen Religionen, namentlich im Islam, die aggressiv restaurative Tendenzen vertreten. Da ihre Aktivitäten große öffentliche Aufmerksamkeit finden, kommt es in der öffentlichen Wahrnehmung zu gefährlichen Verzerrungen, etwa der Art, dass der Islam generell für eine gefährliche Religion gehalten wird. Dagegen muss gesagt werden: Fundamentalismus kann in allen Religionen auftreten. Er ist einerseits eine Reaktion auf das Gefühl der Entfremdung durch Modernisierung, andererseits eine Instrumentalisierung der Religion für bestimmte politische Optionen. Es gibt keine fundamentalistischen Religionen, sondern nur fundamentalistische Versionen von Religionen.

Schließlich können wir Tendenzen beschreiben, die für Europa charakteristisch sind. An erster Stelle ist hier eine antiinstitutionalistische Tendenz zu nennen. Besonders bei Jugendlichen wächst die Tendenz, sich sozusagen ihre eigene Religion zu stricken (individualsynkretistische Religiosität). Von den kirchlichen Angeboten werden zumeist nur noch die Amtshandlungen und die Gottesdienste zu den großen Festen, vor allem zu Weihnachten, wahrgenommen. Besonders Jugendliche zeigen sich zwar nach Umfragen an der Gottesfrage und an sogenannten Sinnfragen sehr interessiert, nicht aber an den Kirchen und ihren Traditionen. Dabei spielt eine Rolle, dass die Familie als Instanz religiöser Sozialisation weithin ausfällt. Möglicherweise verstehen manche diese Tendenzen der Enttraditionalisierung und Individualisierung als zusätzlichen Freiheitsgewinn. Es droht aber dabei die Gefahr einer Überlastung des Individuums durch Dauerreflexion. Sich seine Lebensorientierung sozusagen selbst konstruieren zu wollen, sozusagen jeder sein eigener Religionsstifter, führt leicht zu einer Überforderung. Und die schlägt leicht um. Denn aus der Verunsicherung durch grenzenlose Möglichkeiten fliehen manche in die Vereinfachungen, die von Sekten und fundamentalistischen Gruppen angeboten werden.

6. Lässt sich Religion durch Ethik ersetzen?

Es geht jetzt nicht um die alte Frage, ob eine aus Atheisten bestehende Gesellschaft oder ein Staat Bestand haben kann, die bereits Pierre Bayle (1667–1706) bejaht hat, wenn sie sich nämlich an Recht und Gesetz halten. Wenn man an Nordirland denkt, möchte man eher fragen, ob ein Staat aus Christen Bestand haben kann, über Religionskriege schweigen wir lieber. Es muss aber wohl immer noch anderes als ein Religionsunterschied dazukommen, wenn es zu Religionskriegen kommt.

Es geht jetzt um die Frage, ob etwas Unersetzbares verschwindet, wenn Religion verschwindet. Damit ist ja gar nicht ausgeschlossen, dass man mit diesem unersetzten Verlust auch in geordneten Verhältnissen weiterleben kann, bzw., da niemand lebendige Religion anordnen kann, dann auch weiterleben muss. Die Frage kann also auch so gestellt werden: Gibt es über Ethik hinaus ein Plus derjenigen Religionen, die ethosorientiert sind? Ich beschränke mich dabei auf die Religionen unseres Kulturkreises.

Ich will aber zuvor noch bemerken: Ein überzeugter Christ etwa würde sich, wenn unsere Frage mit Nein beantwortet würde, davon überhaupt nicht beeindrucken lassen, sondern weiter sagen: „Meinen Jesum lass ich nicht." Wie sollte er auch, es muss schon anderes als eine Argumentation einschlagen, damit ein Christ seine Identität aufgibt, nämlich Enttäuschungserfahrungen, bohrende Zweifel und Verzweiflung – Versuchungen, vor denen bewahrt zu werden nicht nur der Christ seinen Gott bittet.

a) Was mit der Religion verschwinden würde, ist einmal die Art von Vergewisserung unseres Weltaufenthaltes durch Geschichten, gemeinschaftliche Handlungen und Vollzüge, Feiern und Feste im Kreise Gleichgesinnter, die Intensivierung durch Wiederholung, die heimisch werden lässt in einer Überlieferung, das Gespräch mit den Vorgängern im Glauben, die in Texten und Liedern präsent sind. Der säkulare Kultur- und Unterhaltungsbetrieb, Fußball inbegriffen, ist kein Äquivalent, sondern aus anderen Gründen gerechtfertigt. Und ein Publikum ist keine Gemeinde. Außerdem würde eine erhebliche Dimension des kulturellen Gedächtnisses verloren gehen. Schon jetzt stehen viele vor der mittelalterlichen Abteilung einer Gemäldegalerie wie die Kuh vorm neuen Tor. Besonders krass ist dieser Gedächtnisverlust in den neuen Bundesländern. Aber der Verlust wird bemerkt. Es gibt dort zugleich ein enorm angewachsenes Interesse an der lokalen Geschichte. Gelegentlich tun sich Christen und Nichtchristen zusammen, um die Dorfkirche zu retten oder gar neu aufzubauen.

b) Mit der Religion würde die religiöse Einsicht in den Zusammenhang von Sünde, Schuld und Vergebung verschwinden, eine Einsicht, die, von ihrem religiösen Zusammenhang gelöst, allzu leicht zu Menschenverachtung führt und immer eine latente Gefahr für den atheistischen Humanismus darstellt, der an das Gute im Menschen glaubt, aber sich ein Äquivalent für Gottes Barmherzigkeit nicht beschaffen kann.

c) Mit der Religion würde Gott als die untrügliche Instanz menschlicher Letztverantwortung verschwinden, von der wir uns deshalb vollständig in die Karten sehen lassen können, weil nur er diesen Einblick nicht missbraucht.

d) Mit der Religion würde ein durch nichts ersetzbarer Grund der Dankbarkeit verschwinden, einer Dankbarkeit, die die Wahrnehmung des Selbstverständlichen intensiviert und das menschliche Tun entlastend in den Status der Antwort statt der prometeischen Selbstschöpfung entlässt.

Matthias Claudius:

„Ich danke Gott und freue mich
Wie's Kind zur Weihnachtsgabe,
Dass ich bin, bin! Und dass ich dich,
Schön menschlich Antlitz habe."

e) Es würde verschwinden ein Grund zur Gelassenheit und zu einer Zufriedenheit, die der unerschütterte Hintergrund bleibt für die unvermeidlichen und auch berechtigten vielen Unzufriedenheiten:

„Gott gebe mir nur jeden Tag,
Soviel ich darf zum Leben.
Er gibt's dem Sperling auf dem Dach;
Wie sollt er's mir nicht geben!"

f) Und es würde die Verheißung verschwinden von der Auflösung aller Widersprüche, die, wenn sie hier und jetzt gefordert wird, zerstörerisch wirkt: „... und an dem Tag werdet ihr mich nichts mehr fragen" (Joh. 16,23).

III. Wissen, Meinen, Glauben – Einübungen ins Unterscheiden

1. Orientierungs- und Verfügungswissen

Menschen haben viele, aber vor allem wohl zwei Interessen. Sie möchten sich in ihrer Welt zurechtfinden und verstehen, was um sie herum und mit ihnen geschieht. Sie möchten aber ebenso dringlich sich vor Gefahren schützen, sich beschaffen können, was sie zum Überleben und zum guten Leben brauchen. Daraus ergeben sich zwei verschiedene Erkenntnisinteressen und zwei verschiedene Arten des Wissens. Jürgen Mittelstrass hat dafür die Ausdrücke Orientierungswissen und Verfügungswissen geprägt. Verfügungswissen hat den Charakter des know how, gewusst wie man ein gegebenes Ziel erreicht. Auf diesem Feld ist das Bessere immer der Feind des Guten. Wenn sich ein Weg eröffnet, dasselbe Ziel effektiver zu erreichen, werden wir nicht lange zögern. Das ist beim Orientierungswissen anders. Aus ihm ergeben sich die Ziele, für die wir unser know how einsetzen. Diese aber sind mit unserem Selbstverständnis oder unserer Identität verwoben. Deswegen sind wir berechtigterweise nicht ebenso schnell zum Wechsel unserer Überzeugungen bereit wie zum Wechsel der Automarke. Wenn von jemandem gesagt wird, er wechsle seine Überzeugungen wie sein Hemd, ist das jedenfalls kein Lob. Aber auch das kann mit anderen Worten gelobt werden: Der Betreffende sei anpassungsfähig oder flexibel. „Hier stehe ich, ich kann auch anders."

Doch so einfach und wohl auch plausibel diese Exposition ist, so schwierig wird es, wenn genauer gesagt werden soll, was dem einen oder anderen Wissenstyp zugeordnet werden soll. Man kann nämlich die heute etablierten Wissenschaften nicht je einem Typ zuordnen. Zwar kann man noch sagen, dass die heutigen Naturwissenschaften aufs engste mit technischen Anwendungsmöglichkeiten verbunden sind, so dass sich die Meinung verbreitet hat, Wissen sei immer etwas, das irgendwo anwendbar, also nützlich sein müsse. Es gibt ja Auftragsforschung der Wirtschaft. Aber naturwissenschaftliche Grundlagenforschung würde verkümmern, wenn sie ganz auf technische Verwertbarkeit ausgerichtet wäre. Auch Sozialwissenschaften können technisch verwertbare Erkenntnisse bereitstellen. Man kann den Geistes- oder Kulturwissenschaften eine gewisse Nähe zum Orientierungswissen zusprechen, weil sie es jedenfalls mit Zeugnissen menschlicher Lebensäußerungen zu tun haben. Es wäre aber offenkundig abwegig, wenn jemand Assyriologie mit dem Ziel studieren würde, sich in seinem Leben besser orientieren zu können. Da bleiben noch zwei „Wissenschaften" übrig, denen kein besonderes Fachgebiet neben denen anderer zugewiesen werden kann, die Philosophie und die (christliche) Theologie. Die Philosophie hat man schon in der Antike Wissen des Wissens genannt, denn sie reflektiert zum Beispiel noch einmal, was wir tun, wenn wir Wissenschaft betreiben. Sie reflektiert auch, wonach wir uns richten, wenn wir handeln, nämlich in der philosophischen Ethik. Das ist aber nicht Orientierungswissen, sondern eine Reflexion über Orientierungswissen. Ethos und Ethik sind zweierlei. Philosophen lehren nicht das Glücklichsein, sondern diskutieren z. B. Lehren über das Glücklichsein. Und die christliche Theologie, die es nur deshalb an unseren Universitäten gibt, weil der christliche Glaube eine eigenständige kritische Reflexion auf seine Quellen, die christliche Lehre und die Praxis der Kirche ausgebildet hat, beschäftigt sich zwar mit „Glaubenslehre", lehrt aber nicht das Glauben. Deshalb warnen ja manche vor dem Theologiestudium, da werde der Glaube zerstört. Er wird nicht zerstört, sondern reflektiert, aber eben auch nicht bewirkt. Religion ist wie alles in der Menschenwelt ein ambivalentes Phänomen. Sie kann auch missbraucht werden. Es ist deshalb gut, wenn eine Religion sich um Reflexion bemüht. Aber es ist ganz richtig: Eine Existenzberechtigung hat die christliche Theologie an der Universität nur so lange, wie es im Lande eine hinreichend große Anzahl von Christen gibt und eine Kirche, die für ihre Mitarbeiter Bildung verlangt. Es wäre wünschenswert, dass auch die Muslime in Deutschland für ihre Mitarbeiter eine Universitätsausbildung in islamischer Theologie verlangen.

Fazit: Wir können Orientierungs- und Verfügungswissen recht gut unterscheiden, eine Aufteilung von Wissenschaften auf beide ist aber unmöglich. Wissenschaften sind denn auch für unser Orientierungswissen gar nicht die originäre Quelle. Wir gewinnen es zunächst in der Lebenspraxis aus der Kommunikation mit unseren Nächsten. Die entsprechenden Angebote lassen freilich, zumal in Jugendcliquen, oft sehr zu wünschen übrig.

2. Wissen, Experimentieren, Glauben

Die neuzeitliche Naturwissenschaft unterscheidet sich von der antiken Naturphilosophie vor allem dadurch, dass sie experimentiert. Was ist ein Experiment? Eine, wie ich finde, immer noch brauchbare Beschreibung hat Immanuel Kant in der Kritik der reinen Vernunft geliefert. „Als Galilei seine Kugeln die schiefe Fläche mit einer von ihm selbst gewählten Schwere herabrollen, oder Torricelli die Luft ein Gewicht, was er sich zum voraus dem einer ihm bekannten Wassersäule gleich gedacht hatte, tragen ließ, ... so ging allen Naturwissenschaftlern ein Licht auf. Sie begriffen, dass die Vernunft nur das einsieht, was sie selbst nach ihrem

Entwurfe hervorbringt, dass sie mit Prinzipien ihrer Urteile nach beständigen Gesetzen vorangehen und die Natur nötigen müsse auf ihre Fragen zu antworten, nicht aber sich von ihr allein gleichsam am Leitbande gängeln lassen müsse; denn sonst hängen zufällige, nach keinem vorher entworfenen Plane gemachte Beobachtungen gar nicht in einem notwendigen Gesetze zusammen, welches doch die Vernunft sucht und bedarf. Die Vernunft muss mit ihren Prinzipien, nach denen allein übereinkommende Erscheinungen für Gesetze gelten können, in der einen Hand, und mit dem Experiment, das sie nach jenen ausdachte, in der anderen, an die Natur gehen, zwar um von ihr belehrt zu werden, aber nicht in der Qualität eines Schülers, der sich alles vorsagen lässt, was der Lehrer will, sondern eines bestallten Richters, der die Zeugen nötigt, auf die Fragen zu antworten, die er ihnen vorlegt." Kant hat ganz richtig gesehen, dass die experimentierende Naturwissenschaft nicht ein voraussetzungsloses Sich-Umsehen in der Natur ist, sondern mit starken Voraussetzungen arbeitet. Sie sucht die Bestätigung für Gesetzmäßigkeiten, die sie zuvor entworfen hat. Das Experiment bestätigt sie oder nicht, aber sie gehen nicht aus dem Experiment hervor. Schließlich der Kontrast zwischen Richter und Schüler. Die Natur erscheint wie ein Angeklagter, dem der Richter vorschreibt, worauf und vor allem wie er zu antworten hat, nämlich ausschließlich mit messbaren Daten. Die vorneuzeitliche historia naturalis (etwa: Bericht vom Natürlichen) dagegen war eher in der Haltung eines Schülers zustande gekommen. Kant hat recht: So geht die neuzeitliche Naturwissenschaft vor und so gelangt sie zu (technisch) verwertbaren Erkenntnissen. Wer dagegen der Natur zubilligt, nicht nur als Angeklagte, sondern auch als Lehrerin sprechen zu dürfen zu uns als Schülern, kann von der Natur noch ganz anderes erfahren, das übrigens Kant in anderen Zusammenhängen auch gewürdigt hat: die Schönheit und Erhabenheit der Natur (Kritik der Urteilskraft), Naturabsichten (Idee zu einer allgemeinen Geschichte in weltbürgerlicher Absicht) oder auch: „Die Himmel rühmen des Ewigen Ehre" (Ch. F. Gellert nach Ps. 19).

Wir können nun auch sagen, wo die Grenzen der experimentellen Methode liegen. Singularitäten (einmalige Ereignisse) lassen sich nicht als solche experimentell erforschen, weil die experimentelle Situation jederzeit wiederholbar (überprüfbar) sein muss. Nun besteht aber das ganze Weltgeschehen aus singulären Ereignissen und als Ganzes ist es auch singulär. Experimentell erforschen lässt sich also immer nur das in vielen singulären Ereignissen Konstante, indem mit ausgewählten Faktoren unter Ausschluss anderer (externer) Faktoren in einem geschlossenen Raum (Labor) ein künstliches Ereignis (Experiment) initiiert wird. Namentlich bei Versuchen mit Krankheitserregern muss strengste Sorge dafür getragen werden, dass die Resultate dieser künstlichen Ereignisse nicht nach draußen gelangen. Und als die künstliche Kernspaltung (Kettenreaktion) über Hiroshima in der Welt der singulären Ereignisse wiederholt wurde, war das ein furchtbares singuläres Ereignis. Die tatsächlichen Wirkungen waren nämlich weder im Labor noch bei der Testexplosion in der Wüste in der Versuchsanordnung simuliert worden, die Folgen für die Politik und für unser Weltverständnis ohnehin nicht.

Damit fällt dieser Typ der Wissensgewinnung für Politik und Zukunftsplanung weitestgehend aus.

Hochkomplexe Ereignisse lassen sich schwer experimentell erforschen, weil in der experimentellen Situation die einwirkenden Faktoren begrenzt und erfassbar sein müssen. Deshalb ist es für Physiker sehr schwer, vorauszusagen, was exakt passiert, wenn ich einen Stein in eine

Glasscheibe werfe. Voraussagen lässt sich höchstens, was ein definierter Stein mit einer definierten Geschwindigkeit beim Aufprall auf eine definierte Scheibe bewirkt. Sehr genau lassen sich Planetenbewegungen vorausberechnen, weil die einwirkenden Faktoren begrenzt und weithin bekannt sind – solange das Planetensystem nicht von außen gestört wird!

Schließlich sind Experimente an Menschen immer dann verboten, wenn sie ihre Freiheit, Selbstbestimmung und Würde verletzen würden.

Und wie steht es mit unserem Verhältnis zu unserem Leben? Es gibt zwar Menschen, die eine experimentelle Lebensführung praktizieren: mal dies mal jenes ausprobieren. Diese Lebenseinstellung nimmt sogar zu. Bloß leider lassen sich weder in der individuellen noch in der kollektiven Geschichte die Ausgangsbedingungen des Experiments wiederherstellen. Geschieden ist geschieden und nicht unverheiratet. Wer mal ausprobieren möchte, wie es ist, ein Mörder zu sein, bleibt danach ein Mörder. Wer mal ausprobiert, ob er den Sturz aus dem dritten Stock überlebt, hat vermutlich nicht mehr die Gelegenheit, aus dem Experiment Erkenntnisse zu gewinnen. Und wer mit Drogen experimentiert („Bewusstseinserweiterung", wunderbar!), gerät leicht in den Wiederholungszwang und die Bewusstseinsverengung exklusiv auf Nachschub. Orientierungswissen, das ein freies Leben ermöglicht, wird also nicht durch Experimentieren gewonnen, es muss vielmehr diejenigen Experimente ausschließen, die uns der Freiheit berauben.

Experimentell gewonnene Erkenntnisse nennen wir objektiv, weil sie unter angegebenen Bedingungen von jedem wiederholt, also überprüft werden können. Es hat sich unter uns eingebürgert, alles andere Wissen dem gegenüber als subjektiv zu bezeichnen und da klingt dann das Moment des Relativen oder gar Beliebigen mit. Es gibt aber neben dem objektiven und dem subjektiven Wissen noch ein Drittes, das freilich nicht experimentell zugänglich ist, Wissen aus interpersonalen Erfahrungen. Ich nehme hier die Unterscheidung zwischen der objektivierenden und der interpersonalen Perspektive wieder auf. Wissenschaft entzaubert, hat Max Weber gesagt. Sie ist sozusagen respektlos. Sie möchte ihren Gegenstand durchschauen und alle Rätsel, die sich da stellen, lösen. Das ist auch in Ordnung so. Der Kranke bittet den Arzt: Bitte lösen Sie das Rätsel meiner Beschwerden und schaffen Sie möglichst Abhilfe durch Eingriffe. In der interpersonalen Perspektive dagegen verlangen wir Datenschutz und die Wahrung etwa des Post- und Fernmeldegeheimnisses. Wir haben nichts dagegen, wenn Delphine zur Erforschung ihrer „Sprache" abgehört werden, möchten selbst aber nicht abgehört werden. Hier gilt: „Wer alles durchschaut, sieht nichts." Personen bleiben einander Geheimnis, und umso mehr womöglich, je besser sie sich kennen. „Vertrauen ist gut, Kontrolle ist besser", das gilt für die wissenschaftliche Forschung, es gilt auch für das Geschäftsleben (ich zähle das Geld nach), es gilt für Maschinen, namentlich diejenigen, denen wir unser Leben anvertrauen wie Flugzeugen. Für mein Verhältnis zu meinen Töchtern gilt es nicht. Da wäre Kontrolle nicht besser, sondern das Vertrauen wird zerstört, wenn ich heimlich in ihrem Tagebuch lese und sie das merkt. Da sind dem „Forschungsdrang" Grenzen gesetzt. Die Stasi freilich sah das anders. In dieser interpersonalen Perspektive gilt auch die Mathematik nicht immer so ganz genau. Wenn zwei Menschen „ein Herz und eine Seele" sind, sind sie dann zwei oder eins? Der Freund heißt seit alters alter ego, das andere Ich. „Geteiltes Leid ist halbes Leid, geteilte Freud ist doppelte Freud", also $½ = 1 = 2$? Dawkins amüsiert sich über die christliche Trinitätslehre. „Haben wir nun einen Gott in drei Teilen oder drei Götter in einem?" (GW 49) Er meint, sie sei zu dem Zweck erfunden, dass wir sie „gar nicht verstehen sollen. Wir dürfen uns nicht darum bemühen, sie zu verstehen" (GW 280). Er darf schon, aber er will nicht. Den Anlass für diese Lehre kann man durchaus nachvollziehen: Es ist derselbe Gott, der die Welt geschaffen hat, sich uns in Jesus Christus offenbart hat, und in unseren Herzen Glaube, Liebe, Hoffnung wirkt. Gottes Dreieinigkeit bleibt aber für Christen auch dann ein Geheimnis, wenn sie sie verstehen. Das unterscheidet nämlich echte Geheimnisse von Rätseln (Eberhard Jüngel). Die werden gelöst und weg ist das Rätselhafte. Dawkins möchte alles nach diesem Muster behandeln.

Eine des religiösen Obskurantismus unverdächtige Quelle sind Schlagertexte, auch wenn sie meist ein Attentat auf den guten Geschmack sind. Schlager bewegen sich nämlich unbekümmert um Wissenschaft in der interpersonalen Perspektive, freilich auf triviale Weise. Wenn dort vom „Geheimnis der Liebe" die Rede ist, ist jedenfalls nichts gemeint, das nun schnell gelüftet werden muss, etwa so: Das liegt an den Hormonen. „Das kann nicht wahr sein, das ist ein Wunder", habe ich zwitschern hören. Ein Wunder? Wunder gibt's nicht, denn sie wären ja Durchbrechungen der Naturgesetze. Diese Definition trifft aber nicht die Weise, wie wir bis heute alltagssprachlich von Wundern reden. Da meinen wir nämlich Durchbrechungen nicht der Naturgesetze, sondern trüber, resignierter oder pessimistischer Erwartungen. „Das ist ein Wunder, dass du heute mal nicht zu spät kommst." „Dass Sie noch am Leben sind, ist ein medizinisches Wunder." „Ich leb, weiß nicht wie lang, Ich sterb und weiß nicht wann, Ich fahr und weiß nicht wohin. Mich *wunderts*, dass ich fröhlich bin" (Martin von Biberach 1498). Über biblische und außerbiblische Wundergeschichten wäre noch mehr, auch

Kritisches, zu sagen. Die religiöse Phantasie ist auf diesem Gebiet sehr produktiv. „Das Wunder ist des Glaubens liebstes Kind" (Goethe), aber zuerst doch als Durchbrechung trüber Erwartungen. Eine Definition Gottes gibt es in der Bibel ebenso wenig wie einen kunstgerechten Gottesbeweis. Aber einer Definition Gottes nahe kommt doch dies: Gott sei der, der „das Nichtseiende ruft, dass es sei" (Rö. 4,17), der lebendig macht und erneuert, und zwar die Herzen der Menschen.

Und auch das Wort „Glauben" kommt gar nicht so selten in Schlagern vor: „Ich glaube an dich". Auch im Alltag sagen wir nicht selten: „Das glaube ich dir". Dawkins erklärt: „Atheisten haben keinen Glauben" (GW 73). Dann kann er sich nicht einmal seines Geburtstags sicher sein. Er war zwar dabei, muss aber trotzdem denen glauben, die den Geburtstag bezeugen.

Wir unterscheiden im Deutschen zwischen: „Ich glaube etwas oder dass ..." und „Ich glaube dir". Glauben dass ... beziehen wir auf Sachverhalte und Glauben heißt diesmal: vermuten. Ich glaubte, die Pistole sei nicht geladen. Da hättest du dich mit Glauben nicht zufrieden geben dürfen, das musstest du wissen, ehe du mit dem Ding rumspielst. Es gibt aber Sachverhalte, die wir grundsätzlich nicht sicher wissen können, wie die Zukunft, oder jetzt nicht wissen können, wie den rechten Weg, wenn wir uns verlaufen haben. In diesem Falle fragen wir einen Ortskundigen und setzen voraus, dass wir ihm glauben können. Dieses Glauben wird nicht ebenso durch Wissen überboten. Der Satz „Ich weiß doch, dass ich dir glauben kann" hebt den Satz „Ich glaube dir" nicht auf, sondern bestätigt ihn. Glaube als interpersonales Verhältnis wird durch das Einholen von Beweisen zerstört. „Beweise mir, dass du mich wirklich liebst!" – mit der Forderung lässt sich jedes Liebesverhältnis schnell ruinieren. Und wer seiner Frau einen Privatdetektiv hinterherschickt, um Beweise für ihre Treue oder Untreue zu bekommen, hat einen Weg beschritten, der unabhängig vom Ergebnis wohl in einer Scheidung endet. Das wirft noch einmal ein Licht auf das Problem von Gottesbeweisen.

Hier soll nur gezeigt werden, dass Polemik gegen „Glauben" doch wenigstens unterscheiden sollte: etwas glauben (vermuten) und jemandem glauben (vertrauen), glauben also in der objektivierenden und der interpersonalen Perspektive. Die Polemik gegen den christlichen Glauben an Jesus Christus wird dann wenigstens etwas genauer.

Die interpersonale Perspektive ist Dawkins offenbar verschlossen – wenn er denkt und schreibt. Denn im Lebensvollzug wäre er ohne Vertrauen längst vereinsamt.

„Nüchtern besehen, ist eine Art von ‚Vielliebersei' viel vernünftiger als das fanatisch-monogame Engagement, zu dem wir neigen. (Als Vielliebersei ... bezeichne ich die Überzeugung, dass man gleichzeitig mehrere Angehörige des anderen Geschlechts lieben kann, so, wie man auch mehrere Weine, Komponisten, Bücher oder Sportarten liebt)." Da hat er einen kleinen Unterschied übersehen: Weine und Bücher lieben ihrerseits nie.

Mit dem Unterschied von objektivierender und interpersonaler Perspektive ist das Problem des *Anthropomorphismus* verbunden. Man versteht darunter bekanntlich die sprachliche Vermenschlichung von etwas, das kein Mensch ist. Die antike Religionskritik hatte sich dagegen verwahrt, *von den Göttern* allzu menschlich zu reden. Für den christlichen Glauben stellt sich das Problem etwas anders, wenn ernst gemacht wird damit, dass Gott Mensch geworden ist. Und für Feuerbach wiederum war der Anthropomorphismus hier gar nicht verfehlt, sondern nicht konsequent genug: Wo „Gott" gesagt wird, sei in Wahrheit das (unendliche) Gattungswesen des Menschen gemeint.

Heute wird mit dem Wort Anthropomorphismus meistens gemeint, dass *von Dingen* wie von Menschen geredet wird. Kinder tun das manchmal. „Böser Stuhl, hast mich gestoßen!" Sie tun das, weil ihre ersten Erfahrungen interpersonale sind. Erst danach kommt die Ding-Erfahrung. Daraus folgert Dawkins, der Glaube an Gott oder Götter sei ein Infantilismus. Solche Menschen sind eben noch nicht so erwachsen wie er. Ganz so infantil sind aber diejenigen nicht, die den Sturm, die Liebe, den Krieg als Götter verehren, denn tatsächlich werden sie ja als lebensbestimmende Mächte erfahren. Ob sie deshalb Gott genannt zu werden verdienen, ist eine andere Frage.

Dawkins praktiziert durchweg eine andere Art von Anthropomorphismus. Er spricht *von Begriffen* wie von handelnden Personen. „Die Evolution hat ...", „die Selektion bestraft ..." usw., Belege liefert mindestens jede zweite Seite. Und die Gene seien egoistisch. Er wird richtig böse über jemanden, der diese Redeweise kritisiert. Der habe wohl zu viel Philosophie studiert (EG 442). Es ist aber unzweifelhaft so, dass nur Personen egoistisch sein können, weil nur sie auch anders können. Den Planeten Erde nennt doch auch niemand egoistisch, weil er alles Schwere an sich zieht. Dawkins hat sich mit dieser seiner anthropomorphistischen Redeweise durchaus auseinandergesetzt. Er gibt dem Problem aber einen seltsamen Namen, indem er nicht von objektivierender und interpersonaler Perspektive oder mit anderen Worten etwa von demselben redet, sondern zwischen „bildhafter Sprache" und der „Sprache der Realität" unterscheidet (EG 66). Was er mit der Sprache der Realität meint, wird nicht ganz deutlich. Er meint wohl die naturwissenschaftlich korrekte Sprache. In Physik und Chemie ist diese Sprache eine (künstliche) Formelsprache. Um sie zu erlernen, müssen wir uns immer der Alltagssprache bedienen. Die scheint Dawkins als bildhafte Sprache zu verstehen. Das ist aber eine Unterbestimmung – es sei denn, wir wollten die Welt, in der wir tatsächlich leben, platonisch als Abbild der wahren Welt verstehen. Auf die Frage, was das Symbol C (Kohlenstoff) bedeutet, kann man erstens dessen Stellung im Periodensystem der Elemente erläutern, den Aufbau der Kohlenstoffatome und was sich daraus an Eigenschaften, Valenzen usw. ergibt. Ist das die Sprache der Realität? Der Schüler würde weiter fragen: Und wo kommt Kohlenstoff wirklich vor? Er bekommt die Antwort: (fast) reiner Kohlenstoff kommt als Graphit und Diamant vor. Da staunt der Schüler. Beides soll dasselbe sein? Aber doch nicht im wirklichen Leben! Doch, sagt der Lehrer, denn beides lässt sich restlos zu CO und/oder CO_2 verbrennen, man hat das experimentell bestätigt. Schade um den Diamanten, sagt der Schüler. Nun, bei Diamanten wird dieser experimentelle Echtheitsbeweis vergleichsweise selten durchgeführt. Man hat nicht-invasive optische Prüfungsverfahren entwickelt. In der Kohle kommt Kohlenstoff auch reichlich vor, daher der Name. Aber reiner Kohlenstoff waren die Briketts in der DDR nicht. CO und CO_2 sind nämlich geruchlos, was schon manchem das Leben gekostet hat. Wenn Briketts verheizt wurden, stank es aber sogleich nach faulen Einern. Also: was sich in der chemischen Formelsprache ganz einfach ausdrücken lässt, ist in der Realität nicht ebenso einfach identifizierbar. Es kommen nur wenige Elemente des Periodensystems (relativ) rein in der Natur vor. Wenn ich nichts übersehen habe, sind das Kohlenstoff, Schwefel, Arsen, Wismut, Kupfer, Silber, Gold und Platin. Alle anderen müssen erst „hergestellt", aus chemischen Verbindungen isoliert werden. Reiner Sauerstoff kommt auch aus der Fabrik. Umgekehrt sind Dinge, die in unserer Welt ganz einfach erscheinen, wie Brot und Wein, für die chemische Analyse harte Brocken mit sehr komplizierten Formeln. Also: ganz so einfach ist die Frage, was den Namen Realität verdient, nicht. Dawkins scheint das nicht bemerkt zu haben. Er erzählt nämlich, dass Hunde Fettsäuren, die sich molekular nur wenig unterscheiden, doch mit ihrer Nase unterscheiden können. Er folgert daraus, dass sie sie auch nach Molekulargewicht sortieren können. (GW 518) Dies Wunder glaube ich nicht. Sie haben doch nicht Chemie studiert und bei allem Respekt vor der Nase der Hunde, eines haben sie mit unseren Nasen gemeinsam: Gewicht kann niemand riechen.

Jedenfalls sind die physikalischen und chemischen Formelsprachen künstliche Sprachen. Mit ihrer Hilfe lässt sich Gegebenes so verstehen, dass wir in natürliche Zusammenhänge zu unserem Nutzen eingreifen und Natürliches uns dienstbar machen können. Das ist legitim und unvermeidlich. Aber offenkundig ist es nicht ebenso legitim und unvermeidlich, in die Lebenszusammenhänge anderer Menschen nach demselben Muster einzugreifen und sie uns so dienstbar zu machen. Das liegt nicht daran, dass Gehirnwäsche, Folter und andere Manipulationstechniken „nicht funktionieren". Man könnte durchaus nachweisen, wie Menschen durch diese Methoden verändert werden. Geheimdienste haben solche Forschungen betrieben.

Dawkins behauptet nun, er könne alles, was er in „bildlicher Sprache" formuliert hat, in die „Sprache der Realität" übersetzen (EG 166). Nun verfügt die Biologie gar nicht über eine exakte Formelsprache, die der der Physik oder Chemie vergleichbar wäre. Sie gehört nicht zu den mathematischen Naturwissenschaften. Solche Formelsprachen schützen dank ihrer Syntax und Grammatik davor, dass sich heimlich die Teleologie, also Zweckmäßigkeit einschleicht. Darwinisten haben es da schwerer. Sie müssen sich der Alltagssprache bedienen, aber alle zweckorientierten Wendungen vermeiden, also z. B. alle Verben, die ein handelndes Subjekt voraussetzen (arbeiten, helfen, erkennen, zählen, berechnen usw.) und die Wörter „Zweck", „damit", „um zu" und „sich". Auf diese Übersetzungen bin ich gespannt. Hier ein paar Übersetzungsaufgaben für Dawkins. Viren rufen Symptome absichtlich hervor, um sich zu verbreiten (EG 402). Die Erreger von Geschlechtskrankheiten könnten den Geschlechtstrieb verstärken, um sich zu verbreiten. „Wenn wir unseren Zweck erfüllt haben, werden wir beiseite geschoben" (EG 85). Gene erkennen ihre Kopien in anderen Körpern und helfen ihnen (EG 168ff). „Ich kann für diese Voraussagen keine Beweise anführen, aber ich bringe sie in der Hoffnung vor, dass andere Beweise kennen oder vielleicht danach zu suchen beginnen" (EG 194). Wenn Mückenschwärme in der Abendsonne tanzen, ist das eine „Volkszählung", um die zukünftige Vermehrungsrate zu planen (EG 206). „Vehikel ... arbeiten, um ihre Replikatoren zu vermehren" (EG 413). „Bei Individuen in einer darwinistischen Welt setzt man ... voraus, dass sie Was-wäre-wenn-Berechnungen darüber anstellen, was das Beste für ihre Gene ist." (EG 7)

Dieser hemmungslose Gebrauch einer anthropomorphistischen Sprache des Handelns verleiht Dawkins Texten die Gestalt erzählter Geschichten. Dadurch wird alles so schön eingängig. Bei Geschichten, die wir einander erzählen, Klatsch inbegriffen, schwingt für uns aber immer eine normative Dimension mit. „Ist ja unerhört", „Das gibt's doch nicht" (soll heißen: darf es nicht geben). Dawkins' stories von den egoistischen Genen als Chicagoer Gangstern werden aber von einem Priester der Wissenschaft vorgetragen. Also muss es doch wohl so sein. Er ist ein Mythenerzähler, aber einer, der eine gepfefferte Mythenkritik verdient hat, die diese illegitimen Anthropomorphismen aufdeckt.

Nun gibt es noch den umgekehrten Missbrauch der Sprache, den *Technomorphismus*. Dann wird über Personen wie über Dinge gesprochen. In bestimmten Zusammenhängen ist das legitim: Passagieraufkommen, Arbeitskräftepotential, aber spätestens bei „Menschenmaterial" zucken wir zusammen. Wenn es jedoch um die Frage geht, wer wir sind, ist Technomorphismus mindestens irreführend. Weil wir in einer hochtechnisierten Welt leben, erscheinen vielen technomorphe Beschreibungen des Menschen als besonders plausibel: das Gehirn ein Bordcomputer usw. Dass wir Menschen uns am besten auf dem Umweg über unsere mechanischen Produkte erkennen können, ist eine seltsame Erwartung. Mit seinen technizistischen Erklärungen von Personalität verfitzt sich Dawkins aber manchmal. Er erklärt, dass „ich mit meiner Vernunft gelernt habe, Monist zu sein, während ich gleichzeitig als Mensch auch ein Tier bin, bei dem sich in der Evolution dualistische Instinkte entwickelt haben" (GW 251f.). Das ist ja gemein von der Evolution, dass sie uns so irregeführt hat, dass wir denken, „ich" und „mein Körper" sei nicht dasselbe. Nun zähle ich aber mal genauer nach, was der Monist gerade vorausgesetzt hat, nämlich 1. Körper, 2. meine Vernunft und 3. Ich. Der Monist ist demnach diesmal Trialist. Was gilt denn nun: eins oder drei? Ich will ja nicht kleinlich sein, aber unter Vernunft verstehen wir die Fähigkeit zu Einsichten, die nicht nur meine sind. Vernunft ist insofern immer „unsere" Vernunft. Meine alleine ist keine.

„Der Verstand ... ist eine ‚benutzerfreundliche' Art, das Gehirn zu erleben" (EG 444); ‚benutzerfreundlich' stammt wohl aus der Computersprache. Ich beneide Dawkins. Er kann sein Gehirn erleben. Ich habe höchstens mal Kopfschmerzen, da aber das Gehirn ein schmerzunempfindliches Organ ist, erlebe ich nicht einmal dabei mein Gehirn. Was heißt hier „benutzerfreundlich"? Der Verstand benutzt das Gehirn? Aber nein, der Verstand soll doch benutzerfreundlich sein. Also ist er schon wieder Trialist: Gehirn, Verstand, Benutzer. Oder soll der Verstand für die Gene benutzerfreundlich sein? Aber die Gene erleben doch nicht das Gehirn!

Es sind diese technomorphen Metaphern, die suggerieren, hier werde etwas Kompliziertes endlich einmal verständlich. In Wahrheit stolpert er über seinen Metaphernsalat, ohne es zu merken. Ich zähle das zum modernen Priesterbetrug der Priester der Wissenschaft.

„Der Dualist hält den Geist oder die Seele für eine Art körperloses Gebilde, das den Körper bewohnt" (GW 250). Darin hat der getadelte Dualist doch wohl nicht ganz unrecht, obwohl man noch über „bewohnt" streiten kann. Jedenfalls ist der Geist oder die Seele kein körperliches Gebilde. Psychotherapie und Physiotherapie sind nun einmal zwei paar Schuhe. Wenn ein Monist einen von ihnen braucht, sollte er sie nicht verwechseln. Seit meiner Kindheit habe ich gebetsmühlenartig gehört: Es gibt keine Seele. Ich weiß schon, dass eigentlich gemeint ist: Die Seele ist nicht unsterblich. Es wurde aber vorsichtshalber gleich noch bestritten, dass es eine Seele gibt. Unter Seele haben die Alten das verstanden, was der Leiche fehlt. Bei Tieren ist das die Lebendigkeit und die Intentionalität mindestens des Strebens und Meidens, beim Menschen zudem das Bewusstsein. Dass der Leiche etwas fehlt, kann doch wohl schlecht bestritten werden. Und was ihr fehlt, ist jedenfalls nicht ein Stück des Körpers.

3. Evolution, Fortschritt, Fortschritte

Um besser zu verstehen, was im Zusammenhang der Evolutionstheorie Evolution heißt, müssen wir etwas ausholen.

Evolutio heißt Entwicklung. Der anschauliche Hintergrund des Wortes ist das Aufwickeln einer Buchrolle. Der ganze Text ist in ihr enthalten, aber erst durch „Entwicklung" wird er lesbar. Einen ähnlichen Hintergrund hat das

Wort explicatio, Entfaltung, zum Beispiel der Knospe zur Rose. Das Aufwachsen von Lebewesen vollzieht sich so. Auch hier ist vorausgesetzt, dass im Anfang alles schon implizit enthalten ist. Beide Ausdrücke hat Nikolaus von Kusa in neuplatonischer Tradition zur Verhältnisbestimmung Gottes und der Welt, des Einen und des Vielen gebraucht. Diese Entwicklung ist teleologisch orientiert, sie hat ein Ziel, auf das hin von Höherentwicklung oder Fortschritt gesprochen werden kann. Dieses Denkmodell konnte als (ontologisches) Stufenmodell gedacht werden, aber auch als Sukzession in der Zeit. Dies letztere gilt für die Geschichtsphilosophie. In Lessings „Erziehung des Menschengeschlechts" wird, wie der Titel sagt, das Menschengeschlecht wie ein Individuum verstanden, das einen Prozess der Höherentwicklung vom Kind zum Erwachsenen durchläuft. Die Vollendung der Menschheit wird im kommenden Zeitalter des Geistes erwartet. Er bezieht sich dafür auf Joachim von Fiore (ca. 1130–1202), der die christliche Trinitätslehre einer Geschichtsdeutung zugrunde gelegt hatte: Zeitalter des Vaters (Altes Testament), des Sohnes (Kirchengeschichte) und das zukünftige Zeitalter des Geistes, das die Vollendung der Menschheit als ihre Vergeistigung bringen werde. Nach Lessing ist es Gott, der die Menschheit zu diesem Ziel, nämlich zu sich führt. Derselbe Grundgedanke spielt bei Herder, Schelling und Hegel die entscheidende Rolle und begründet die Geschichtsphilosophie des Deutschen Idealismus. Durch dieses Ziel wird die Geschichte im Ganzen zum Gottesbeweis. Die „Logik", nach der sich diese Selbstentfaltung des Absoluten vollzieht, ist bei Schelling und Hegel die Dialektik, sozusagen die göttliche Vorsehung in neuer Gestalt, wie besonders am Topos von der „List der Vernunft" (Mensch denkt, Gott lenkt) manifest ist. Man hat diese Denkrichtung Evolutionismus genannt. Im Unterschied zur heutigen biologischen Evolutionstheorie ist Entwicklung hier teleologisch verstanden, als Höherentwicklung zu dem Ziel der Vergeistigung.

Ich merke an, dass das Neue Testament zwar den (plötzlichen) Anbruch einer Heilszeit kennt, in der Gott „alle Tränen abwischen" wird (Offb. 7,17), nicht aber den Gedanken einer sukzessiven innergeschichtlichen Vergeistigung und Vervollkommnung der Menschheit. Es kennt nur das individuelle und gemeinsame „Wachsen im Glauben" und in der Liebe als Wirkung des Heiligen Geistes (vgl. 2. Kor. 10,15; Eph. 4,15), wofür z. B. in dem berühmten Erbauungsbuch von John Bunyan der Ausdruck Fortschritt gebraucht wird: The pilgrims progress from this world to that which is to come (1678/84). In der christlichen Tradition und namentlich in der christlichen Mystik ist dieses Wachstum im Glauben und in der Liebe oft verschmolzen mit dem neuplatonischen Gedanken des Aufstiegs der Seele zur Verschmelzung mit dem All-Einen (Gott im neuplatonischen Verständnis), obwohl dessen anti-individualistische Tendenz dem personalen Verständnis von Mensch und Gott in der Bibel fremd ist. Der die Aufklärung bestimmende Gedanke einer allen Menschen eingeborenen Vernunft, die nur von Vorurteil und Aberglaube befreit werden müsse, um zur Herrschaft zu gelangen – ein Gedanke, der sich Menschen mit Menschenkenntnis nicht gerade aufdrängt – hat die Tradition der christlich-neuplatonischen Mystik (den Spiritualismus) zum Hintergrund.

Die idealistische Geschichtsphilosophie ist im 19. Jahrhundert noch einmal transformiert worden, indem nun von Wissenschaft und Technik erwartet wurde, dass sie die Menschheit an das Ziel ihrer Vollendung führen werde. Der Marxismus ist wohl die wirkungsmächtigste Gestalt dieser Transformation geworden, aber auch in der „kapitalistischen" westlichen Welt sind die Heilserwartungen an Wissenschaft und Technik bis heute weit verbreitet. Die teleologische Struktur und die Vollendungserwartung haben sich auch in diesen Transformationen durchgehalten.

Die „historische Notwendigkeit" und die „historischen Gesetzmäßigkeiten", die bei Marx den „Fortschritt" garantieren sollen, sind nichts anderes als die in naturwissenschaftliche Terminologie übersetzte Hegel'sche Dialektik als Logik der Selbstentfaltung des Absoluten, die aber ihre Plausibilität einbüßt, wenn sie enttheologisiert wird. Übrig bleibt dann bei den einen Pseudowissenschaft unter dem Namen dialektische Entwicklung, bei den anderen ein verbissenes Behaupten oder ein erhebendes Gefühl. Dieser Gedanke des Menschheitsfortschritts, nach dem Europa die Spitze der Menschheitsentwicklung repräsentiert und von den anderen Erdteilen wie ein Erwachsener von Kindern umgeben ist (Schiller), hat im Zeitalter des Kolonialismus die Legitimation dafür geliefert, dass man jene noch kindlichen Völker wie Kinder behandeln müsse – und das nicht selten (aber auch nicht immer) nach der schwarzen Pädagogik.

Gegen diesen Gedanken eines innerweltlichen Fortschritts der Menschheit im Sinne einer Höherentwicklung der Menschen hat Hannah Arendt kritisch eingewendet: „Die Idee des Fortschritts, wenn diese mehr sein soll als eine bloße Veränderung der Verhältnisse und eine Verbesserung der Welt, widerspricht dem Kantischen Begriff der Menschenwürde", weil nämlich dann die Menschen, die *vor* der erwarteten Vollendung der Menschheit gelebt und *für* diese gearbeitet haben, zum bloßen Mittel für diese werden. Dasselbe Argument hatte Leopold von Ranke theologisch formuliert: „Eine solche gleichsam mediatisierte Generation würde an und für sich eine Bedeutung nicht haben; sie würde nur insofern etwas bedeuten, als sie die Stufe der nachfolgenden Generation wäre, und würde nicht in unmittelbarem Bezug zum Göttlichen stehen. Ich aber behaupte: Jede Epoche ist unmittelbar zu Gott, und ihr Wert beruht gar nicht auf dem, was aus ihr hervorgeht, sondern in ihrer Existenz selbst, in ihrem eigenen Selbst."

Nach dem 20. Jahrhundert mit Auschwitz und Hiroshima ist es schlicht Wahrnehmungsverweigerung, einen unaufhaltsamen *moralischen* Fortschritt der Menschheit zu postulieren. Dawkins ficht das alles nicht an. Er vertraut dem „ethischen Zeitgeist", denn da sei trotz Auf und Ab „der Fortschrittstrend unverkennbar, und er wird sich fortsetzen" (GW 376). Fortschrittstrends sind ja tatsächlich benennbar, nämlich neue Sensibilitäten. Sehr oft sind sie aber erst durch tatsächliche oder befürchtete Katastrophen befördert worden. Dawkins versteht nicht, warum ihm vorgehalten wurde, er sei im 19. Jahrhundert stecken geblieben. Hier lässt sich der Vorwurf konkretisieren. Dass sich der moralische Fortschritt der Menschheit unaufhaltsam fortsetzen werde, diese Überzeugung war im 19. Jahrhundert weit verbreitet. Es folgte aber das 20. Jahrhundert und nicht der Sieg der Vernunft und die Befreiung der Menschheit von Armut und Gewalt. Es gab vielmehr auch im Namen dieser edlen Ziele, im Namen des Fortschritts, eine unabsehbare Zahl von Opfern. In Deutschland haben wir am Terrorismus der RAF, der Bader-Meinhoff-Gruppe, studieren können, wie das brennende Herz für den Menschheitsfortschritt in Brutalität gegen andere und gegen sich selbst umschlagen kann – dies übrigens bei erklärten Atheisten.

Fortschritte, auf die wir tatsächlich verweisen können, wie die wachsende Anerkennung der Menschenrechte, sind kein unerschütterlicher Besitz. Niemand hatte damit gerechnet, dass nach so vielen Jahren ziviler Verhältnisse in Jugoslawien ein Bürgerkrieg mit Völkermord und gezielt eingesetzter Massenvergewaltigung ausbrechen würde. Die unstreitig größten Fortschritte haben wir in Wissenschaft und Technik erreicht. Die sind aber, wie wir inzwischen wissen, ambivalent. Je mehr wir durch diesen Fortschritt tun können, umso mehr können wir auch falsch machen und umso mehr plagt uns die Frage, was von dem allem, das wir tun können, wir auch tun und was wir lieber lassen sollten.

Diese Einleitung war notwendig, weil Darwins Evolutionstheorie diese Art von Entwicklung, nämlich „notwendige" Höherentwicklung auch im Sinne eines moralischen Fortschritts und einer Vergeistigung *nicht* kennt. Entwicklung wird hier nicht im alten und wörtlichen Sinne der Entfaltung dessen, was schon im Anfang steckt, verstanden. Das Spezifische dieser Theorie ist ja gerade eine kausale Erklärung für die Entstehung von Zweckmäßigkeit in der Natur. Diese Zweckmäßigkeit selbst wird natürlich nicht bestritten. Niemand kann einen Organismus und seine Organe oder auch ein Biotop und seine „Bewohner" ohne die Kategorie der Zweckmäßigkeit, des Zusammenpassens, verstehen. Darwins Theorie verbietet auch nicht das Staunen über solche Zweckmäßigkeit, die unser Leben hier auf Erden ermöglicht, aber nicht auf Venus oder Jupiter. „Auf dem Mond da gibt es keine Rosen, auf dem Mond gibt's keinen Mondenschein, darum bleibe ich hier auf der Erde bei dir, denn nur hier können wir glücklich sein", singt Viki Leandros.

Darwin selbst hat allerdings diesen Unterschied zwischen einer teleologischen und einer nichtteleologischen „Entwicklung" ganz am Schluss seines Buches über die „Entstehung der Arten durch natürliche Zuchtwahl" etwas vernebelt. Er wagt dort einen Blick in die Zukunft und sagt: „Da die natürliche Zuchtwahl nur durch und für den Vorteil der Geschöpfe wirkt, so werden alle körperlichen Fähigkeiten und geistigen Gaben immer mehr nach Vervollkommnung streben." Er prognostiziert „die Erzeugung immer höherer und vollkommenerer Wesen". Es wird nicht ganz deutlich, welche Art von Vervollkommnung namentlich der geistigen Fähigkeiten er meinte – auch die moralische? Jedenfalls ist Vervollkommnung ein teleologischer Terminus: Vollkommenheit erreichen. Darwins Theorie argumentiert aber lediglich mit der „vollkommenen" Anpassung an die Umwelt. Auch die Zunahme der Komplexität, die der Vergleich der ältesten mit jüngeren Arten dokumentiert, wird in dieser Theorie nicht mit „Höherentwicklung" (zu einem Zielpunkt hin), sondern mit Anpassung erklärt: Die komplexeren Arten können zum Beispiel eine ungenutzte Nische erobern, indem sie als Warmblütler Kälte ertragen, oder Konkurrenten um dasselbe knappe Gut verdrängen, weil sie fliegen können. Diese komplexeren Lebewesen haben ja auch gar nicht die einfacheren ausgemerzt. Es gibt nach wie vor Bakterien und Insekten, diese übrigens mit einer erstaunlichen Konstanz der Arten über die Zeiträume hinweg, während derer die Säugetiere und der Mensch allererst entstanden sind. Und es gibt Umwelten (z. B. schwefelhaltige Quellen), in denen nur ganz bestimmte Bakterien überlebensfähig, also dort die „vollkommensten" Lebewesen sind. Sollte die Erde von einem mächtigen Meteor getroffen werden, sind in dieser veränderten Umwelt mit Sicherheit gerade die hochkomplexen Lebensformen nicht überlebensfähig, weil sie an sehr spezifische Lebensbedingungen angepasst waren, was dann zum Nachteil für sie umschlägt. Die vollkommensten Lebewesen sind dann vielleicht Spulwürmer und Kakerlaken. Daran wird schon deutlich, dass Darwins Theorie keine Theorie der „notwendigen" Höherentwicklung ist. Sie besteht, grob gesagt, aus zwei Elementen: einem *Zufallsprinzip* und einem *Ausleseprinzip*.

Das Zufallsprinzip, vergleichbar dem Würfeln, waren bei Darwin die Variationen innerhalb derselben Art, seit der Verbindung des Darwinismus mit der Genetik sind es die Mutationen. Zufällig können diese Mutationen genannt werden, weil sie zwar auf molekularer Ebene beschreibbar (aber nicht prognostizierbar) sind, aber was dort geschieht, ist höchstens mittelbar durch die Umweltbedingungen verursacht (radioaktive Strahlung, Gifte, meist von Menschen gemacht). Es gibt keine Rückkopplung von der Art: Wir brauchen ein schärferes Gehör. Liebe Gene, gruppiert euch mal um, damit unsere Ohrmuscheln größer werden. Darwin bietet ja gerade eine konkurrierende Theorie zu Lamarcks Theorie von der Vererbung erworbener Eigenschaften. Die Weitergabe erworbener Eigenschaften, nämlich erlernter Fähigkeiten, charakterisiert vielmehr die spezifisch menschliche, kulturelle „Vererbung" durch soziales Lernen. Auch bei einigen Tieren gibt es Ansätze sozialen Lernens, aber daraus entstehen keine neuen Arten (Genome). Dawkins erklärt: „,Zufall' ist lediglich ein Wort, das unserer Unkenntnis Ausdruck gibt." (EG 361). Da irrt er sich. Manchmal gibt es auch unserer Kenntnis Ausdruck, wie im vorliegenden Fall.

Die meisten Mutationen sind kein Überlebensvorteil, aber, so setzt die Theorie voraus, einige doch. Und nun setzt das zweite Prinzip an. Um bei der Analogie des Würfelspiels zu bleiben: wer eine Sechs würfelt, darf aufs Spielfeld rücken.

Bringt eine Mutation (überraschenderweise, könnte man sagen) einen Vorteil z. B. in der Konkurrenz um knappe Güter oder Geschlechtspartner, gegenüber Parasiten und Krankheiten usw., so werden sich die Träger dieser Mutation stärker vermehren als die konkurrierenden. Beobachtet worden ist die Entstehung einer neuen Art, also eine transspezifische Mutation noch nicht. Das ist allerdings kein durchschlagender Einwand gegen die Theorie, weil sie mit Zeiträumen rechnet, denen gegenüber die Geschichte biologischer Forschungen, ja sogar die Geschichte des homo sapiens fast nur als Augenblick, nicht als Zeitspanne ins Gewicht fällt.

Für das „Theoriedesign" von Darwins Evolutionstheorie ist also charakteristisch, dass sie genau besehen *nicht die Entstehung des Neuen, sondern seine Bewährung oder Durchsetzung erklärt.* Dies ist keine Lücke, die durch weitere Forschungen geschlossen werden könnte, sondern *Voraussetzung* der Theorie. Die Theorie ist so konzipiert, dass das Neue überraschend auftritt, was mit Emergenz (Auftauchen) oder Fulguration (Aufblitzen) nur benannt, nicht erklärt wird. Nachdem es aufgetreten ist, kann man im Rückblick beschreiben, inwiefern die Möglichkeit des Neuen im Alten (Vorherigen) Voraussetzungen hatte. Von notwendiger Höherentwicklung kann gar keine Rede sein in diesem Theoriedesign. Das Periodensystem der Elemente ist so beschaffen, dass sich Aminosäuren bilden können, aber nicht müssen. Wenn man die Gesamtheit der Faktoren, die diese Theorie verwendet, und ihr Zusammenwirken mit dem Ausdruck „natürliche Entwicklungsgesetze" oder „Naturnotwendigkeit" belegt, darf man nicht übersehen, dass der Ausdruck „Naturgesetz" dann anderes bedeutet als bei der Verwendung etwa für die Bewegungsgesetze der klassischen Physik. Alle Körper fallen in diesem Theoriekontext „notwendig" gleich schnell. (Allerdings stellt sich das im Kontext der Quantenphysik heute etwas anders dar. Die berühmte Halbwertszeit besagt, dass von einer bestimmten Menge radioaktiver Atome in der angegebenen Zeit immer die Hälfte zerfällt, sie sagt aber nicht, welche.) Solche All-Aussagen sind für die Evolution nur auf der Ebene der Selektion, nicht auf der der Mutation möglich und für die Evolution als Gesamtprozess ohnehin nicht, weil sie eine Singularität ist. Es gibt, wie Karl Popper dargetan hat, keine „Entwicklungsgesetze", die in demselben Sinne Naturgesetze sind wie die der klassischen Physik.

Dawkins erklärt, die Evolution (im Sinne des Darwinismus) sei ebenso wahr wie die Tatsache, dass Neuseeland auf der Südhalbkugel liegt (GW 392). Dann lasst uns doch mal nach Evolutionen fahren und die Evolution besichtigen. Selbstverständlich ist und bleibt die Evolution die These einer wissenschaftlichen Theorie. Auch durch eine erdrückende Vielzahl von Sachverhalten, die mit ihr plausibel gedeutet werden können, verwandelt sie sich nicht in eine Tatsache, sondern wird zu einer sehr erfolgreichen Theorie. Dieser Erfolg auf ihrem Gebiet rechtfertigt nicht, sie auf beliebige andere oder gar alle Gebiete unbesehen auszudehnen, obwohl Monisten geradezu zwanghaft dazu neigen. Dawkins hält es für möglich, dass eine darwinistische Auslese zwischen verschiedenen Universen (GW 206) stattgefunden haben könnte. Bitte: um welches knappe Gut konkurrieren dann diese Universen und wo? In einem gemeinsamen Superuniversum? Das hat die Multiversen-Theorie nicht vorgesehen.

Um eine Analogie aus dem Rechtswesen zu benutzen: Unser Wissen von der Evolution beruht nicht auf einem Augenzeugenbericht (und auch nicht darauf, dass sie experimentell im Labor wiederholt worden ist, denn es handelt sich ja um die Theorie über eine Singularität, die sich in Milliarden von Jahren abgespielt haben muss). Unser Wissen stammt aus einem Indizienprozess. Die Indizien sind überwältigend und wir kennen keine Theorie, die sie besser erklären kann.

Es gibt für die Evolutionstheorie allerdings auch Sachverhalte, die sich bisher schwer oder unbefriedigend oder (noch?) nicht erklären lassen. Ich nenne ein Beispiel, weil es das Theoriedesign noch einmal verdeutlicht: die Rückbildung der Augen bei Höhlentieren. Man möchte einwenden, das sei doch ganz leicht zu erklären: Sie können ihre Augen im Dunkeln nicht gebrauchen. Das ist aber eine teleologische oder lamarckistische Erklärung: Augen sind zum Sehen gut und nutzlos, wenn man nichts sehen kann, also verschwinden sie. Das leuchtet nur deshalb ein, weil wir gewohnt sind, nutzlose Gegenstände auszusortieren. Doch der Darwinist lässt diesen Erklärungstyp nicht zu. Er muss die Rückbildung erklären erstens durch Mutationen, also molekulare Vorgänge. Aber zweitens müssen diejenigen Mutationen, die (zufällig) bewirken, dass die Augen unbrauchbar werden, diesen Individuen einen Vorteil verschafft haben, durch den sich diese Mutation durchsetzte. Und der ist schwer zu finden.

Dergleichen ist aber kein triftiger Einwand gegen die Theorie, sondern eine Herausforderung für die Forschung. Deshalb sind Argumente der Intelligent-design-Bewegung gegen die Evolutionstheorie wie der Hinweis auf angeblich irreduzible Komplexität, keine Einwände, die die Evolutionstheorie widerlegen, sondern die Formulierung weiterer Forschungsaufgaben. Da stimme ich Dawkins zu. Nur eine bessere naturwissenschaftliche Theorie, also eine mit einer größeren Erklärungsleistung, kann die derzeitige Evolutionstheorie erweitern oder ersetzen. Da Forschungsergebnisse nicht antizipierbar sind, lassen sich über die Zukunft der Evolutionstheorie auch keine sicheren Aussagen machen – über die Physik aber auch nicht. Dawkins' Prognosen über eine zukünftige Einheitsphysik (GW 203), die beweisen werde, „dass ein Universum nur auf eine einzige Art und Weise existieren kann" (was viele Physiker bestreiten), gehören zum gläubigen Hoffen, nicht zum Wissen. Es gibt noch viele andere harte Brocken für die Evolutionstheorie, darunter der, dass das Linsenauge mehrfach unabhängig voneinander entstanden sein muss. Das ist durch „Zufall" allein schwer zu erklären.

Darwin hat übrigens den Unterschied zwischen der natürlichen Zuchtwahl und der kulturellen Entwicklung sehr wohl gesehen und gesagt, dass bei „hochzivilisierten Völkern ...

der beständige Fortschritt nur in beschränktem Maße von natürlicher Zuchtwahl" abhängt. Und er hat sich der Anwendung des Ausleseprinzips auf die menschliche Gesellschaft widersetzt mit dem Argument, dass dies nicht ohne „Zerstörung in dem edelsten Teil unseres Wesens" geschehen könnte, womit er vermutlich das Gewissen, aber sicher nicht das Gehirn gemeint hat, denn er spricht vom menschlichen Wesen und nicht vom menschlichen Körper. „Also müssen wir die zweifellos schlechten Folgen des Überlebens und der Fortpflanzung der Schwachen ohne zu klagen auf uns nehmen." Darwin also hatte Gründe, den Darwinismus nicht zu universalisieren. Und er erklärt ausdrücklich: „Ich sehe keinen vernünftigen Grund, warum die in diesem Werke entwickelten Ansichten irgendwie religiöse Gefühle verletzen sollten." „Meines Erachtens stimmt es nach allem, was wir wissen, besser mit dem vom Schöpfer der Materie eingeprägten Gesetzen überein, dass das Entstehen und Vergehen der früheren und heutigen Erdenbewohner genauso wie Geburt und Tod der Individuen eine Folge sekundärer Ursachen ist." Mit den sekundären Ursachen sind seit Augustin innerweltliche Ursachen gemeint, deren sich die Erste Ursache, Gott, bedient. Darwin konnte sich auf die erste biblische Schöpfungsgeschichte beziehen, in der es z. B. heißt: „Und Gott sprach: die Erde bringe lebende Wesen hervor" (1. Mose 1,24). Der Befehl geht an die Sekundärursache Erde, die die Lebewesen hervorbringen soll. Ich schließe mich dieser Auffassung Darwins an. Aus seinen Tagebüchern wissen wir aber, dass ihn der Gedanke möglicher atheistischer Konsequenzen seiner Theorie geplagt hat – geplagt und nicht erfreut.

Der Unterschied zwischen Darwins Entwicklungsverständnis und dem von Marx ist von Dieter Groh sehr schön anhand der Briefe von Marx und Engels zu Darwin dokumentiert worden. Marx schreibt im „Kapital", dass er „die Entwicklung der ökonomischen Gesellschaftsformation als einen naturgeschichtlichen Prozess auffasst". Und zitiert beifällig Kaufmann: „Marx betrachtet die gesellschaftliche Bewegung als einen naturgeschichtlichen Prozess, den Gesetze lenken, die nicht nur vom Willen, dem Bewusstsein und der Absicht der Menschen unabhängig sind, sondern umgekehrt deren Wollen, Bewusstsein und Absichten bestimmen." Zunächst sind Marx und Engels von Darwins Buch begeistert. Marx 1861: „Sehr bedeutend ist Darwins Schrift und passt mir als naturwissenschaftliche Unterlage des geschichtlichen Klassenkampfs". Doch ein Jahr später geht er auf Distanz. Er wirft Darwin vor, das „Tierreich als bürgerliche Gesellschaft" dargestellt zu haben, indem er Kategorien der Gesellschaftswissenschaften auf die Natur übertrage, nämlich von Malthus den Kampf ums Dasein, der ja nach Darwins eigenem Zeugnis tatsächlich seine Theorie inspiriert hat. Marx bemerkt ganz zutreffend, dass bei Darwin der Fortschritt rein zufällig sei. Das kann er aber für seine Theorie des „notwendigen" Übergangs vom Kapitalismus zum Sozialismus gar nicht gebrauchen. Und Engels bemerkt: „Für uns sind die sogenannten ‚ökonomischen Gesetze' keine ewigen Naturgesetze, sondern historische, entstehende und verschwindende Gesetze", denn sonst wäre ja die Erwartung eines Endes des Klassenkampfes sinnlos. Er befürchtet, dass das „Gerede vom Kampf ums Dasein" die Arbeiterklasse an der Erkenntnis ihrer geschichtlichen Aufgabe hindere. Für Marx kann nur unter den Bedingungen der Entfremdung gesagt werden, die (primär ökonomischen) Gesetze der Gesellschaft seien „naturwüchsig" (automatisch wie Naturgesetze). Der Sprung ins Reich der Freiheit aber werde den Zwang dieser Gesetze brechen. Dagegen kann keine geschichtliche Entwicklung den Zwang der Fallgesetze brechen. Marx hat seine Theorie im Kapital nur oberflächlich mit naturwissenschaftlichen Termini versehen. Vom Theorietyp her gehört sie in die Hegelsche Linie der Entwicklung als Selbstentfaltung, nun aber nicht des Hegelschen Absoluten, sondern des zum neuen Absoluten erhobenen, bisher entfremdeten Wesen des Menschen. Wenn ich hart urteilen darf: Das ist Pseudotheologie. Marx wollte, im Gefolge Feuerbachs, Hegel vom Kopf auf die Füße stellen. Wo Hegel Gott sagt, müsse man Mensch sagen. Der Mensch aber überfordert sich selbst, wenn er sich an die Stelle Gottes setzt. Und wenn dann der „neue Mensch" erst noch durch revolutionäre Praxis hervorgebracht werden soll, wird es schnell furchtbar. Ein Atheismus, der die Stelle Gottes unbesetzt lässt, statt den Menschen an seine Stelle zu setzen, der die Menschen so nimmt, wie sie hier und jetzt sind, ist humaner und koalitionsfähig für einen Christen, wenn sich beide für die vielen kleinen und möglichen Fortschritte einsetzen, statt so oder so das Himmelreich auf Erden errichten zu wollen.

In der Folgezeit sind jene Unterschiede im Entwicklungsverständnis von Darwin und Marx in Vergessenheit geraten. Dazu hat der Satz von Engels am Grabe von Marx einiges beigetragen: „Wie Darwin das Gesetz der Entwicklung der organischen Natur, so entdeckte Marx das Entwicklungsgesetz der menschlichen Geschichte." Das war im Lichte jener Briefe eine Behauptung gegen bessere Einsicht, hat aber die Idee einer monoperspektivischen wissenschaftlichen Weltanschauung befördert.

4. Dawkins' weltanschauliche Interpretation des Darwinismus

Dawkins möchte die Biologie vom Kopf auf die Beine stellen (EG 430). Was da umgekehrt werden soll, ist das Verhältnis zwischen den organischen Individuen und den Genen. Er betrachtet alles „aus der Sicht der Gene". Nun weiß auch er, dass Gene keine Sicht haben. Also muss er stellvertretend diese Sicht einnehmen. Für uns entsteht dann die Frage, warum auch wir uns für diesen Sichtwechsel *entscheiden* sollen. Das ist nämlich eine Entscheidung, bei der es auch darum geht, wie wir uns verstehen wollen, also eine nicht ganz unerhebliche.

Genetiker befassen sich mit den Genen als Trägern der Erbinformation. Das heißt: die Gene erklären uns einiges an den organischen Individuen: wie sie entstehen, warum Katzen keine Hunde zur Welt bringen und Frösche nicht alljährlich aus Schlamm entstehen, die Ähnlichkeiten und Unähnlichkeiten zwischen Eltern und Kindern, die Verbreitung von Erbkrankheiten und vieles mehr. Solche Erkenntnisse können auch nützlich sein, zum Beispiel für die Beratung von Menschen, in deren Familien Erbkrankheiten vorkommen. Solche Erkenntnisse sind nützlich für die Individuen, nicht für die Gene. „Aus der Sicht der Gene" einer Erbkrankheit ist es eine Gemeinheit, wenn ihre Verbreitung verhindert werden soll. Die grüne Gentechnologie verfolgt nicht das Ziel, die Gene zu verschönern oder zu verbessern, sondern zum Beispiel Maispflanzen zu züchten, die gegen bestimmte Krankheiten resistent sind. Der Grund ist schlicht der, dass Mensch und Tier nicht vom Genotyp Mais satt werden, sondern nur vom Phänotyp Mais, den Pflanzen auf dem Acker.

Dawkins' Umkehrung der Biologie vom Kopf auf die Füße, die Weltbetrachtung nicht mehr aus der Sicht der Individuen, sondern aus der Sicht der Gene, besagt dann, dass die Fragerichtung: Welche Funktion haben Gene für die Individuen? umgekehrt wird zu der Frage: Welche Funktion haben Individuen für die Gene? Die Antwort kennen wir bereits: Wir sind Wegwerf-Überlebensmaschinen für die Gene. Durch diese Umkehrung wird die einfache Tatsache unserer Selbst- und Welterfahrung, dass wir in einer Welt leben, die aus Individuen besteht, zum erklärungsbedürftigen Rätsel. Wir Menschen sind tatsächlich so frei, die seltsamsten Denkwege zu beschreiten und Gedankenexperimente auch der absonderlichen Art sind nicht selten förderlich, manchmal auch solche, die auf den ersten Blick als unbequem oder gar als Tabubruch erscheinen. Es ist aber ein Irrtum, dass der Tabubruch als solcher einer Behauptung Gewicht und ein Anrecht auf besondere Beachtung verschafft. Tabubrechen ist ja inzwischen ein Volkssport, weshalb Tabus inzwischen zu den vom Aussterben bedrohten Arten gehören. Wir brauchen triftige Gründe, um Gedankenexperimente, die unserem Selbstverständnis widersprechen, in den Rang der für unsere Lebensführung verbindlichen Selbstinterpretation zu erheben – vorausgesetzt, dass wir unser Selbstverständnis ernst nehmen. Wir sind aber auch so frei, uns nicht ernst zu nehmen.

Eine praktische Nutzanwendung dieser Umkehrung der Fragestellung kann ich nicht erkennen. Sie würde lauten: Wie müssen wir uns verhalten und die Individuen verändern, damit das den Genen den größten Nutzen bringt? Schließlich sollen wir ja „für sie arbeiten" (EG 413), sozusagen als ihre Sklaven. Sinnvoll ist, etwa bei Erbkrankheiten, nur die umgekehrte Fragerichtung: Wie sollten wir uns verhalten, damit unsere Nachkommen, also wieder Individuen, nicht an der Erbkrankheit leiden.

Eine experimentelle Bestätigung der umgekehrten Fragerichtung kann ich mir auch nicht vorstellen. Aber vielleicht bin ich da nicht schlau genug. Welchen Gewinn oder Vorteil verbindet Dawkins dann mit dieser Umkehrung vom Kopf auf die Füße? Das müssen wir rauskriegen.

Wenn man eine Wissenschaft um 180 Grad umdreht, wird das Folgen haben für das Begriffsgefüge. Es könnte aus den Fugen geraten.

Das widerfährt Dawkins nun ausgerechnet mit dem Begriff des Gens.

Unter einem Gen wird heute ein Abschnitt eines Chromosoms verstanden, der die Informationen zur Erzeugung einer biologisch aktiven RNA enthält, aus der Proteine hervorgehen, die spezifische Funktionen im jeweiligen Organismus übernehmen. Gene werden erforscht und identifiziert über ihre Wirkung auf Organismen.

Für die Evolutionstheorie ist nun entscheidend, dass es Mutationen gibt, dass also einzelne Gene sich verändern. Es ist außerdem von großer Bedeutung, dass bei der geschlechtlichen Fortpflanzung für jedes Individuum eine einmalige Kombination aus den beiden Chromosomonensätzen beider Eltern entsteht, wobei nicht nur eine Auswahl aus den zwei mal zwei Sätzen stattfindet, denn es kommt dabei auch zum crossing over, indem parallele Chromosomenteile zwischen zwei Chromosomen ausgetauscht werden, und zwar unabhängig von den Abgrenzungen der Gene auf dem Strang des Chromosoms. Ohne diese genetischen Variationen würde es keine genetischen Unterschiede zwischen den Individuen geben und ohne solche Unterschiede kann es keine Selektion geben. In einer Welt monochromosomer Lebewesen, deren Gene ohne jede Abweichung exakt kopiert würden, könnten keine neuen Arten entstehen. Eine Welt ewig identischer Gene wäre außerdem eine Welt genetisch identischer Klone einer und nur einer Art, die ich mir jedenfalls nicht wünsche. Variatio delectat, Abwechslung erfreut auch bei Pflanzen, Tier und Mensch.

Dawkins erklärt nun, eine allgemein anerkannte Definition des Gens gebe es nicht (EG 69, 75). Es gibt aber sehr wohl *weithin* anerkannte, wie die des ENCODE-Projekts: Ein Gen ist „eine Einheit aus genomischer DNA-Sequenz, die einen zusammenhängenden Satz von potenziell überlappenden funktionellen Produkten codiert". Das Gen wird also über seine Funktion oder Wirkung („Produkte") definiert, denn nur über diese Wirkungen auf (in) Individuen lässt sich ein Gen experimentell erforschen. Dawkins aber sieht sich berechtigt, sich selber eine private Definition zu basteln. Dabei lehnt er ausdrücklich ab, das Gen über seine Wirkungen, wie die Erzeugung eines spezifischen Proteins, zu definieren, obwohl Gene eine aufweisbare funktional verstehbare innere Struktur besitzen (z. B. Introns, Exons). Seine Begründung: Das crossing over respektiert diese Grenzen nicht. Na und? Dann ist das eben, bezogen auf die Funktionen der Gene, ein zufälliger Prozess, und jedenfalls kein Grund, das Fundament der Erforschung der Gene, die Verbindung zwischen dem molekularen Aufbau der Gene und ihren nachweisbaren Wirkungen, beiseite zu schieben. Das Argument geht ungefähr so: Das Inhaltsverzeichnis von Kants Kritik der reinen Vernunft stellt nicht den wahren Aufbau dieses Buches dar. Ich habe nämlich einen Packen Seiten herausgerissen (crossing over) und festgestellt, dass sie keinen vollständigen Abschnitt des Inhaltsverzeichnisses darstellen, sondern ein beliebiges Stück, je nachdem, welche Seiten ich erwischt habe. Deshalb definiere ich: Die Einheiten, aus denen das Buch besteht, sind beliebige aufeinander folgende Seiten des Buches. Denn so lautet seine Definition: Ein Gen ist ein „beliebiges Stück Chromosomenmaterial, welches potenziell so viele Generationen überdauert, dass es als eine Einheit der natürlichen Auslese dienen kann" (EG 75). Das Gen wird also nicht über seine Wirkung, sondern allein nach seiner Dauer über Generationen hinweg definiert. Wie lange ein beliebiges Stück auf einem Chromosom in der Generationenfolge identisch kopiert, also von Mutationen und crossing over verschont wird, kann man aber immer nur aus dem Rückblick wissen – wenn überhaupt Daten über Generationen zur Verfügung stehen. Dann wird es aber rätselhaft, was das Wort „Einheit" hier bedeuten soll. Ohne Rückbezug auf die Funktion ist das doch eher ein beliebiger Haufen als eine Einheit.

Er bietet uns noch eine Definition: Ein Gen ist „eine bestimmte kleine Einheit genetischen Materials, der man aus Gründen der Zweckmäßigkeit den Namen Gen gibt" (EG 92). Warum kleine Einheit? „Je kürzer eine genetische Einheit ist, desto länger – in Generationen gemessen – wird sie wahrscheinlich leben" (EG 76). Wenn es vor allem um die Dauer geht, empfehle ich, gleich auf die Atome zu rekurrieren, die überleben auch noch die Gene, bis es irgendwann, spätestens im Neutronenstern, auch mit ihnen aus ist. Und welche „Zweckmäßigkeit" verfolgt Dawkins bei dieser Definition? Gene sind „potentiell unsterblich" (EG 92), „Gene sind unvergänglich" (EG 85). „Die Gene sind die Unsterblichen, oder besser: Sie sind als Einheiten definiert, die etwas nahekommen, das diese Bezeichnung verdient" (EG 83). Ganz richtig: sie sind *von ihm* so definiert – ohne Rücksicht auf Verluste. Dabei weiß Dawkins sehr wohl: „Letzten Endes sind es diese Fehler, die eine Evolution möglich machen" (EG 59), nämlich die Kopierfehler, aus denen Mutationen hervorgehen, die aber doch ebenso wie das crossing over die Ewigkeit des betroffenen Gens (beliebigen DNA-Schnipsels) abrupt beendet, denn dann ist es ein anderes. Dawkins' merkwürdiges Interesse an „Unsterblichkeit" muss uns noch beschäftigen. Es klingt nach Religion, Metaphysik oder Heldenepos.

Der erste Verlust ist der der Funktion der Gene. Den „beliebigen Stücken" kann man keine aufweisbare Auswirkung auf einen Organismus mehr zuordnen – abgesehen davon, dass viele Merkmale eines Organismus nur durch das Zusammenwirken mehrerer Gene zustande kommen. Anderswo weiß er das auch: „Es gibt kein Gen, das für sich allein ein Bein baut." (EG 87) Richtig, aber seine willkürlich abgegrenzten Schnipsel werden nicht einmal mitwirken können. Im Folgenden macht Dawkins trotzdem die Gene für die wundersamsten Wirkungen verantwortlich. Hier eine Liste solcher Gene und der ihnen zugedachten Wirkungen: ein Gen dafür, „dass ein Körper (gemeint ist ein Individuum RS) mit größerer Wahrscheinlichkeit einen anderen vor dem Ertrinken rettet" (EG 127); ein „Gen für das selbstmörderische Retten von fünf Vettern" oder eines „zum Retten von fünf Brüdern oder zehn Vettern" (EG 173; das letztere soll die besseren Verbreitungschancen haben); ein „Gen für Zwillingsaltruismus" (EG 174); „es gibt vielleicht ein Gen für das Legen von zwei Eiern, ein rivalisierendes Allel für drei Eier ..." (EG 207); ein Gen, „das die Anweisung gibt: ‚Körper, wenn du sehr viel kleiner bist als deine Wurfgeschwister, gib den Kampf auf und stirb" (EG 229); „Gene dafür, dass man eher Kinder des einen oder des anderen Geschlechts bekommt, sind möglich" (EG 249). Beweise für die Existenz solcher Gene und ihrer gemutmaßten Wirkungen hat er nicht, „aber das ist kaum verwunderlich, da die Genetik des Verhaltens bisher wenig erforscht worden ist" (EG 124). Ich fürchte, für diese Wissenschaft bin ich noch zu jung.

Der zweite Verlust: Individualität und Bewusstsein, beides jedem von uns unmittelbar erschlossen, werden ihm zum Rätsel. Individuen sind keine Einheiten, „denn sie stellen keine exakten Kopien ihrer selbst her" (GW 298). Das tun sie tatsächlich nicht, aber das war bisher auch nicht das Kriterium, etwas oder jemanden als Individuum zu bezeichnen. Sie bringen etwas viel Interessanteres als Kopien ihrer selbst hervor: andere Individuen. Individuum heißt das Unteilbare (griechisch atomon) und bei komplexeren Lebewesen erweist sich diese Unteilbarkeit daran, dass ein halbierter Ochse kein (lebendiger) Ochse mehr ist (obwohl beide Hälften zusammen immer noch sämtliche Moleküle des lebendigen Ochsen enthalten, wenn man das ausfließende Blut dazurechnet). Beim Regenwurm und der Amöbe ist es die Außenhaut, die die Einheit definiert und exakt zu sagen erlaubt, wo (räumlich gesehen) Amöbe anfängt und Amöbe aufhört. Und über die Grenzen des Körpers lässt sich sogar ein Stein als Individuum beschreiben, obwohl er teilbar ist. Bewusstsein, uns in unserer Selbsterfahrung erschlossen, ist sogar die ursprünglichste Erfahrung von Einheit, nämlich die Einheit aller unserer Erfahrungen und wechselnden Zustände im Fluss der Zeit. Wenn wir Dinge als identisch im Wechsel ihrer Zustände und Eigenschaften trotzdem als Einheiten verstehen, verstehen wir sie in Analogie zu unserer Erfahrung der Einheit des Bewusstseins. Es gibt psychische Erkrankungen, bei denen beides verloren geht: die Erfahrung der Einheit des Bewusstseins und der Einheit der Dinge. Das wird von Betroffenen als furchtbares Erlebnis beschrieben.

Aus Dawkins' Sicht der Gene dagegen „sind Individuen und Gruppen wie Wolken am Himmel oder Sandstürme in der Wüste. Sie sind temporäre Ansammlungen oder Zusammenschlüsse, nicht stabil über Zeiträume, wie sie die Evolution benötigt" (EG 84). Das Individuum versteht er „als eine von einem kurzlebigen Verband langlebiger Gene gebaute Überlebensmaschine" (EG 98) und der organische Körper ist „eine Kolonie von Genen" (EG 103).

Nun erfährt sich aber jeder von uns unzweifelhaft als Einheit. Dies bereitet Dawkins Kopfzerbrechen. Das subjektive Bewusstsein „stellt für mich das unergründlichste Rätsel dar, dem sich die moderne Biologie gegenübersieht" (EG 122). Er hat für die im subjektiven Bewusstsein erfahrene Einheit zwei Erklärungen. Die Gene (zur Erinnerung: definiert als beliebige DNA-Schnipsel) kooperieren in einem gemeinsamen Körper (eines Individuums) im Kampf gegen Gene in anderen. Deshalb muss es „eine Belohnung für die zentrale Koordination innerhalb des gemeinsamen Körpers gegeben haben" (EG 103). Also: Kommandostab der Gene für ihre Überlebensmaschine, das ist unser subjektives Bewusstsein. Bloß leider: Dies gehört nicht zur Erfahrung des Bewusstseins. Dann ist diese eben Schein.

Dass die Gene einer Überlebensmaschine mittels dieser gegen die Gene in einer anderen Überlebensmaschine kämpfen, stimmt außerdem gar nicht. Katze und Maus haben die meisten Gene gemeinsam. Da das Gen von Dawkins auch einmal als die „Gesamtheit aller über die ganze Welt verteilten Kopien eines speziellen Stückes DNA" bezeichnet wird (EG 167), kämpfen dann größerenteils die Kopien desselben Gens gegeneinander. Dann hat das so definierte Gen aber ein Problem: Das Gen kämpft in sich gegen sich. So ein schönes Paradox hatten wir lange nicht. Definieren ist manchmal auch Glückssache und hier hatte Dawkins leider Pech. Was die Katze von der Maus, aber auch diese Katze von jener Katze genetisch unterscheidet, ist der artspezifische bzw. individuelle Satz von Genen, der auch bei prozentual wenigen voneinander abweichenden Genen den beachtlichen Unterschied zwischen Katze und Maus oder Affe und Mensch bewirkt.

Dawkins findet für seine Betrachtung noch eine andere „Vorstellung zweckdienlich": Das subjektive Bewusstsein „sei der Höhepunkt eines evolutionären Trends zur Emanzipation der Überlebensmaschinen als der ausführenden Entscheidungsträger von ihren heimlichen Gebietern, den Genen" (EG 123). Da haben aber die diktatorischen Gene einen schweren Fehler begangen: Sie lassen Opposition entstehen. Und das soll gar ein evolutionärer Trend sein: Die Gene produzieren, wie die Kapitalisten, den Untergang ihrer Herrschaft? Ich habe für diese allerdings ziemlich willkürliche argumentative Kehrtwendung ein gewisses Verständnis. Er fühlt sich nicht wohl in der Haut einer Kommandozentrale der Gene und als ihre Überlebensmaschine. Also baut er die Revolte in seine Theorie ein. Das schafft ihm Platz für die „Verschwörung der Tauben", eine Art von Selbsterlösung („Emanzipation").

„Aus der Sicht der Gene" müssen die Individuen ihr Verhalten möglichst effektiv auf die Verbreitung ihrer Gene ausrichten, d. h. die Regeln der Ökonomie beachten und jede Material- oder Energieverschwendung vermeiden. Eine Mutter ist dann „eine Maschine, die so programmiert ist, dass sie alles in ihrer Macht Stehende tut, um Kopien der in ihr eingeschlossenen Gene zu verbreiten" (EG 219). Deshalb kann es „sich für sie sogar auszahlen, dieses Junge (einen Kümmerling RS) an seine Geschwister zu verfüttern oder es selber zu fressen und zur Milchproduktion zu verwenden" (EG 221). Genauer: Nicht für sie selbst könnte sich das lohnen, sondern für ihre Gene. Wer das liest, dem geht manches durch den Kopf. Tiere haben nicht Betriebswirtschaft studiert. Wenn sie, was vorkommt, eines ihrer Jungen fressen, dann tun sie das wohl eher, weil sie Hunger haben und nicht weil sie die Energie, die der Körper des Jungen darstellt (wovon sie nichts wissen), effektiver verwerten wollen oder gar wissen, dass das bei Muttertieren die Milchproduktion fördert. Nach der Logik der Evolutionstheorie lautet der Test anders: Tiere, die dies und jenes nicht konnten, sind ausgestorben. Tiere verhalten sich sehr oft einfach nicht so, wie sie es nach dieser ökonomisierten Evolutionstheorie der egoistischen Gene tun müssten. Dafür hat Dawkins aber auch eine Erklärung. Wenn Affenmütter, die ihr Baby verloren haben, einer anderen Mutter ihr Baby stehlen (was auch bei Menschen vorkommt), oder in einer Tierherde verwaiste Jungtiere von anderen Muttertieren angenommen werden; wenn Wale verletzte Wale oder Wal-Babys ohne Rücksicht auf Verwandtschaft nach oben schieben, damit sie atmen können, dann sind das nach Dawkins Fehlleistungen oder Fehlanwendungen einer Regel, die eigentlich auf dem Gen-Egoismus beruht. Sie haben übersehen, dass sie damit nicht ihre Gene, sondern die anderer fördern. Mir erscheint es hinreichend plausibel, solche Verhaltensweisen damit zu erklären, dass ein Muttertier einen Pflegetrieb und ein Delphin den Trieb hat, ein im Wasser zappelndes Wesen zur Wasseroberfläche zu schupsen, gelegentlich haben sie so auch Menschen gerettet. Menschen haben ähnliche Triebe auch und es ist gut, wenn sie sie auch bewusst bejahen und nicht unterdrücken. Dawkins' radikale Ökonomisierung des Tierverhaltens nach dem Maßstab des egoistischen Gens bringt hier eher Verständnisprobleme als Verständnisgewinn. Zwar: für Konkurrenzverhältnisse im Tierreich passt die ökonomische Interpretation gut. Wer Tiere genauer beobachtet, findet aber nicht bestätigt, dass ihr gesamtes Verhalten der effektivsten Verbreitung ihrer Gene und der Vermeidung jeglicher Verschwendung dient, analog der kapitalistischen Devise: Zeit ist Geld. Manchmal liegen sie einfach in der Sonne und man ist geneigt zu vermuten, dass auch sie sich des Lebens freuen können. Die Löwen wären nicht zum beliebtesten Wappentier aufgestiegen, wenn sie nicht die Kunst des malerischen majestätischen Nichtstuns so vorzüglich beherrschten. Es gibt Tierverhalten, das sich bisher nicht erklären lässt. Dazu gehört das „Einemsen" von Vögeln, inzwischen bei hunderten von Arten beobachtet. Sie reiben ihr Gefieder ein mit Ameisen oder aromatischen Substanzen, darunter auch mal Zigarettenstummel, oder sielen sich in Ameisenhaufen. Dawkins erwähnt dieses seltsame Verhalten und erklärt: „Würden die Vögel das nicht tun, hätten sie statistisch geringere Aussichten auf genetischen Erfolg, auch wenn wir die genaue Art der Schädigung noch nicht kennen." (GW 227) Das nenne ich scharf geschlossen, nämlich deduktiv: Da die natürliche Selektion jede Zeit- und Energieverschwendung bestraft, die Vögel aber Zeit und Energie auf das Ameisenbad verwenden, *muss* das ihnen einen genetischen Vorteil verschaffen. Marx hatte nicht ganz Unrecht, als er Darwin vorwarf, er verstehe die Tierwelt wie eine kapitalistische Konkurrenzgesellschaft. Und auch darin hatte er nicht ganz Unrecht, dass in Darwins Theorie die *Notwendigkeit* der Entwicklung fehle. Jene Prämisse ist falsch. Es muss nicht alles, was Tiere tun, den genetischen Erfolg begünstigen, um sie vor dem Aussterben zu bewahren, es genügt, wenn ihr Tun den genetischen Erfolg *nicht behindert*, was einen gewaltigen Unterschied ausmacht. Es gibt auch in der Tierwelt Raum für Spiel, Neugier, Faulenzen, „Einemsen" und wohl auch interesseloses Wohlgefallen. Gott, heißt es in Psalm 104, habe den Wal geschaffen, um mit ihm zu spielen. Ich kann Dawkins' Argument so karikieren: Wozu der Blinddarm bei Menschen gut ist, weiß ich nicht, aber jedenfalls muss er einen genetischen Vorteil bringen. Es wäre interessant, das einmal zu untersuchen. Als kürzlich die Zeitungen meldeten, Naturwissenschaftler hätten erklärt, genetisch gesehen seien Männer und Frauen nach der Zeugung bzw. Geburt ihres letzten Kindes überflüssig, was ja „aus der Sicht der Keimbahn" stimmt, war von „fiesen Naturwissenschaftlern" die Rede. Sie hätten wahrheitsgemäß noch viel Fieseres sagen können: Genetisch sind Menschen ohne Nachkommen ganz und gar nutzlos. Vor diesem Vorwurf hätten sich jene Wissenschaftler mit der Erklärung schützen können, dass diese genetische Sicht eine sehr untergeordnete ist und nicht etwa diejenige, die uns die Wirklichkeit erheblich erschließt, auch nicht die der Tiere. Ich kann mich des Eindrucks nicht erwehren, dass auch sie sich des Lebens freuen. Und ein armer Tropf ist derjenige, der sich nicht daran freuen kann, dass es sie gibt, sondern als ontologischer Utilitarist sie nur nach dem Nutzen für etwas, und seien es die Gene, würdigen kann. Ein Vater sagt zu seinem Sohn: „Warum du Anja heiraten willst, verstehe ich nicht. Schön ist sie nicht und reich ist sie auch nicht." „Aber ich liebe sie doch." „Und was hast du davon?" Der Vater versteht das Wort Liebe nicht: sich daran freuen, dass es den anderen gibt. Dann versteht er wahrscheinlich auch das Wort Gott nicht. Von ihm sagt nämlich Jesus, er freue sich, wenn Verlorene gefunden werden (das verlorene Schaf, der verlorene Groschen, der verlorene Sohn Lk. 15).

So also hat Dawkins die Biologie vom Kopf auf die Füße gestellt. Die Genetiker mögen beurteilen, ob diese Operation ihnen zu neuen Einsichten verhilft, was ja heißen muss: zu Thesen, die man experimentell überprüfen kann. Ich kann aber prüfen, ob seine Darlegungen in sich stimmig sind. Das sind sie, was den Begriff des Gens betrifft, leider nicht. Und ich kann auch prüfen, ob seine Rekonstruktion der Wirklichkeit mit unseren elementaren Selbsterfahrungen kompatibel ist. Das ist sie hinsichtlich unseres Selbstverständnisses als Individuen und als bewusste Wesen auch nicht. Und ich muss entscheiden, ob ich mich so verstehen will, wie es sich aus seinen Darlegungen ergibt. Da muss ich ihm leider einen Korb geben. Ich bleibe lieber Christ. Mich hat er nicht bekehrt.

Was er uns da vorträgt, halte ich für schlechte Metaphysik und für eine Pseudoreligion, die ich nicht zu den netten zähle. Wieso Metaphysik? Weil er uns eine Hinterwelt konstruiert, die die wahre Welt sein soll, in der die egoistischen Gene die Fäden ziehen, uns programmieren und instrumentalisieren und gegeneinander wie Chicagoer Gangster kämpfen. Vor dieser wahren Hinterwelt erscheint die Welt, in der wir leben, als Schein. Individuen sind da keine Einheiten mehr und unser subjektives Bewusstsein eine Kommandozentrale der Gene für die Steuerung ihrer Überlebensmaschinen. Fragt man nach dem letzten Grund seiner Umkehrung der Biologie, kommt ein Motiv zutage, das man sowohl metaphysisch als auch religiös nennen kann: Unsterblichkeit. Das uralte Motiv: die Unsterblichen dort und wir, die Sterblichen, hier, das hat ihn fasziniert. Bloß leider: Gene sind gar nicht „unsterblich" und die Evolutionstheorie beruht ja darauf, dass sie es nicht sind. Sie wirken zwar, sind aber keine Akteure, die handeln. Er mag einwenden, das sei doch alles nur bildliche Sprache, die er in die Sprache der Realität jederzeit übersetzen könne. Auf diese Übersetzung bin ich gespannt. Wenn das, was er über Individuen und Bewusstsein erklärt, in der Übersetzung erhalten bleibt, bleibt auch mein Einwand gültig. Andernfalls verliert sein Buch seinen Inhalt.

Einmal schreibt er: „Was nützt es einem Männchen, wenn es die ganze Welt gewinnt, seine unsterblichen Gene aber einbüßt?" (EG 277) Er spielt da auf ein Wort Jesu an: „Was nützt es dem Menschen, wenn er die ganze Welt gewönne, aber nähme Schaden an seiner Seele?" (Matth. 16,26 par.), d. h. an seinem Leben mit Gott. Nun hat er sich das vielleicht nur als einen Gag ausgedacht. Offenbar setzt er bibelfeste Leser voraus, die die Anspielung bemerken. Verstehen aber kann ich die Anspielung nicht. Was schadet es denn dem Männchen, wenn es keine Nachkommen hat? Mein Kater hat auch keine und ist ganz zufrieden. Mein voriger Kater hatte wohl welche, er hat sie aber nie gesehen, sondern nur Begattung erlebt. Es trieb ihn dazu und er kam jedes Mal ziemlich verdreckt und heruntergekommen zurück. Und wer keine Nachkommen hat, verliert doch deshalb seine Gene nicht. Außerdem hatte Dawkins uns doch lang und breit auseinandergesetzt, dass nicht wir die Gene haben, sondern sie uns. Er transformiert einen (religiösen) Text und produziert dabei nichts als Unfug. Offenbar gehört er zu der Art von Atheisten, die vom Verneinten einfach nicht loskommen.

Heidegger hat einmal gesagt, die Umkehrung eines metaphysischen Satzes bleibe ein metaphysischer Satz. Die Hinterwelt der Gene, die die wahre sein soll und die Welt der Individuen zur manipulierten Scheinwelt erklärt – man könnte das materialistischen Platonismus nennen, was allerdings ein hölzernes Eisen ist. Außerdem ist das doch auch darwinistisch unbrauchbar. Die Selektion, Bewährung oder Scheitern, findet immer in der Welt der Individuen statt, wo sonst?

Ich will hier noch erläutern, was ich meinte, als ich sagte: Ich bleibe lieber Christ. Ich möchte mich lieber Gott verdanken als Chicagoer Gangstern. Ich möchte lieber in Frieden mit meinem Schöpfer leben, als mich gegen meine Schöpfer auflehnen zu müssen. Ich möchte lieber einen Körper haben (und ein Verhältnis zu ihm: sei nett zu ihm, aber lass ihn nicht diktieren) als bloß ein Körper zu sein. Ich möchte mich lieber meines Lebens als eines Geschenkes freuen und Gott überlassen, was aus mir wird, wenn ich sterbe, als nach Unsterblichkeit zu jagen. Dawkins hat für uns Menschen immerhin den Rat bereit, nicht in der Fortpflanzung unsere Unsterblichkeit zu suchen. Die Rekordhalter auf diesem Gebiet (viele Kinder mit vielen Frauen) verdienen ja auch über diese eher kuriose Tatsache hinaus selten unsere Bewunderung. „Wenn ich einen Beitrag zur Kultur der Welt leiste, wenn ich einen guten Gedanken habe, eine Melodie komponiere, eine Zündkerze erfinde oder ein Gedicht schreibe, so kann dieser Beitrag noch lange, nachdem meine Gene sich im gemeinsamen Genpool aufgelöst haben, unversehrt weiterleben" (EG 332). Da ist aber die Grenze zum Kitsch mächtig überschritten. „Stalin lebt in unsern Werken", fällt mir da aus meiner Kindheit ein. Jeder von 10 Milliarden Menschen ein Erfinder, Komponist oder Dichter – wer soll denn das alles lesen und hören? Wir haben doch längst zu viele Möchtegernkünstler, die sich etwa in der perversen Show „Deutschland sucht den Superstar" unfreiwillig der Lächerlichkeit preisgeben.

Praeclara sunt rara, Vorzügliches ist selten. Ich habe den Ehrgeiz nicht, durch meine Werke unsterblich zu werden. Sie werden bald vergessen sein. Es genügt mir, wenn die, die mich kannten, sich größerenteils nicht im Zorn an mich erinnern, wenn ich gestorben bin. Mich selbst möchte ich dann Gott anvertrauen. „Den musst du mir erst mal beweisen!" *Mir* muss ich ihn nicht beweisen. Ich lebe mit ihm und bin dabei bisher nicht enttäuscht worden. Es entlastet mich, es hebt geradezu meine Lebensqualität, dass ich nicht um Unsterblichkeit kämpfen muss. Dawkins aber wünsche ich ganz uneigennützig „gute Gedanken", durch die er uns in besserer Erinnerung bleibt als mit diesen beiden Büchern, die ich hier verhandle.

IV. Atheismus

Der Aufstieg der -ismen vollzieht sich vom 16. Jahrhundert an. Sie sind ursprünglich „Sektennamen" (vgl. Arianismus), wie man damals sagte, also Sonderpositionen, die sich von einem allgemein anerkannten Konsens „absondern" (secta von secare). Ihre Zunahme bis hin zum inflationären Gebrauch heute begleitet den europäischen Zerfall des mittelalterlichen philosophisch-theologischen Konsenses, den die Aufklärung noch einmal auf vernünftiger oder natürlicher Grundlage hat wiederherstellen wollen, einschließlich eines Naturrechts, einer Vernunftsreligion und einer vernünftigen Theologie.

Zuerst sind die -ismen (denunzierende, polemische) Fremdbezeichnungen aus der Sicht des common sense. Ehe sie jemand als Selbstbezeichnung in Gebrauch nimmt, muss sich eine gewisse Akzeptanz der jeweiligen Position gebildet, das Denunziatorische muss sich abgeschwächt haben.

Das Wort „Atheismus" wird erst im Übergang vom 16. zum 17. Jahrhundert üblich. Aber erst im 19. Jahrhundert artikulieren sich theoretische Atheismen als systematische Weltdeutungen oder Weltanschauungen im Namen der Vernunft, und zwar als weltgeschichtliche Singularität ausschließlich im westlichen Kulturkreis. Noch John Locke hat in seinem wirkungsmächtigen „Brief über die Toleranz" (1689) zwei Positionen von der allgemeinen Toleranz ausgeschlossen, den Katholizismus, weil die Katholiken einem fremden Souverän (dem Papst als weltlichem Oberhaupt des Kirchenstaats) unterstehen, und den Atheismus, weil, wer nicht an Gott glaubt, keinen Eid schwören könne und deshalb für das bürgerliche Leben untauglich sei. Übrigens: das islamische Toleranzverständnis, das Anhängern einer „Buchreligion" einen (geminderten) Gaststatus einräumt, schließt von dieser Duldung diejenigen aus, die vom Islam zu einer anderen Religion wechseln, und – Atheisten. Die indonesische Verfassung etwa beschränkt die Religionsfreiheit auf fünf benannte Religionen und schließt den Atheismus davon aus.

Die weltgeschichtliche Singularität *dieses* Atheismus könnte jemand bestreiten mit Hinweis auf Atheismus in der indischen Tradition. Im *Hinduismus* gibt es tatsächlich Positionen, die die Existenz eines „Herrn der Welt" (Isvara) bestreiten. Aber dieser „Atheismusstreit" geht um die Auslegung der autoritativen Schriften (Veden): ob sie einen solchen Herrn der Welt lehren. Andernfalls bleibt es bei den Göttern der Veden. Der Streit berührt nicht die Substanz der religiösen Überlieferung und hat nicht zur Pointe, diese im Namen einer autonomen Vernunft zu verabschieden, sondern sie angemessen zu verstehen. Das wäre ungefähr so, als würde darüber gestritten, ob die Bibel Monotheismus vertritt. Darüber kann man nicht streiten, es ist manifest. Man kann schlecht behaupten: Gott existiert nicht, aber die biblische Überlieferung gilt weiter, denn in der Bibel fehlt der Polytheismus der Veden, sozusagen als Rückfallposition. Befragungen ergeben aber, dass unter uns nicht wenige an Engel glauben, aber nicht an Gott. Diesen hinduistischen Atheismus hat *Buddha* verschärft, indem er die hinduistische Überlieferung nicht mehr anerkennt. Er bestreitet nicht im Namen der Vernunft die Existenz „des Göttlichen" – vergängliche Götter stören ihn nicht und göttliche Wesen spielen ja im Mahajana-Buddhismus eine große Rolle – sondern: ein einziger Gott, der für alles, was in der Welt geschieht, verantwortlich ist, mache die Menschen zu Werkzeugen seines Willens und behindere die *Selbsterlösung* des

Menschen, als Erlösung vom „Selbst". Um frei zu sein, müsse sich der Mensch aus allen Bindungen lösen, von denen an Götter ebenso wie von denen an andere Menschen. Dass es trotzdem um Erlösung geht, und zwar um weltverneinende, unterscheidet diesen indischen, sozusagen religiösen Atheismus vom westlichen. Und vom christlichen Glauben unterscheidet er sich mindestens darin, dass dieser Freiheit gerade als von Gott im Glauben ermöglichte versteht („Ihr seid zur Freiheit berufen" Gal. 5,13; „Wo der Geist des Herrn ist, da ist Freiheit" 2. Kor. 3,17) und Individualität nicht als etwas zu Überwindendes.

Jenen eigentümlichen Befund möchte ich im Folgenden erläutern und dabei verschiedene Arten des Atheismus unterscheiden.

1. Atheismus in der Antike

Die Bedeutung des Göttlichen für die vorchristliche Antike bezeugt sehr gut die stoische Unterscheidung von drei Theologien (wobei das Wort Theologie schlicht Rede vom Göttlichen und nicht eine Wissenschaft meint): die mythische, die natürliche und die politische oder zivile. Varro: „Mythische Theologie nennt man diejenige, die vor allem die Dichter gebrauchen." Dabei werde „den Göttern alles zugeschrieben, nicht nur was bei Menschen, sondern auch was beim verächtlichen Menschen begegnen kann", wie Ehebruch und Diebstahl. „Die zweite Gattung ... ist die, über die die Philosophen viele Bücher hinterlassen haben, in denen steht, welche die Götter sind, wo, welcher Art. Z. B. ob sie von einer bestimmten Zeit an oder von Ewigkeit her sind, ob aus Feuer, wie Heraklit, ob aus Zahlen, wie Pythagoras, ob aus Atomen, wie Epikur sagt. Und so noch anderes, was die Ohren drinnen in der Schule besser als draußen auf dem Markt ertragen." „Die dritte Gattung ist die, welche in den Städten die Bürger, vor allem die Priester kennen und anwenden müssen. Dazu gehört die Frage, welchen Göttern Gottesdienste und Opfer darzubringen sich für jeden ziemt." „Die erste Theologie ist besonders geeignet für das Theater, die zweite für die Welt, die dritte für die Stadt."

Diese Unterscheidung dokumentiert einerseits sehr gut, wo Religion damals ihren Sitz hatte, nämlich in den alten Göttererzählungen, namentlich Homers, und im Gemeinschaftsleben, namentlich im Kult, dessen Vollzüge das Leben in Familie und Staat begleitet. Auch die Olympiaden übrigens waren religiöse Feste zu Ehren des Zeus. Dagegen ist das zweite Genus, die „natürliche Theologie", ausdrücklich keine öffentliche Angelegenheit und keine der Menge, sie ist Sache der Philosophen und die sind seit den Vorsokratikern mythenkritisch eingestellt, weil sie die Mythen der Volksreligion im Namen des Gottziemlichen (theoprepes) kritisieren. Es gibt also seit dem Anfang der Philosophie eine Religionskritik, die aber nicht atheistisch argumentiert, sondern ein besseres, vernünftiges Gottesverständnis ins Feld führt. „Wenn die Ochsen und Rosse und Löwen Hände hätten oder malen könnten ..., so würden die Rosse rossähnliche, die Ochsen ochsenähnliche Gottergestalten malen", sagt Xenophanes (21 B 15) und setzt dagegen: „Ein einziger Gott, unter Göttern und Menschen am größten, weder an Gestalt den Sterblichen ähnlich noch an Gedanken" (21 B 23). Auch die anderen religionskritischen Thesen aus der (vorchristlichen) antiken Philosophie dürften mindestens größerenteils in der Kritik unwürdiger Gottesvorstellungen, nicht in der Leugnung des Göttlichen ihre Pointe haben. Solche Thesen sind: Vergottung des Nützlichen (Prodikos 84 B 5), Furcht vor unerklärlichen Naturerscheinungen (Demokrit 68 A 75), Träume (Epikur), das schlechte Gewissen (Demokrit 68 B 297), die Selbstvergottung großer Männer der Urzeit (Euhemeros), die Absicht weiser Männer, geheime Gesetzesverletzungen durch die Fiktion eines idealen Zeugen zu verhindern (Kritias 88 B 25).

Eine eigentümliche Parallele solcher Kritik der Volksreligion findet sich bei Deuterojesaja: Der Zimmermann haut Zedern ab. Aus dem einen Teil macht er Feuerholz, aus dem anderen ein Götterbild und betet zu ihm (Jes. 44,13ff.). Dieser Spott (der übrigens die Funktion von Götterbildern polemisch verzeichnet) erfolgt aber nicht im Namen des Gottziemlichen, sondern im Namen des Gottes, der untersagt, sich ein Bild von ihm zu machen, und in geschichtlichen Errettungserfahrungen erkannt wird.

Die uns seltsam berührende Vorsicht, jene „natürliche Theologie" mitsamt ihrer Religionskritik lieber nicht auf dem Markte vorzutragen, hat ihren Grund darin, dass der öffentliche Kult durch Strafgesetze geschützt war. Sokrates ist unter dem Vorwurf der Asebie (Respektlosigkeit) zum Tode verurteilt worden: Er würdige nicht die Götter der Stadt, sondern führe neue ein. Die Christen übrigens haben später Sokrates als einen Christen vor Christus geehrt, weil er der Vernunft (Logos) gefolgt sei.

Für die Selbstverständlichkeit, mit der das Göttliche als schlechthin evident galt, liefert Cicero einen schönen Beleg: Kein Volk sei so schamlos, dass es nicht an Götter glaubte. Und Aristoteles: Man solle nicht jedes Problem untersuchen, sondern nur solche, bei denen es der Vernunft zur Lösung von Zweifeln bedarf und nicht der Züchtigung oder gesunder Sinne. Wer bezweifelt, dass man die Götter ehren und die Eltern lieben soll, braucht Züchtigung. Wer bezweifelt, dass der Schnee weiß ist, braucht gesunde Sinne (Topik 105a3). Die Götter zu respektieren gilt als genauso selbstverständlich wie der Respekt vor den Eltern. Aristoteles sagt nicht, man müsse *an die Existenz* der Götter *glauben*. Denn er hat gar nicht die Leugnung ihrer Existenz vor Augen, sondern mangelnden Respekt. Und Glauben (pistis) wird erst im Christentum zum Leitwort für die Gottesbeziehung. In anderen Religionen gibt es andere Leitworte für die Gottesbeziehung, bei den Römern religio im Sinne von Respekt. Und islam heißt Ergebung. Da wir Europäer aber geneigt sind, alle Welt nach unserer Elle zu vermessen, ist es unter uns üblich, allgemein von religiösem Glauben zu sprechen, aber in der abgeflachten Bedeutung von: etwas Unbewiesenes für wahr halten.

Der Skeptiker Sextus Empiricus (2./3. Jh. n. Chr.) weiß aus achthundert Jahren Philosophiegeschichte gerade einmal fünf Personen zu nennen, die die Existenz der Götter geleugnet haben (Euhemeros, Prodikos, Kritias, Theodoros, Diagoras: Adv. Dog. III, 51ff.). Unter denen fällt der Dichter Diagoras deshalb aus der Reihe, weil er den in der vorchristlichen Antike seltenen Fall eines *Enttäuschungsatheismus* repräsentiert. Er habe den Glauben an die Götter verloren, weil ein Gegner ungestraft einen Eid gebrochen habe. Eine seltsame Bemerkung findet sich in der Schilderung des Vesuvausbruchs bei Plinius d.J.: „Da waren welche, die in ihrer Todesangst den Tod erflehten; viele hoben die Hände zu den Göttern, andere meinten, es gäbe schon nirgends irgendwelche Götter mehr und dies sei die ewige und letzte Nacht für die Welt" (6,20). Das entspricht dem germanischen Mythos vom Untergang der Götter („Götterdämmerung" Ragnarök).

Diese für uns erstaunliche Evidenz des Göttlichen hängt damit zusammen, *wo* das Göttliche gesucht und gefunden wurde. Das Brot war die Gabe der Demeter, der Wein die Gabe des Bacchus, der Krieg war ein Gott und der Friede auch. Vor dem Pflügen musste der Mutter Erde geopfert werden, da sie vom Pflug so arg traktiert werden sollte.

Als göttlich werden alle Mächte verstanden, die das menschliche Leben bestimmen. Und diese Mächte sind ja mit Händen zu greifen. Es ist klar, dass Dawkins' Religionsdefinition (kosmologische Hypothesen) diese Art von Religion gar nicht erfasst.

Wie wir gesehen haben, setzt auch Aristoteles diese Evidenz des Göttlichen voraus. Aber der Philosoph – er ist ein Wissensliebhaber wie Philipp ein Pferdeliebhaber ist – möchte die Wirklichkeit durch Vernunft begreifen. Dadurch entsteht ein neuer Kontext für die Gottesfrage, eben das, was die Stoiker natürliche Theologie nannten, die philosophische Theologik. Diese (vorchristlichen) philosophischen Gottesbeweise haben die philosophische „Rekonstruktion" der Wirklichkeit zur Voraussetzung. Sie sind nicht als Beweise gegen Gottesleugner konzipiert, sondern als Aufweise in einem neuen, dem philosophischen Kontext.

Aristoteles sagt ganz richtig: Jeder Beweis beruht auf Unbewiesenem, denn sonst würde es ja eines Beweises für die Voraussetzungen des Beweises bedürfen und so weiter. Dieser recursus ad infinitum würde jeden Beweis unmöglich machen. Das jeweils Unbewiesene ist entweder selbstevident (Prinzipien) oder mindestens allgemein zugestanden (Axiome). Die aristotelischen Gottesbeweise, die namentlich Thomas von Aquin aus arabischen Quellen rezipiert und in die christliche Theologie integriert hat, sind nicht, wie Dawkins behauptet, Fehlschlüsse und dummes Zeug (GW 108ff.), sondern unter einem anderen Wirklichkeitsverständnis als dem unseren durchaus plausibel. Es gehört ja eine ordentliche Portion Dünkel dazu, Aristoteles, dem wir die Grundlagen der Logik und der wissenschaftlichen Beweistheorie verdanken, die primitivsten logischen Schnitzer zu unterstellen. Ich möchte hier nur zwei Zusammenhänge erläutern, die Aristoteles veranlassen, eine philosophische Theologie zu entfalten, also zu behaupten, dass sich aus der vernünftigen Rekonstruktion der Wirklichkeit eine philosophische Theologie ergebe. Seine „Gottesbeweise" sind nicht zwingende Beweise zur Widerlegung des Atheismus, sondern eher Hinweise auf Gott aus der philosophischen Rekonstruktion der Wirklichkeit.

Der eine Zusammenhang ist der der Bewegungslehre. Aristoteles hält es für evident, dass alles, was bewegt wird, von etwas anderem bewegt werde. Der Beweger ist wiederum bewegt. Also muss es einen obersten unbewegten Beweger geben. Er kennt nicht das Trägheitsprinzip als Grund für Bewegung.

Und Aristoteles hält es für evident, dass immer die Wirklichkeit eines Wesens seiner Möglichkeit voraus liege. Ein wirklicher Mensch zeugt einen Menschen, der sich aus Materie bildet, die nur der Möglichkeit nach ein Mensch ist. Der Vater wurde aber auch einmal aus Materie gebildet. Also müsse es ein Wesen geben, das reine Wirklichkeit ist (actus purus), denn sonst sei die Priorität der Wirklichkeit vor der Möglichkeit nicht garantiert. Später hat man argumentiert: Wenn es Wesen gibt, die sein oder nicht sein können, müsse es auch ein Wesen geben, das sein muss (ens necessarium). Aristoteles kennt keine Phylogenese, sondern nur Ontogenese. Er kennt unser Verständnis von Geschichte als einer Sukzession singulärer Ereignisse nicht. Er behauptet deshalb, alle Erfindungen seien schon einmal gemacht und wieder vergessen worden. Selbstverständlich hat er wie wir täglich erfahren, was hier und da sich zugetragen hat. Aber diese Erfahrungen von Ereignisketten werden integriert in dem Gedanken einer ewigen Wiederkehr des Gleichen.

Diese (vorchristlichen) philosophischen Gottesbeweise basieren tatsächlich auf teils kosmologischen teils ontologischen Voraussetzungen, nicht aber die allgemeine religiöse Evidenz des Göttlichen in der Antike und anderswo in der Welt. Für die christliche Theologie übrigens sind die Voraussetzungen dieser Gottesbeweise nicht unproblematisch. Sie setzen nämlich die Ewigkeit der Welt und der Arten voraus und die ewige Wiederkehr des Gleichen. Das ist mit dem christlichen Gedanken der Schöpfung nicht unmittelbar kompatibel. Nach christlichem Verständnis kann es in der (sinnlichen) Welt gar nichts Ewiges, also auch kein ens necessarium geben. Deshalb hat es seit der Alten Kirche Einsprüche gegen die Kosmologie des Aristoteles gegeben, die im Mittelalter zur Destruktion der aristotelischen Physik geführt und so die Entstehung der neuzeitlichen Naturwissenschaft vorbereitet haben. Gott könne einem Himmelskörper auch einen Impuls verliehen haben, der diesen von innen her bewegt (impetus). Es sei deshalb nicht notwendig, für jeden Himmelskörper einen göttlichen Beweger anzunehmen, wie Aristoteles das tut, zumal nichts davon in der Bibel stehe (Philoponos). Wenn wir heute von einer Geschichte der Natur und einer Evolution der Lebewesen ausgehen, ist das, trotz kreationistischer und sonstiger Einsprüche, vom aristotelischen Wirklichkeitsverständnis weiter entfernt als vom biblischen, weil dieses den Gedanken einer singulären Geschichte kennt. Der Ausdruck „vorsintflutlich" lieferte ja den vordarwinistischen (nunmehr unhaltbaren) Interpretationsrahmen für Fossilien ausgestorbener Tierarten. Und der Theorietyp „Katastrophentheorie" ist ja inzwischen in die Evolutionstheorie reintegriert, wenn es stimmt, dass ein Meteoreinschlag das Aussterben der Saurier verursacht und so die Evolution der Säugetiere ermöglicht hat. Nach Aristoteles konnte es ausgestorbene Tierarten gar nicht geben. Die Welt sollte die ewige Wiederkehr des Gleichen sein.

Und noch eines wurde für die christliche Theologie problematisch: Aristoteles kennt nicht die grundsätzliche Unterscheidung von Gott und Welt. Gott ist das Höchste der Welt und von der Mitte zur Peripherie aufsteigend wird die Welt immer göttlicher. „Göttlich" und „seiend" lässt sich für dieses Denken steigern. Die Gestirne mit ihren unveränderlichen Bahnen sind göttlicher als die irdischen Elemente und was aus ihnen besteht – und wieder vergeht. Das ist eine Voraussetzung für Gottesbeweise. Eine solche Steigerung von „göttlich" widerspricht aber dem biblischen Verständnis Gottes als Person. Personalität kann man nicht steigern. Und der Schöpfungsgedanke depotenziert die Welt vom Götterbild zu Gottes Werk, das den Schöpfer lobt. Anaxagoras ist der Asebie angeklagt worden, weil er aufgrund eines Meteorfundes behauptet hatte, die Sonne sei ein glühender Stein. Einem Israeliten wäre diese Behauptung wohl absonderlich erschienen, aber nicht empörend, denn Sonne und Mond werden nach der ersten Schöpfungsgeschichte als Lampen geschaffen. Den Galatern schreibt Paulus: Früher dientet ihr Göttern, die in Wirklichkeit gar keine sind (Gal. 4,8). Im Epheserbrief (2,12) heißt es entsprechend: Früher wart ihr atheoi, ohne Gott – was nicht heißen soll, dass sie Gottesleugner waren, sondern Götter verehrten, die in Wahrheit keine sind. Denn nichts Weltliches ist göttlich. Man darf wohl sagen, dass erst die biblische Unterscheidung von Gott und Welt Weltlichkeit als solche in den Blick bringt. Kaum ist im Hochmittelalter die Räderuhr erfunden, wird die Uhr zur kosmologischen Metapher: die Welt ein wunderbares Uhrwerk, das auf Gott als Uhrmacher verweist. Das förderte den Gedanken, den Konstruktionsplan des Weltmechanismus nun auch zu suchen, aus der Sicht des Uhrmachers und zu seinem Ruhm. Und das beförderl mathematische, zunächst mechanistische Naturerklärungen. Copernicus begründet seine astronomische Reform mit einem solchen Argument: Ihn erfasste „Unwillen darüber, dass keine unangreifbare Berechnung der Bewegung der Weltmaschine, die um unseretwillen vom besten und genauesten aller Werkmeister gebaut ist, den Wissenschaftlern glücken wollte."

2. Atheismus als Unmoral

Der Vorwurf der Gottlosigkeit meint bis ins 19. Jahrhundert zumeist gar nicht Atheismus im Sinne einer theoretischen Leugnung der Existenz Gottes, sondern entweder wie in jenen Bibelstellen ein falsches Gottesverständnis oder *praktische Gottlosigkeit*. Denn da der Gottesgedanke die geltenden sozialen, politischen und ethischen Ordnungen trug, implizierte der Vorwurf der Gottlosigkeit zumeist und zuerst Sittenlosigkeit, Skrupellosigkeit.

Als Ende des 16. Jahrhunderts die Atheismusdiskussionen begannen, gab es noch gar keine öffentlich bekennenden Atheisten. Wo sind sie denn, gegen die da polemisiert wird? Oft lautet die Antwort: bei Hofe. Beim Hofadel trifft man sie an, die alle Bande frommer Scheu zerreißen. Der Atheismusvorwurf richtet sich also oft gegen die Skrupellosigkeit und Bigotterie der Herrschenden, Kirchenfürsten inbegriffen, und wahrlich nicht zu Unrecht.

So übrigens auch noch in jenem wirklichen Weberlied, das beim schlesischen Weberaufstand 1844 verbreitet wurde: „Doch hah, sie glauben keinen Gott noch weder Hölle, Himmel. Religion ist nur ihr Spott, hält sich ans Weltgetümmel." Gottlos also sind nach Auffassung der Weber die Ausbeuter, die skrupellos die Preise drücken. Sie werden an das Jüngste Gericht erinnert: „Wenn ihr dereinst nach dieser Zeit, nach diesem Freudenleben, dort, dort in jener Ewigkeit, sollt Rechenschaft abgeben", ein Gedanke, den Dawkins als „himmlische Überwachungskamera" verspottet (GW 315). Heinrich Heine im fernen Paris ließ die Weber dagegen sagen: „Ein Fluch dem Gotte, zu dem wir gebeten ...", denn in seinem Freundeskreis, zu dem auch Marx gehörte, war man der festen Überzeugung, Religion sei ein Unterdrückungsinstrument der Herrschenden. Wir mussten dieses Weberlied von Heine in der Schule lernen und es gab Schüler, die sich weigerten, diesen Vers aufzusagen, weil er Gott lästert, was erheblichen Ärger auslösen konnte. Für sie war das eine Gewissensfrage. Manche haben gesagt: Das Gedicht gibt doch nur die Auffassung der unglücklichen Weber wieder und dass die an Gottes Gerechtigkeit zweifeln, kann man doch verstehen. Andere haben entgegnet: Das Gedicht ist doch nur deshalb im Lehrplan, um Christen zu demütigen, was wohl stimmte.

3. Der antike Atheismusvorwurf gegen die Christen

Zurück zur Antike. Spiegelbildlich ist auch den ersten Christen von der hellenistisch-römischen Welt der Vorwurf des Atheismus gemacht worden. Bekanntlich wurden die Christen in den ersten drei Jahrhunderten verfolgt. Das trübt die heute beliebte These, Polytheismus sei im Unterschied zum Monotheismus tolerant.

Was hatte denn die antike Welt am Christentum auszusetzen? Zunächst war einfach die Tatsache des Christseins Verfolgungsgrund. Seit Kaiser Decius (249) wurde die Weigerung, den römischen Staatsgöttern zu opfern, zum entscheidenden Kriterium. Den Christen wurde vorgeworfen, wegen ihres „Atheismus" den Zorn der Götter verursacht zu haben, auf den man die damalige Krise des römischen Reiches zurückführte. Das ist der rechtliche Zusammenhang der Christenverfolgungen.

Von den antiken Schriften gegen die Christen ist uns nur wenig erhalten, am meisten aus der Schrift des Platonikers Kelsos. Origenes hat ihn nämlich in seiner Entgegnungsschrift ausführlich zitiert. Der Text erlaubt uns, näher zu beschreiben, was ein nichtchristlicher Philosoph der Antike am Christentum als gottlos und skandalös ansah. Er wirft ihnen vor, sie sagten: „Prüfe nicht, sondern glaube"; „dein Glaube wird dich retten." Kelsos also prüft und benennt, was am christlichen Glauben unvernünftig ist. Dabei zeigt sich, dass das für Kelsos Vernünftige uns keineswegs immer überzeugt. Manchmal steht uns die getadelte christliche Auffassung näher als die platonische des Kelsos, und zwar auch vielen Atheisten unter uns. Insofern ist der westliche Atheismus nachchristlich.

a) Die Christen seien aufrührerisch, weil sie sich nicht als ein Volk unter Völkern einordnen, die am Gesetz ihrer Väter festhalten. Das sei aber kein Wunder bei ihrer Herkunft, denn sie stammen von den Juden ab, die sich seinerzeit auch gegen das Gemeinwesen der Ägypter und ihre Gottesverehrung empört haben. Gemeint ist der Exodus, die Befreiung der Israeliten aus dem ägyptischen Sklavenhaus. Spätere haben denselben Vorwurf auf die Formel gebracht, die Christen beanspruchten, ein „drittes Geschlecht", also weder Griechen noch Barbaren zu sein. Woran hier Anstoß genommen wird, ist der universalistische oder menschheitliche Horizont, in dem sich hier eine neue Gemeinschaft konstituiert. Paulus: „Da ist nicht Jude noch Grieche, da ist nicht Sklave noch Freier, da ist nicht Mann und Frau, denn ihr seid alle einer in Christus Jesus." (Gal. 3,28)

b) Die Christen seien gottlos, indem sie sagen, niemand könne zwei Herren dienen. Damit sperren sie sich von den anderen Menschen ab, indem sie anderen Göttern jeglichen Dienst verweigern. Gott sei zwar einer, aber wie der römische Kaiser Statthalter hat, so ist den Göttern (daimones) die Sorge für jeweils ein Volk aufgetragen. Außerdem sei es absurd, den Himmel für Gott zu halten, aber zu bestreiten, dass seine Teile wie die Sonne Götter sind. Dass die Christen den Himmel für Gott halten, ist ein Missverständnis, wahrscheinlich ausgelöst dadurch, dass Matthäus statt „Herrschaft Gottes" zur Vermeidung des Wortes Gott „Herrschaft der Himmel" (Himmelreich) sagt. Dass sie die

Sonne nicht für einen Gott halten, ist aber richtig – und für Kelsos ungeheuerlich. Die zwei Herren, denen nach Jesu Wort (Matth. 6,24) niemand gleichzeitig dienen kann, sind übrigens Gott und das Geld (Mammon). Das Wort werden auch atheistische Kapitalismuskritiker nicht ganz so absurd finden wie Kelsos, für den die Reichen Gott näher, sozusagen göttlicher sind als die Armen.

c) Die Christen verwirren die Moral, denn statt die Reinen zu ihrem Gottesdienst zu rufen, laden sie die Sünder, die Unverständigen, die Unmündigen, die Unglückseligen, kurz: die Unwürdigen ein und erklären gar, sie selbst seien Sünder.

d) Gegen den Gedanken der Schöpfung wendet er ein, dass Gott nichts Sterbliches geschaffen hat, sondern nur unsterbliche Wesen, und von denen rührt das Sterbliche her. Denn es widerspreche dem Wesen Gottes, mit Sterblichem in Berührung zu kommen. Er vergleicht die Christen mit Fröschen, die um einen Tümpel sitzen und behaupten: „Es gibt nur einen Gott, nach ihm kommen wir, denn durch ihn sind wir geworden ... Um unseretwillen ist alles gemacht und alles ist zu unserem Dienste bestimmt." Die Menschen also konnte Gott gar nicht schaffen, das wäre unter seiner Würde. Die ewigen Sterne konnte er schaffen, denn das sind viel vornehmere Wesen als die Menschen. Auch die Tiere seien den Menschen in vieler Hinsicht überlegen. Adler und Schlangen könnten besser zaubern als Menschen und Vögel kennen die Zukunft, womit er sich auf die Zukunftsdeutung aus dem Vogelflug bezieht. Absurd erscheint ihm deshalb auch, dass der Mensch das Ebenbild Gottes sei. Nach Kelsos denken die Christen zu hoch vom Menschen, lächerlich hoch. Man könnte sagen: ihr Humanismus ist absurd.

e) Göttersöhne (Halbgötter, Heroen) sind der antiken Welt selbstverständlich. Jesus aber könne kein Gottessohn gewesen sein, denn es findet sich nichts Edles an ihm. Er hat sich nicht zur Wehr gesetzt, als er hingerichtet wurde, hat sich nicht gerächt und war weder reich noch mächtig noch erfolgreich noch schön. Sein Körper soll klein und unedel gewesen sein. Gott dagegen ist gut, schön und glücklich. Steigt er herab zu den Menschen, so muss er sich zum Schlechteren verändern. Wer möchte solche Veränderung wählen? Kelsos weiß, dass die Christen Jesu Geschick nach den Weissagungen Deuterojesajas vom leidenden Gottesknecht gedeutet haben (Jes. 53). Er entgegnet: Es ist völlig gleichgültig, ob dies vorausgesagt worden ist, allein ob es gottgemäß (theoprepes) und gut ist, ist zu betrachten. Von einem leidenden Gottesknecht reden heißt böse und gottlos reden. Leiden ist für Kelsos ein Beweis der Gottferne. Gott kann nicht leiden (apatheia).

Kurz: dass Gott sich dem Niedrigen zuwendet, widerspricht dem Gottesbegriff, wie er ihn versteht, nämlich aristokratisch. Da hat er völlig recht.

f) Kelsos sieht ganz richtig, dass Juden und Christen ein Problem mit dem Gottesverständnis haben, das er nicht kennt: die Theodizee. Wenn Gott die Welt geschaffen hat, ist er auch für die Übel und das Böse verantwortlich. Kelsos hat dieses Problem nicht, denn er führt das Böse auf die Materie zurück und die hat Gott nicht geschaffen. Und er hat mit der Körperwelt nichts zu schaffen. Konsequenz: „Die Kranken sind keine Freunde Gottes."

Tatsächlich ist den Christen diese Erklärung der Übel und des Bösen verwehrt. Die Scholastiker haben aus der Überzeugung, dass Gott die Welt geschaffen hat, tatsächlich die Konsequenz gezogen, dass die Materie (gemeint ist der Stoff, *aus dem* Irdisches besteht, im Unterschied zu dem, *was* es jeweils ist) ein creabile sei und nicht die Ursache des Bösen, sondern wie alles Geschaffene, ursprünglich gut. Materialisten übrigens profitieren von dieser, sagen wir Entdämonisierung der Materie, denn nach dem platonischen oder aristotelischen Materieverständnis wäre ein Materialist der Verehrer der Ursache des Schlechten und Bösen.

Tatsächlich ist das jüdisch-christliche Gottesverständnis gegenüber dem platonischen, aristotelischen oder auch epikureischen Verständnis des Gottes oder (Epikur) der Götter, die sich um die Welt nicht kümmern, weil das ihre Vollkommenheit beeinträchtigte, sozusagen verletzlicher.

Das Theodizeeproblem wird schon im Alten Testament behandelt, zumal im Hiobbuch. Hiob, vom Unglück geschlagen, wird von seinen Freunden besucht. Sie haben eine plausible Erklärung für sein Unglück: Er hat es sich selbst zuzuschreiben, nach dem Grundsatz: Wer leidet, ist selbst schuld. Du musst dich gegen Gott versündigt haben. Die buddhistische Erklärung des Leidens übrigens ist dem insofern ähnlich, als auch sie Leiden als selbstverschuldet versteht, allerdings in einem früheren Leben. Hiob akzeptiert diese Erklärung nicht, sondern klagt Gott der Ungerechtigkeit an. Im Buch Hiob tritt nun Gott selbst auf und tadelt die Freunde. Sie haben unrecht geredet. Insofern gibt er Hiob recht. Ihm aber sagt er: Wie kannst du, mein Geschöpf, beanspruchen, mich zu durchschauen? Intellektuell ist diese Erklärung des Leides offenkundig unbefriedigend. Es hat aber mit der Erklärung des Leides eine besondere Tücke. Erklären heißt ja: intellektuell befriedigend einordnen in den Weltlauf. Das heißt aber zugleich immer, ihm den Anstoß nehmen: Es muss so sein. Erklären läuft auf Legitimieren hinaus – und aufs Wegerklären: materiebedingt, selbstverschuldet.

Die neutestamentliche Antwort auf die Theodizeefrage ist die: Gott selbst hat am Kreuz das Leiden zu seiner Sache gemacht. Leiden ist kein Beweis mehr für Gottferne. Deshalb wurde das Kreuz zum Symbol der Christen und sehr viel später das Rote Kreuz zum Symbol für Hilfe in Not ohne Ansehen der Person und unter Verzicht auf Erklärungen des Leidens. Wer leidet, soll Hilfe bekommen. Kelsos hat nur Spott übrig für die christliche Überzeugung, der Gottessohn habe gelitten. „Das Leiden des Gottessohnes kann nur schmerzlos gewesen sein." Mohammed hat Jesus als Propheten Gottes verehrt, aber den Kreuzestod wegerklärt: „Sie haben ihn nicht gekreuzigt, sie haben ihn nicht getötet, sondern es schien ihnen nur so." Es erscheint eben „vernünftiger", Gott auf der Seite der Mächtigen, Edlen und Schönen zu suchen.

Das christliche Gottesverständnis hat tatsächlich im Theodizeeproblem sozusagen eine offene Flanke. Da steht der Enttäuschungsatheismus vor der Tür. „Nach dem, was ich im Krieg erlebt habe, kann ich nicht mehr an Gott glauben", hat mir jemand ehrlich offenbart. Ein Polytheist wäre durch solche Erfahrungen nicht Atheist geworden. Ares hat gewütet, hoffentlich kehrt Eirene zurück. Kelsos auch nicht: das hat doch nichts mit Gott zu tun. Christen halten sozusagen die Wunde offen. Das hat mit Gott zu tun, aber ich weiß nicht wie und Krieg soll nach Gottes Willen nicht sein, das weiß ich.

Wer Gott leugnet, weil er für das Leiden verantwortlich wäre, ist zwar das Theodizeeproblem los, bekommt aber ein Nachfolgeproblem: die Anthropodizee: Warum sind die Menschen so wie sie sind? Es gibt dafür verschiedene Antworten: „Die Menschen sind schlecht, sie denken an sich, nur ich denk an mich", oder: „Der und der ist für mich kein Mensch mehr", oder: „Wir können unser Leben großartig gestalten" (GW 500), oder: „Wir schaffen eine neue Welt, den neuen Menschen ohne Leiden". Oder: Versuchen wir, Menschen im Leiden zu helfen. Die letzte Antwort trifft sich praktisch mit der christlichen, auch wenn sie ein Atheist gibt.

g) Absurd findet Kelsos schließlich, dass die Christen glauben, Menschen könnten sich wandeln. „Es ist wohl jedem klar, dass die zum Sündigen von Natur Bestimmten und daran Gewöhnten von keinem, auch nicht durch Strafen, geschweige denn durch Vergebung vollständig umgewandelt werden könnten." „Eine Abnahme und Zunahme des Bösen dürfte in der Welt weder früher eingetreten sein noch jetzt oder künftig eintreten." Denn das Böse habe seine Ursache in der Materie. Es kann also nach Kelsos weder einen individuellen noch gar einen menschheitlichen moralischen Fortschritt geben. Und die Starken sind nach dieser theologischen Logik göttlicher als die Schwachen oder Kranken, die Schönen göttlicher als die Hässlichen.

In Indien nimmt derzeit die Zahl der Christen unter den Kastenlosen, den Unberührbaren und den niedersten Kasten zu. Ein wichtiger Grund ist der, dass es vor Gott, wie die Christen ihn verstehen, keine Kasten gibt, die einen Menschen lebenslang sozial und bis in sein Selbstwertgefühl hinein festlegen. Als Mutter Teresa ein leer stehendes hinduistisches Tempelgebäude benutzte, um dort die Sterbenskranken zu betreuen, die sie von den Straßen Kalkuttas aufsammelte, gab es Proteste, denn das sei eine Entweihung des Tempels. Der Gouverneur entschied, er werde Mutter Teresa des Ortes verweisen, wenn andere sich zur Pflege der Todkranken zur Verfügung stellen. Darauf versiegte der Protest.

Nach Kelsos sind die Menschen durch ihre Volkszugehörigkeit einschließlich der Volksreligion ähnlich festgelegt wie durch ihren Status als edle oder unedle Menschen – auch dies ein aristokratisches Moment, allerdings ohne das (christliche) Motiv des Dienstes. Nur die Reinkarnation kann ihnen ein besseres Schicksal bescheren – wie in den indischen Religionen.

Es müsste einem Atheisten zugänglich sein, dass es in solchen Auseinandersetzungen um das angemessene Gottesverständnis um Ernsthafteres geht als um das fliegende Spaghettimonster, nämlich um unser Selbstverständnis. Von Gott reden heißt immer auch vom Menschen reden, so oder so. Dawkins liebt den Scherz, auch Monotheisten seien im Blick auf Polytheismus Atheisten, da sie dessen Götter ablehnen, er sei bloß einen Gott weiter. (GW 77) Aber diese platonischen Vorwürfe gegen die Christen würden auch viele heutige Atheisten treffen: die Sonne kein Gott, Arme und Kranke nicht verachtenswürdig, Menschen können sich ändern, Fortschritte sind möglich. Dass Kelsos das Christentum nach Kriterien der Vernunft überprüfen will, würden sie grundsätzlich bejahen. Sie würden bloß seinen Positionen bestreiten, dass sie vernünftig sind. Sie könnten dann frei nach Dawkins scherzen: Wir sind eben eine Vernunft weiter.

Nietzsche allerdings hätte einigen der Urteile des Kelsos zugestimmt, zumal der aristokratischen Grundhaltung. Nietzsche hatte aber seine scharfe Christentumskritik auf die Formel gebracht, das Christentum sei Platonismus fürs Volk. Demnach müsste doch Kelsos die Christen als Bundesgenossen gefeiert haben. Hat er aber nicht.

Warum hat sich das Christentum innerhalb von dreihundert Jahren trotz staatlicher Verfolgung und kräftiger Polemik im gesamten römischen Weltreich so stark verbreitet, dass der römische Staat in der konstantinischen Wende von der Verfolgung zur Duldung und Förderung überging? Dieser Erfolg ist umso erstaunlicher, als das Christentum nicht mit einer einzigen, sondern einer erstaunlichen Vielzahl von Religionen konkurrierte.

Die Christen selbst sahen darin Gottes Werk. Das hindert Christen aber nicht, außerdem nach Gottes Werkzeugen, den innerweltlichen „Sekundärursachen" (Augustin) zu fragen. Das ist ein weites Feld. Hier müssen Hinweise genügen.

Das Christentum war eine kultlose Religion ohne Tempel und Opferriten, ohne Reinheits- und Speisengebote. Die Kirchegebäude hatten zum Vorbild nicht die Tempel, sondern die profane Markthalle (Basilika), als Versammlungsort.

Das Christentum bot nachvollziehbare, der Vernunft offene („prüft alles, das Gute behaltet" 1. Thess. 5, 21) ethische Orientierung an.

Der Monotheismus, die Unterscheidung von Gott und Welt und die (religiöse) Religionskritik am „Götzendienst" ließen vielen das Christentum (übrigens auch das Judentum) als eine „philosophische Religion" erscheinen. Justin, der vor seiner Bekehrung Philosoph war, behielt demonstrativ den Philosophenmantel bei.

Das Christentum war unabhängig von ethnischer Zugehörigkeit. Paulus hatte erreicht, dass man nicht erst Jude werden muss, um Christ zu werden (Beschneidung).

Das Christentum hat stabile Institutionen ausgebildet, so das Bischofsamt und soziale Einrichtungen wie die Armenpflege (Apg. 6).

Unser Interesse an sekundären Ursachen sollte aber nicht blind machen dafür, dass die christliche Botschaft selbst attraktiv gewesen sein muss: Gott nimmt dich an ohne Vorleistungen („ohne des Gesetzes Werke"). Du brauchst dir das nur gefallen zu lassen (Gerechtigkeit aus Glauben). Jesus Christus, sein Wort und Werk, ist die Offenbarung von Gottes Zuwendung auch zu dir. „Gott war in Christus und versöhnte die Welt mit sich selber und rechnete ihnen ihre Sünde nicht zu und hat unter uns aufgerichtet das Wort von der Versöhnung. ... So bitten wir nun an Christi statt: lasst euch versöhnen mit Gott" (2. Kor. 5,19f.). Offenkundig konnte diese Botschaft Herzen erobern und das verstehen Christen als Gottes Werk, das sich übrigens auch heute noch ereignet.

4. Der Zerfall des mittelalterlichen Konsenses

Wir wollen verstehen, wie es im Westen zu der Singularität eines theoretischen Atheismus als systematische Weltdeutung oder Weltanschauung im Namen der Vernunft gekommen ist. Voraussetzung dafür war der Zerfall des mittelalterlichen Konsenses, einerseits durch die Renaissance, einen neuen Schub antiker Quellen, andererseits durch die Reformation und die konfessionelle Spaltung. „Mittelalter" besagt, dass eine dunkle Zeit zu Ende geht, die zwischen der Alten Kirche und der Reformation oder zwischen der antiken Kultur und der Renaissance steht. Dass die christlichen Konfessionen sich gegenseitig Atheismus vorwerfen, ist nur ein weiterer Anwendungsfall für den polemischen Gebrauch des Wortes. Aber die Reformation kritisiert nicht nur kirchliche Missstände, sondern auch theologische Lehrbildungen am Maßstab der Bibel, „Religionskritik" als innerchristliche Kirchen- und Dogmenkritik. Die oft maßlose interkonfessionelle Polemik, noch mehr aber die furchtbaren Religionskriege und Verfolgungen, befördern auf der einen Seite den Skeptizismus, auf der anderen den Spiritualismus, der all das, worüber da gestritten wird, für bloße Äußerlichkeiten hält und die (mystische) Gotteserfahrung in Innerlichkeit sucht. Die konfessionelle Spaltung bewirkt aber auch eine (zunächst unbeabsichtigte) Toleranz: Was in dem einen Lager zu sagen und zu drucken verboten ist, wird (manchmal wohl deshalb) im anderen Lager toleriert. Schließlich die neue Naturwissenschaft. Die ist zwar nicht von Atheisten betrieben worden. Copernicus, Galilei und Kepler haben sich als treue Söhne ihrer Kirchen verstanden. Es kommt aber 1632 zum Prozess gegen Galilei. Über den informiert Brechts Stück „Das Leben des Galilei" schlecht. Der Papst, der seine Verurteilung betrieben hat, war nämlich zuvor ein Bewunderer Galileis, der ihn sogar zur Veröffentlichung des Dialogs über die beiden Weltsysteme ermuntert und dabei beraten hat. Galilei war noch auf der Reise zu seinem Prozess (irrtümlich) überzeugt, dass ein Satz von Kardinal Baronius alles klären werde: „Die Absicht des Heiligen Geistes ist es, uns zu belehren, wie man in den Himmel geht, nicht wie der Himmel geht."

Und das Werk des Copernicus (1543), dem damaligen Papst gewidmet, ist nie verboten, allerdings 1616, nach 73 Jahren also, an sechs Stellen von der Indexkongregation „korrigiert" worden.

Die neuzeitliche Naturwissenschaft hat eine Vorgeschichte in der mittelalterlichen Scholastik, und zwar in zweierlei Hinsicht. In der Spätscholastik wird das Naturverständnis enttheologisiert und mechanisiert. Die Schwalbe baut nicht das Nest, um Eier zu legen und auszubrüten, sondern ein Instinkt verursacht erst das eine und danach das andere. Gott habe sie so geschaffen (Johannes Buridan). Und der von Augustin in seinem Genesiskommentar zitierte Satz aus der Sapientia Salomonis: „Du hast die Welt nach Maß, Zahl und Gewicht geschaffen" befördert die Erwartung, dem göttlichen Schöpfungsplan durch Mathematik auf die Spur zu kommen. Galilei sagt später: Das Buch der Natur „ist in der Sprache der Mathematik geschrieben".

Aber der Prozess Galilei wird später zum plakativen Beleg für die Wissenschaftsfeindlichkeit der Kirche.

5. Spinozas „Atheismus"

Eine besondere Rolle für die Entstehung des Atheismus in Europa kommt *Spinoza* zu, und zwar aus drei Gründen mindestens. Auch ihn trifft der Vorwurf des Atheismus nur im polemischen Sinn des Wortes, er hat sich nicht als Atheist bezeichnet. Das erste Buch seiner Ethik handelt von

Gott, aber in einer Weise, die dem christlichen wie dem jüdischen Gottesverständnis radikal widerspricht. Er wurde aus der jüdischen Gemeinde ausgeschlossen.

a) Spinozas Philosophie wird gern mit den Worten Deus sive natura zusammengefasst. Mit Natur ist hier aber nicht die Natur im Sinne der neuzeitlichen Naturwissenschaften verstanden, also als ein mechanischer Wirkungszusammenhang nach Naturgesetzen. Er unterscheidet nämlich zwischen natura naturans, der hervorbringenden Natur (Gott) und der natura naturata, der hervorgebrachten Natur. Der Widerspruch gegen das bis dahin traditionelle (christlich geprägte) Gottesverständnis besteht darin, dass er Gott als erste Ursache in einem streng kausalen Sinne versteht, also nicht als Person und Gegenüber der Menschen, zu dem sie beten können, aber auch nicht als Gegenüber zur von ihm geschaffenen Welt. Der Spinozist Goethe hat das so gesagt: „Was soll mir euer Hohn über das All-Eine? Der Professor ist eine Person, Gott ist keine". Gott verfolge keine Zwecke, denn das würde seine Vollkommenheit beeinträchtigen. Auch in der natura naturata wirken keine Zwecke. Sie gehe aus Gott mit Notwendigkeit hervor und sei ihrerseits ein Kausalzusammenhang. Also ist auch der Mensch nicht frei.

b) Der Titel seiner Ethik lautet: Ethica ordine geometrico demonstrata, also eine nach geometrischer Ordnung bewiesene Ethik. Das soll heißen: Wie in Euklids Geometrie soll aus benannten Voraussetzungen (Definitionen, Axiome) ein *System* von Lehrsätzen *zwingend bewiesen* werden. So wie die Mathematik ihre Gegenstände erzeuge, soll nun das System des wahren Wissens aus der Erzeugung der wahren Begriffe hervorgehen, wie in der Geometrie. Da gebe es auch keine Zwecke, sondern alles folge aus dem Wesen und den Eigenschaften der Figuren. Kaum jemand hat Spinozas Durchführung seines Programms akzeptiert. Aber der Systemgedanke selbst, die Idee eines deduzierten eindimensionalen Systems „des Wissens", faszinierte ungemein. Das Konzept einer solchen deduktiven Wissenschaft hatte bereits Aristoteles dargestellt, aber selbst nie als Darstellungsform gewählt, weil er unser Sachwissen als erfahrungsbasiert verstand. Seit der Spätscholastik gewinnt der ordo geometricus zunehmend an Attraktivität. Auch Newton hat seine Physik nach dieser Methode dargestellt, weil es ihm um die mathematischen Grundlagen der Naturphilosophie ging. Aber auch Holbachs „System der Natur" (1770), das zum ersten Mal einen dezidiert atheistischen Materialismus vertritt, nimmt das Stichwort „System" schon im Titel auf. Das Problematische solcher Konzeptionen ist immer das Verständnis des Menschen, von La Metrie zuvor schon in dem Titel „Der Mensch eine Maschine" (1747) auf den Punkt gebracht. Die Denker des Deutschen Idealismus kritisieren zwar Spinozas freiheitswidrigen Determinismus und deshalb auch sein Gottesverständnis, sind aber von der Systemidee ebenfalls fasziniert. Schelling: „Ein System der Freiheit – aber in ebenso großen Zügen, in gleicher Einfachheit, als vollkommenes Gegenbild des Spinozischen – dies wäre eigentlich das Höchste." Nachdem im 19. Jahrhundert unter dem Eindruck eines neuen Schubs naturwissenschaftlicher Erkenntnisse der idealistische Systemgedanke schnell an Kredit verlor, begann, sozusagen als Zerfallsprodukt, die Zeit der Weltanschauungen, darunter derjenigen, die sich „wissenschaftlich" nannten. Zu ihnen zählt auch Haeckels „Monismus". Das Problem solcher „wissenschaftlichen Weltanschauungen" können wir jetzt präzisieren. Während bei Spinoza und im Deutschen Idealismus jeweils ein bestimmtes Gottesverständnis das Hervorgehen des Vielen aus dem Einen verständlich machen sollte, was immerhin den Gedanken der Einheit des Wissens nachvollziehbar macht, müssen wissenschaftliche Weltanschauungen, die sich lediglich als additive Zusammenfügung (menschlicher) wissenschaftlicher Erkenntnisse verstehen, ohne ein solches Einheitsprinzip auskommen. Dann aber müssten sie korrekterweise die verschiedenen menschlichen Erkenntnisperspektiven unterscheiden und ins Verhältnis setzen statt einfach Erkenntnisse von hier und von da zu sammeln und auf einen Haufen zu schütten. Manchmal habe ich gelesen, im Menschen komme die Materie zur Erkenntnis ihrer selbst. Das entspricht zwar Spinozas Aussage, dass die vernünftige Gottesliebe die Liebe sei, durch die Gott sich selbst liebt. Den Satz habe ich in Spinozas Kontext schon nicht verstanden, denn wer liebt und nicht nur begehrt, ist Person. Die Materie, die erkennt, nämlich sich, ist doch verdächtig gottähnlich gedacht. Und wenn sie sich just im Menschen erkennen soll, ist das doch schon wieder eine „Mensch-Krone-der-Schöpfung"-These. Kelsos würde zürnen. Ich habe ja gelegentlich auch mal was erkannt, dabei aber nie erlebt oder erfahren, dass nicht ich etwas, sondern die Materie sich erkannt hat. Für diese Art von Materialismus bin ich wahrscheinlich ein zu prosaischer Mensch.

c) Spinoza ist aber noch in anderer Hinsicht für die Geschichte des Atheismus wichtig geworden. Er war nämlich in moralischer Hinsicht untadelig. Ein Atheist, dem niemand Unmoral und Unsittlichkeit vorwerfen kann, das kannte das Publikum bisher nicht.

6. Vernunftsreligion

Spinozas Gottesverständnis hat die Aufklärung nicht geprägt. Für diese ist die Idee einer „natürlichen" oder *Vernunftsreligion* charakteristisch. In der Rechtswissenschaft unterschied man seit alters zwischen dem positiven und dem natürlichen Recht. Dieses sollte das universale vernunftsgemäße sein, jenes das jeweilige, partikulare, von den Autoritäten gesetzte (ponere) Recht. Analog dazu unterschied man jetzt zwischen den (tatsächlichen) positiven Religionen und der einen Vernunftsreligion, die es aus vernünftigen Begriffen zu konstruieren galt. Beispiele dafür liefert der englische Deismus, die Zivilreligion Rousseaus, die er in seinem Gesellschaftsvertrag allen Bürgern zur Pflicht machte, aber auch Kants „Religion innerhalb der Grenzen der bloßen Vernunft". Diese Vernunftsreligion ist nie über den Status eines Konstrukts hinausgelangt und hat nirgends gemeinschaftsbildend gewirkt. Wichtig ist für uns, wie diese Vernunftsreligion konstruiert wurde, nämlich als eine um die „vernunftswidrigen" Lehrstücke gekürzte christliche Dogmatik. Als unvernünftig galt etwa die Trinitätslehre, die Lehre von der Menschwerdung Gottes, von der Sünde und der Erlösung. Übrig blieb: die Lehre von der göttlichen Schöpfung und Vorsehung, kurz: Gott als Gesetzgeber der Natur, sowie Gott als moralischer Gesetzgeber und Vergelter, also Kosmologie und Moral. Das eine erschien durch die Naturbetrachtung evident – Gottesbeweise aus der Betrachtung der Natur schießen in jener Zeit wie Pilze aus dem Boden (Physikotheologien) –, das andere mindestens auch „zweckmäßig" für das Zusammenleben. Was dabei gestrichen wurde, war das „Evangelium", die gute Botschaft von Gottes Zuwendung zu den Menschen, die Christologie und das Kreuz, also gerade die ermunternden und befreienden Botschaften. Das fällt der Zensur im Namen der (zeitlosen) Vernunft zum Opfer und wird als bloß geschichtliche Einkleidung einer positiven Religion verbucht, wobei immer noch richtig ist, dass dieses Evangelium nicht zeitlos denknotwendig ist, sondern tatsächlich nur als Kunde von geschichtlichen Ereignissen zu uns gelangt. Die wissenschaftliche Vernunft freilich hat auch ihre (singuläre) Entstehungsgeschichte. Das war der Aufklärung aber nicht bewusst. Geschichtliche Erwerbungen wurden vorwiegend unter der Kategorie „Vorurteil" verbucht. Die Aufklärung, sagt Gadamer, hatte ein Vorurteil gegenüber dem Vorurteil. Auch die von uns bejahten Überzeugungen sind nämlich überlieferte.

Es ist deutlich zu erkennen, dass Dawkins' Religionsverständnis dieser Konzeption einer (deistischen) Vernunftsreligion weitestgehend entspricht. Wir könnten ihn deshalb genauer als „A-Deisten" bezeichnen. Es soll bei der Religion um kosmologische Thesen gehen, die mit der „Wissenschaft" konkurrieren, und um die Behauptung, dass man ohne Religion kein guter Mensch sein könne. Die letztere Behauptung musste schon deshalb den (gebildeten) Christen sehr fern liegen, weil sie schließlich wussten, dass Aristoteles, von dem die ersten Darstellungen der Ethik stammen, kein Christ war.

Die Konzeption der einen Vernunftsreligion hinter oder in allen positiven Religionen als deren vernünftiger Lehrgehalt ist längst aufgegeben worden, weil sich ein solcher vernünftiger Kern an Lehren gar nicht an allen positiven Religionen nachweisen lässt. Die Vernunftsreligion war ein eurozentrisches Konstrukt. Haeckels aus Darwin abgeleiteter Monismus übrigens verstand sich auch noch als Vernunftsreligion der neuen „Trinität" des Schönen, Wahren, Guten.

7. Gottesbeweise

Für die Konstruktion einer Vernunftsreligion bzw. einer vernünftigen Theologie mussten die *Gottesbeweise* von grundlegender Bedeutung sein. Tatsächlich gewinnen die Gottesbeweise in der neuzeitlichen Philosophie, die sich von der christlichen Theologie emanzipiert, eine herausragende Bedeutung, die ihnen weder im Mittelalter noch in der Bibel zukommen. Denn für die Bibel ist die Gottesgewissheit an geschichtlichen und existentiellen Erfahrungen festgemacht, namentlich an der Befreiungserfahrung des Exodus und an der Befreiungserfahrung, die Jesu Geschick eröffnete, was traditionell Offenbarung genannt wird. Die Rezeption der Gottesbeweise aus der philosophischen Tradition (vermittelt durch Araber) hatte den Gottesbeweisen lediglich zugedacht, die *Existenz* dessen beweisen zu können, „was wir Gott nennen", nicht aber Gottes *Wesen,* also was und wer Gott ist. Der Spätscholastiker Suarez etwa hat erklärt: „Auch wenn die Existenz Gottes beweisbar ist, ist sie nur im Glauben verständlich", ich übersetze: im christlichen Lebensvollzug oder in einer Lebensform. Luther hat sogar gesagt: „Von Natur aus kann der Mensch nicht wollen, dass Gott Gott sei, sondern dass er Gott und Gott nicht Gott sei." Das ist der Zusammenhang, in dem Luther gegen Aristoteles und die Vernunft geradezu ausfällig werden konnte. Gemeint ist: dass Gott sich selbst erniedrigt haben soll, leuchtet der unbekehrten Vernunft nicht ein – siehe Kelsos. Dass wir von Gottes Gnade abhängen sollen, stört den Stolz der natürlichen Vernunft, die sich lieber sich selbst verdankt. Paulus hatte das auch schon so ähnlich gesehen: „Wir predigen den gekreuzigten Christus, den Juden ein Ärgernis und den Griechen eine Torheit" (1. Kor. 1,23). Dawkins hat etwas gelesen von Luthers Kritik an der Vernunft als Weg zu Gott und folgert daraus, Luther sei ein Feind der Vernunft gewesen (GW 266). Er hat auch gleich eine memtheoretische Deutung zur Hand, denn er habe durch Verdammung der Vernunft religiöse Meme „vor dem Aussterben" geschützt (GW 280). In weltlichen oder zeitlichen Angelegenheiten hat Luther aber die menschliche Vernunft kräftig gelobt. „Man braucht keine Christen für die Obrigkeit. So ist es nicht nötig, dass der Kaiser ein Heiliger ist. Es genügt für den Kaiser, dass er Vernunft hat". Denn „die Vernunft und der natürliche Verstand ist das Herz und die Kaiserin der Gesetze, die Brunnquelle, daraus alle Rechte kommen." Und: „Inn zeytlichen dingen, und die den menschen angehen, da ist der mensch vernunfftig gnug, da darff er keyniß andern liechts denn der vernunfft." Und naturkundliche Fragen waren für Luther eine Angelegenheit wissenschaftlicher Beweise. „Einer fragte: Herr Doktor, die Schrift sagt, Gott haben zwei große Lichter geschaffen und alle Sterne am Firmament befestigt. Man sagt aber, der Mond sei der kleinste der Sterne und der niederste. Ist der Autorität der Schrift oder den mathematischen Beweisen zu glauben? Der Doktor antwortete: Aus der Begründung der Finsternisse, die sichere Beweise hat, werden wir überzeugt, dass die mathematischen Gründe nicht zu verwerfen sind. Deshalb glaube ich, dass Mose nach unserem Begreifen spricht, weil es uns so scheint ... Denn oft nimmt die Schrift Rücksicht auf unsere Schwachheit."

Noch einmal: Jeder Beweis beruht auf Voraussetzungen oder auf Unbewiesenem, nämlich entweder Selbstverständlichem oder Vereinbartem. Die christliche Theologie hat bei der Neuformulierung (Anselm) oder Rezeption (Thomas) von Gottesbeweisen den Glauben an Gott vorausgesetzt: credo ut intelligam, ich glaube, um verstehen zu können.

Dawkins behauptet nun, die Frage, ob Gott existiert, sei „eine wissenschaftliche Frage. Eines Tages werden wir die Antwort kennen und bis es so weit ist, können wir einige sehr stichhaltige Aussagen über die Wahrscheinlichkeit machen" (GW 69); „wie im Fall der Zusammensetzung von Sternen ... und der Wahrscheinlichkeit, dass es in ihren Umlaufbahnen Leben gibt, kann die Wissenschaft auch in das Revier des Agnostizismus zumindest Schneisen der Wahrscheinlichkeitsaussagen schlagen." (GW 103) Wenn die Frage, ob Gott existiert, eine wissenschaftliche Frage ist, muss sie auch mit (natur-)wissenschaftlichen Methoden beantwortet werden können. Wie dürfen wir uns das vorstellen? Gegenwärtig läuft das größte Experiment der Menschheitsgeschichte an, das die Existenz des Elementarteilchens namens „Higgs-Boson" nachweisen soll, in den Zeitungen seltsamerweise auch Gottesteilchen genannt. So kann ja wohl die zu erwartende wissenschaftliche Beantwortung der Gottesfrage nicht gemeint sein. Wer Gott als Teil oder Teilchen der Welt in der Welt sucht, dem kann ich schon heute sagen, dass er nichts finden wird. Dawkins' Wahrscheinlichkeitsaussagen zur Existenz Gottes sind offenkundig ebenfalls an die Voraussetzung gebunden, dass Gott ein Teil der Welt ist. Die Existenz des Higgs-Bosons soll nachgewiesen werden, indem es hergestellt wird. Deshalb finde ich Dawkins' Argumentation halbherzig. Er könnte doch einen Schritt weitergehen und erklären: Die Existenz Gottes ist erst dann bewiesen, wenn er unter Laborbedingungen hergestellt werden kann.

Wie könnte noch wissenschaftlich über die Existenz Gottes entschieden werden? Wir könnten auf Sachverhalte stoßen, die sich ohne die Hypothese „Gott" nicht erklären lassen. Das kann ich aber auch bereits heute ausschließen. Wenn Naturwissenschaftler einen naturwissenschaftlichen Sachverhalt nicht erklären können, nützt ihnen auch der Rekurs auf Gott nichts. Sie müssen weiter forschen. So lauten nämlich die methodischen Regeln der Naturwissenschaft. Der Rekurs auf Gott ist keine zugelassene naturwissenschaftliche Antwort.

Dawkins bestreitet, dass es relevante Fragen gibt, die die Wissenschaft nicht beantworten könne. Er zitiert Gould: „Wissenschaft fragt, wie der Himmel funktioniert, und Religion, wie man in den Himmel kommt" (GW 80) und weist das empört zurück. Gould hatte sich diese Formulierung aber gar nicht selbst ausgedacht, sondern Galileis Baronius-Zitat zitiert.

Dawkins hält die Frage „Und wer hat Gott erschaffen?" für ein schlagendes Argument gegen Gottes Existenz (GW 154). Da irrt er. Der regressus ad infinitum (und wer hat den Schöpfer Gottes geschaffen? usw.) gilt seit alters als logischer Beweisfehler. Man kann auch einwenden: Wenn nach dem Schöpfer der Welt gefragt wird, kann dieser nicht im Beweis als Geschöpf von x umdefiniert werden.

Kant hat bekanntlich in der Kritik der reinen Vernunft die Gottesbeweise widerlegt. Genauer hat er zu zeigen beansprucht, dass die Gottesfrage aus reiner theoretischer (betrachtender) Vernunft nicht entschieden werden kann, also aus dieser Perspektive auch kein Beweis für Atheismus möglich ist. Damit war für ihn aber die Gottesfrage nicht erledigt. Sie gehört in das Feld der praktischen Vernunft, also in die Perspektive, die sich für uns als handelnde Wesen eröffnet. Ich paraphrasiere Kants praktischen Gottesbeweis etwas frei so: Wir können gar nicht wohlgemut handeln, wenn wir davon ausgehen müssten, dass aus guter Absicht immer oder meistens Schlechtes folgt (z. B. „Der Ehrliche ist der Dumme"). Einen Beweis im beweistechnischen Sinne hat Kant in diesem Argument nicht gesehen. Wir können nämlich auch diese Frage einfach abweisen. Wir sind so frei, sie nicht zu stellen. Er nennt das Argument nicht Beweis, sondern Postulat, griechisch Axiom. Axiome werden nicht bewiesen – dann wären sie keine –, sondern vorausgesetzt. Gott, so interpretiere ich Kant jetzt mit eigenen Worten, steht für uns als weltengagierte (handelnde) Wesen im praktischen Lebensvollzug hinter uns, nicht vor uns als Beweisobjekt. Kant hat außerdem noch einen Beweis der Güte Gottes in seiner Nichtbeweisbarkeit gesehen: „Würden Gott und Ewigkeit, mit ihrer furchtbaren Majestät, uns unablässig vor Augen liegen, ... so würden die mehresten gesetzmäßigen (d. h. dem Vernunftsgesetz des Kategorischen Imperativs folgenden RS) Handlungen aus Furcht geschehen, ein moralischer Wert der Handlungen aber ... würde gar nicht existieren." Und er resümiert, „dass die unerforschliche Weisheit, durch die wir existieren, nicht minder verehrungswürdig ist, in dem, was sie uns versagte, als in dem, was sie uns zuteil werden ließ." Gott habe durch seine Unbeweisbarkeit unsere Freiheit ermöglicht.

Man kann sich jederzeit auf den Standpunkt stellen: Was interessieren mich Galilei oder Kant? Meine bescheidene Absicht war nur die, darauf hinzuweisen, dass es theologische Gründe für die (theoretische) Unbeweisbarkeit Gottes gibt. „Einen Gott, den ‚es gibt', gibt es nicht", hat jemand gesagt und gemeint: wenn es um die Gottesfrage geht, geht es jedenfalls nicht um ein Ding irgendwo in der Welt.

Ich kenne keinen Theologen und keinen Philosophen, der heute behauptete, Gottes Existenz ließe sich als denknotwendig erweisen. Der Beweis müsste ja irgendetwas als sicher voraussetzen, von dem aus auf Gott mit absoluter Sicherheit geschlossen werden kann. In der Beweisstruktur würde Gott, vermute ich, abhängig von der Beweisgrundlage und dann nicht mehr Gott, wie er bewiesen werden sollte. Das erscheint vielleicht manchen als allzu spitzfindig. Nun nehmen wir einmal an, der Beweis sei, ich weiß nicht wie, gelungen. Dann wäre die entscheidende Frage immer noch offen: Ob mich das so Bewiesene überhaupt etwas angehen soll. Der Existenzbeweis der schwarzen Löcher zum Beispiel hat meine Lebensführung so wenig tangiert wie die Entdeckung, dass es Saurier mit Federn gab, ehe Saurier fliegen konnten. Gott wird für mich erst im Glauben an ihn und im Leben mit ihm bedeutsam.

Der Theologe Eberhard Jüngel hat gesagt, der Glaube sei „eine Erfahrung mit der Erfahrung", also eine Erfahrung zweiter Ordnung sozusagen. Zwar gibt es auch religiöse Erfahrungen als extraordinäre Erlebnisse. Die sind aber mindestens zum Teil ambivalent. Mein Glaube beruht weder auf Visionen noch auf Meditationserfahrungen. Ich erstrebe auch nicht die Auslöschung meiner Individualität durch die mystische Vereinigung mit dem All-Einen. Aber ich nehme alles, was ich erlebe und erfahre, aus Gottes Hand.

Noch ein Zitat von Eberhard Jüngel: „Gott ist nicht notwendig, er ist mehr als notwendig." Das ist ein Wortspiel, aber kein schlechtes. Notwendig wäre der bewiesene Gott. Mehr als notwendig ist der helfende Gott.

8. Spekulativer Atheismus: Feuerbach und Marx

Durch *Feuerbach* ist der Atheismus im Bürgertum, durch *Marx* und *Engels*, die an Feuerbach anknüpfen, im Proletariat sozusagen hoffähig geworden. Charakteristisch für diesen Atheismus ist, dass er die Religion nicht, wie in der französischen Aufklärung, als Aberglaube, Priesterbetrug und Quelle des Fanatismus entlarvt und zurückweist, sondern den Gehalt der Religion beerben möchte. Der Gehalt der Religion sei nämlich das Wesen des Menschen, aber unter falschem Namen, als ihm fremdes, entfremdetes Wesen verehrt. Dieses menschliche Wesen gilt es nun, wahrhaft zu verwirklichen. Marx hat deshalb seine Position in den Frühschriften auch als Humanismus bezeichnet. Ich möchte diesen Typ von Atheismus dennoch nicht humanistischen Atheismus nennen, denn „der Mensch", der hier im Mittelpunkt steht, meint nicht dich und mich, wie wir gehen und stehen, sondern das menschliche Gattungswesen, das erst noch verwirklicht werden muss. Ich möchte den Ausdruck *„humanistischer Atheismus"* demjenigen Atheismus vorbehalten, der auf solche spekulativen Überhöhungen verzichtet und sich den Menschen zuwendet, wie sie gehen und stehen, mit ihren Schwächen und Gebrechen und in ihrer Not.

Den Atheismus von Feuerbach und Marx möchte ich *spekulativen Atheismus* nennen. Denn sie beziehen sich auf eine Philosophie, die sich selbst spekulativ nannte, Hegel. Sie wollen ihn „umkehren" oder vom Kopf auf die Füße stellen. Dies geschieht so, dass das evolutionistische Paradigma der Selbsterzeugung als Selbstentfaltung (Selbstverwirklichung) auf dem Umweg der Selbstentäußerung von Gott auf den Menschen, genauer die Menschheit oder das menschliche „Gattungswesen" übertragen wird.

Feuerbach hat seine These durch die Umkehrung eines biblischen Satzes pointiert formuliert: „Der Mensch schuf Gott nach seinem Bilde." Damit ist aber mehr und anderes gemeint als der uralte Anthropomorphismus-Vorwurf: allzu menschlich von den Göttern reden. „Gott ist das offenbare Innere, das ausgesprochene Selbst des Menschen; die Religion die feierliche Enthüllung der verborgenen Schätze des Menschen", heißt es im „Wesen des Christentums". Die Religion ist „und kann nichts anderes sein als das Bewusstsein des Menschen von seinem, und zwar nicht endlichen, beschränkten, sondern unendlichen Wesen", aber dieses als fremdes Wesen verehrt. Als Beleg dient ihm einerseits die Religionsgeschichte, die er als Höherentwicklung bis zum Christentum versteht und in dessen Zentrum steht ja die „Menschwerdung Gottes". Dieser „Anthropomorphismus" wird hier also gerade nicht getadelt, sondern als (partielle) Offenlegung des Geheimnisses der Religion gewürdigt. Zweitens erstrebe doch der religiöse Mensch die Vereinigung mit Gott, nämlich in der mystischen Tradition, die Feuerbach von Jugend an fasziniert hat.

In dem Aufsatz „Notwendigkeit einer Reform der Philosophie" (1842) erklärt er, was aus dieser Entschlüsselung des Geheimnisses der Religion folgt: „An die Stelle des Glaubens ist der Unglaube getreten, an die Stelle der Bibel die Vernunft, an die Stelle der Religion und Kirche die Politik, an die Stelle des Himmels die Erde, des Gebets die Arbeit, der Hölle die materielle Not, an die Stelle des Christen der Mensch."

Dass das Christentum die vollendete oder die „fertige Religion" (so Marx) sei, diese These ist für Religionswissenschaftler völlig unbrauchbar und anmaßend eurozentrisch. Dass Gott als der andere meiner selbst nur Schein sei, der sich nun glücklich auflöse, negiert gerade das Denkwürdige der religiösen Erfahrung: etwas Höheres als sich selbst anerkennen können – so oder so allerdings. Und schließlich ist es menschliche Hybris, „die Menschheit" als den ursprünglichen und legitimen Träger der klassischen Gottesprädikate zu verstehen. Ich finde denjenigen Atheismus überzeugender, der Gott leugnet ohne für die Gottesprädikate ein Ersatzsubjekt zu suchen. Allerdings dürfte gerade dies die Plausibilität des spekulativen Atheismus befördert haben: dass hier Religion nicht nur abgewiesen, sondern ihr wahrer Gehalt beerbt wird. Das ermöglicht den Habitus des Wissenden, der auf die hinabschauen kann, die noch nicht wissen, worum es in ihrer Religion wirklich geht. Beim späten Feuerbach war das übrigens neben dem Gattungswesen des Menschen auch die „Natur". Eduard von Hartmann hat gegen Feuerbachs These, die Götter seien projizierte Wünsche des Menschen, eingewendet: „Nun ist es ganz richtig, dass darum etwas noch nicht existiert, weil man es wünscht, aber es ist nicht richtig, dass darum etwas nicht existieren könne, weil man es wünscht."

Karl Marx hat Feuerbachs Interpretation der Religion einerseits übernommen, andererseits aber Feuerbach vorgeworfen, er sei immer noch zu sehr Theologe. Denn die religiöse Entfremdung des Menschen sei nicht die wahre, sondern bloß Ausdruck der ökonomischen Entfremdung, durch die die Selbstentäußerung des menschlichen Wesens durch die Arbeit ihn in Gestalt einer fremden Macht, des Kapitals nämlich, beherrscht. „Wie der Mensch, solange er religiös befangen ist, sein Wesen nur zu vergegenständlichen weiß, indem er es zu einem fremden phantastischen Wesen macht, so kann er sich unter der Herrschaft des egoistischen Bedürfnisses nur praktisch betätigen, nur praktische Gegenstände erzeugen, indem er seine Produkte, wie seine Tätigkeit, unter die Herrschaft eines fremden Wesens stellt und ihnen die Bedeutung eines fremden Wesens – des Geldes – verleiht" (Zur Judenfrage 1844). Anmerkung: Nicht unsere Produkte, sondern unsere Worte sind unsere elementarsten Äußerungen. Hier wird die Arbeit mystifiziert. Und die Religion ist älter als das Geld.

Deshalb kann die Befreiung des menschlichen Wesens nur durch eine Revolution zustande kommen. Die kommunistische Gesellschaft werde sein „die vollendete Weseneinheit des Menschen mit der Natur, die wahre Resurrektion (Auferstehung RS) der Natur, der durchgeführte Naturalismus des Menschen und der durchgeführte Humanismus der Natur." Anmerkung: Die „unberührte" Natur fasziniert uns weit mehr als die hominisierte, in der der Mensch durch Industrie seine „Wesenskräfte" anschaut, wie Marx das sah.

Der Kommunismus werde sein „die wahre Auflösung des Streits zwischen Existenz und Wesen, zwischen Vergegenständlichung und Selbstbetätigung, zwischen Freiheit und Notwendigkeit, zwischen Individuum und Gattung. Er ist das aufgelöste Rätsel der Geschichte und weiß sich als diese Lösung." Diese Lösung besagt. Der Mensch erzeugt sich selbst, denn ein „Wesen gilt sich erst als selbständiges, ... sobald es sein Dasein sich selbst verdankt. Ein Mensch, der von der Gnade eines andern lebt, betrachtet sich als abhängiges Wesen. Ich lebe aber vollständig von der Gnade eines andern, ... wenn er ... mein Leben geschaffen hat, wenn er der Quell meines Lebens ist." (Ökonomisch-philosophische Manuskripte 1844). Marx hat ja recht: Ganz von der Gnade eines anderen *Menschen* leben müssen entwürdigt. Ich würde aber fortfahren: Nur von Gott kann ich ohne Zerstörung meines Selbstwertgefühls schlechthin abhängig sein – vorausgesetzt, er ist uns Menschen zugewandt.

Es ist das Hauptgebrechen des Marxschen Denkens, dass es Unterscheidungen nur als aufzuhebenden Widerstreit deuten kann. Er kennt, wie mir scheint, keine legitimen, klärenden, heilsamen Unterscheidungen. Das hat sich in der politischen Praxis des Marxismus-Leninismus verheerend ausgewirkt. Da wurde dann die wesentliche Einheit von individuellen und gesellschaftlichen Interessen im Sozialismus deklariert und anschließend gefordert: „Die Gesellschaft verlangt von dir ..." Es waren aber auch wieder Individuen, die sich mit diesem Spruch andere gefügig zu machen trachteten. „Ihr werdet sein wie Gott", hat Mephisto dem Schüler ins Stammbuch geschrieben (vgl. 1. Mose 3,5) und dazu bemerkt: „Folg nur dem alten Spruch und meiner Muhme, der Schlange, dir wird gewiss einmal bei deiner Gottähnlichkeit bange." Es wird allemal furchtbar, wenn Menschen Gott spielen. „Wir sollen Menschen und nicht Gott sein. Das ist die summa; Es wird doch nicht anders, odder ist ewige unruge vnd Hertzeleid unser lohn" (Luther).

9. Methodischer Atheismus

Ich weiß nicht, wer die Ausdrücke *„methodischer Atheismus"* und „hypothetischer Atheismus" aufgebracht hat. Gemeint ist damit, dass die modernen Wissenschaften in ihren Forschungen nicht auf Gott rekurrieren. Oft wird dabei eine Verbindung hergestellt zu der Wendung etsi deus non daretur bei Hugo Grotius. In einem seiner Gefängnisbriefe (16.7.1944) hatte Bonhoeffer diesen Satz als Signum der Neuzeit und Moderne und als Ausdruck ihrer legitimen Mündigkeit interpretiert.

Der Ausdruck „methodischer Atheismus" soll besagen, dass namentlich die Naturwissenschaften, die forschen etsi deus non daretur, nicht deshalb schon einen dogmatischen Atheismus implizieren, der Gottes Existenz bestreitet. Und in der Tat ist das methodische Konzept der neuzeitlichen Naturwissenschaft so konzipiert, dass Menschen ganz verschiedener weltanschaulicher und religiöser Orientierung und ganz verschiedener kultureller Herkünfte zusammenarbeiten können. Diese Ermöglichung von Teamarbeit gehört zu den Bedingungen ihres Erfolges.

Hugo Grotius hatte allerdings weder einen methodischen Atheismus noch im Besonderen die Naturwissenschaften im Blick, als er in seinem Buch „Über das Recht des Krieges und des Friedens" (1625) jene berühmte Wendung niederschrieb, sondern die Geltung des (Völker)-Rechts, und zwar auch im Kriegsfall. Dieses ergebe sich aus dem menschlichen Drang nach Gemeinschaft und würde auch dann gelten, „wenn man annähme, was freilich ohne größte Sünde nicht angenommen werden darf, dass es keinen Gott gäbe oder dass er sich um die menschlichen Belange nicht kümmere." Diese Erklärung wurde deshalb von so großer Bedeutung, weil damit die Frage der Geltung des Rechts dem konfessionellen Dissens entzogen wurde. Man hat deshalb Hugo Grotius als den Vater des Westfälischen Friedens gefeiert. Grotius hat aber damit gar nichts revolutionär Neues vorgetragen, sondern ist dabei der Schüler der spanischen Spätscholastiker, vor allem Franz von Vitorias. Ein ähnlicher Gedanke findet sich bei Luther in einer Auslegung des 127. Psalms: „Wo nicht Gott der Herr die Stadt bewahrt, da hütet der Wächter umsonst." Heißt das nun, dass die Obrigkeit die Hände in den Schoß legen kann? Nein, sondern sie soll „fleißig sein und alles tun, was ihres Amts gebührt, ... als wäre kein Gott da und müssten sich selbst erretten und selbst regieren." Eine direkte Vorlage für Grotius könnte folgender Satz des Gregor von Rimini (gest. 1358) sein: „Denn selbst gesetzt den unmöglichen Fall, es existierten weder die göttliche Vernunft noch Gott selbst oder seine Vernunft würde irren, so würde dennoch derjenige sündigen, der gegen die rechte Vernunft der Engel oder der Menschen oder gegen sonst eine verstieße." Die christliche Theologie hatte eben keine Scharia entwickelt, sondern dem antiken Gedanken des Naturrechts und einer vernünftigen Ethik Raum gegeben.

Dass die neuzeitlichen Naturwissenschaften forschen etsi deus non daretur, ist als Beschreibung korrekt, aber die ursprüngliche Begründung dafür ist eine andere. Die Gründungsväter der neuzeitlichen Naturwissenschaft waren nämlich auf der Suche nach Gottes Schöpfungsplan, den sie mithilfe der Mathematik zu finden trachteten. Wer einen Bauplan studiert, interessiert sich dafür, *wie* er beschaffen ist und sammelt nicht Material über den Verfertiger. Sie haben deshalb gemessen und gerechnet, um zum höheren Ruhme Gottes die Wohlordnung der Schöpfung zu ergründen. Die Frage, *warum* Gott die Welt geschaffen hat, war für diese Naturwissenschaftler Thema einer anderen Wissenschaft, der Theologie.

10. Atheismus der Gleichgültigkeit

Eine vollständige Systematik von Atheismen beabsichtige ich nicht, sie ist wohl auch unmöglich. Auf eine Gestalt des Atheismus möchte ich noch eingehen, den *Atheismus der Gleichgültigkeit*. Er verneint und bejaht nichts. Er ist an einem Selbstverständnis gar nicht mehr interessiert und auch nicht an einer Lebensform. Was er tut, könnte er auch lassen. Er interessiert sich für Konsum und Aufregendes und sonst für nichts. Es gibt ihn in Ost und West, möglicherweise im Osten etwas häufiger.

Kant hatte seinerzeit erklärt: „Das Problem der Staatseinrichtung ist, so hart wie es auch klingt, selbst für ein Volk von Teufeln (wenn sie nur Verstand haben) auflösbar und lautet: ‚Eine Menge von vernünftigen Wesen, die insgesamt allgemeine Gesetze für ihre Erhaltung verlangen, deren jedes aber insgeheim sich davon auszunehmen geneigt ist, so zu ordnen und ihre Verfassung einzurichten, dass, obgleich sie in ihren Privatgesinnungen einander entgegenstreben, diese einander doch so aufhalten, dass in ihrem öffentlichen Verhalten der Erfolg eben derselbe ist, als ob sie keine solche böse Gesinnung hätten.'" Ich fürchte, das Problem der Staatseinrichtung ist für ein Volk von Atheisten der Gleichgültigkeit schwerer auflösbar. Denn Kants „Teufel" hatten immerhin Verstand und das (wenn auch nur vordergründige) Interesse an allgemeinen Gesetzen für ihre Erhaltung. Wenn auch das wegfällt, dürfte es schwer werden mit der Staatseinrichtung.

Nietzsche hatte wohl einen solchen Menschentyp vor Augen bei seiner Schilderung des „letzten Menschen". „Was ist Liebe? Was ist Schöpfung? Was ist Sehnsucht? Was ist Stern? – so fragt der letzte Mensch und blinzelt. Die Erde ist dann klein geworden, und auf ihr hüpft der letzte Mensch, der Alles klein macht. Sein Geschlecht ist unaustilgbar wie der Erdfloh; der letzte Mensch lebt am längsten. ‚Wir haben das Glück erfunden' – sagen die letzten Menschen und blinzeln. Sie haben die Gegenden verlassen, wo es hart war zu leben: denn man braucht Wärme. Man liebt noch den Nachbarn und reibt sich an ihm: denn man braucht Wärme. Krankwerden und Misstrauen-haben gilt ihnen sündhaft: man geht achtsam einher. Ein Tor, der noch über Steine oder Menschen stolpert! Ein wenig Gift ab und zu: das macht angenehme Träume. Und viel Gift zuletzt, zu einem angenehmen Sterben. Man arbeitet noch, denn Arbeit ist eine Unterhaltung. Aber man sorgt, dass die Unterhaltung nicht angreife. Man wird nicht mehr arm und reich: Beides ist zu beschwerlich. Wer will noch regieren? Wer noch gehorchen? Beides ist zu beschwerlich. Kein Hirt und eine Herde. Jeder will das Gleiche, Jeder ist gleich: wer anders fühlt, geht freiwillig ins Irrenhaus. ‚Ehemals war alle Welt irre' – sagen die Feinsten und blinzeln. Man ist klug und weiß alles, was geschehen ist: so hat man kein Ende zu spotten. Man zankt sich noch, aber man versöhnt sich bald – sonst verdirbt es den Magen. Man hat sein Lüstchen für den Tag und sein Lüstchen für die Nacht: aber man ehrt die Gesundheit. ‚Wir haben das Glück erfunden' – sagen die letzten Menschen und blinzeln" (Also sprach Zarathustra).

V. Das Christentum, „die blutigste Religion aller Zeiten"?

Dawkins behauptet das (GW 62). Andere sehen allgemeiner im Monotheismus eine besondere Gewaltbereitschaft begründet, Polytheismus sei dem gegenüber tolerant. Diese These ist hervorgegangen aus der Empörung über die Greuel der neuzeitlichen europäischen Religionskriege. Sie gehört in das Kapitel europäischer Selbstkritik. Sie klingt zuerst bei Pierre Bayle an (1667–1706) und ist von David Hume (1711–1776) ausgeführt worden. Heute wird sie von Odo Marquard und Jan Assmann vertreten.

Dass Polytheisten deshalb friedliche Menschen waren, kann allerdings nicht ernsthaft behauptet werden. Homers Ilias erzählt, wie ein Schönheitsstreit zwischen drei Göttinnen zu einem zwanzigjährigen Krieg führt, an dessen Ende Troja brutal vernichtet wird. Auf jeder Seite kämpfen Götter mit. Ein Religionskrieg war das nicht, aber ein religiös interpretierter. Die Azteken führten die sogenannten Blumenkriege allein zu dem Zweck, den nötigen Nachschub für Menschenopfer zu beschaffen, ohne die nach ihrer Auffassung die Sonne nicht mehr läuft. Religionskriege waren das nicht, aber religiös motivierte. Und die Christenverfolgungen belegen, dass die Toleranz des römischen Polytheismus begrenzt war.

Am 10. Februar 1258 übergab der letzte abbasitische Kalif Bagdad kampflos den Mongolen. Die Begegnung mit dem Ilkan Hülegü soll herzlich gewesen sein. In den folgenden 10 Tagen ermordeten die Mongolen 800.000 Einwohner. Den Kalif selbst erstickten sie in einer Teppichrolle, da man kein Herrscherblut vergießen darf. Die Mongolen waren weder Monotheisten noch Polytheisten, sondern Schamanisten. Das Motiv war schlicht Beute.

Dass die Geschichte der christlichen Welt auch eine Geschichte der Gewalt ist, bedarf allerdings keines Beweises, es ist offenkundig. Ich nenne Folgendes: Zwangstaufen und Missionskriege, die Kreuzzüge, die Inquisition, die Ketzerverfolgung, die Hexenverfolgung, die Religionskriege.

Uns interessiert jetzt die Frage, ob es einen konstitutiven Zusammenhang zwischen Christentum und Gewalt gibt. Wie kann diese Frage überzeugend beantwortet werden? Ich nenne drei Prüfungsinstanzen.

1. Das Neue Testament ist in der Geschichte des Christentums als kritischer Maßstab akzeptiert worden. Sind im Neuen Testament Tendenzen zur Gewalt erkennbar?
2. Die aufgezählten Gewalt-Exzesse haben längst ihr Ende gefunden. Wodurch? Zwei Antworten sind denkbar, die sich nicht ausschließen: durch innerchristliche Selbstkritik, also sozusagen von innen, oder dadurch, dass das Christentum an Einfluss verlor und Nichtchristen dem Spuk ein Ende gesetzt haben, also sozusagen von außen.
3. Wenn jene aufgezählten Gewaltphänomene konstitutiv mit dem Christentum verbunden sind, müssten sie auch in den christlichen Kirchen auftreten, die eine von der lateinischen Kirche unabhängige Entwicklung genommen haben, wie die byzantinische, die armenische, die georgische, die ägyptische (koptische), die äthiopische. Andernfalls liegt es nahe, die Ursachen für die spezifischen Gewaltphänomene in der lateinischen Kirchengeschichte auf Besonderheiten dieser Geschichte zurückzuführen und nicht auf ihren gemeinsamen Ursprung.

Unter Christentum verstehe ich dabei nicht nur die großen Kirchen, sondern auch jene kritischen Außenseiter, die sich als Christen verstanden.

Ich werde nur zwei der aufgezählten Fälle behandeln, nämlich die Kreuzzüge (2) und die Hexenverfolgung (3), zuvor aber auf das Neue Testament und die Exklusivität des christlichen Glaubens eingehen (1).

1. Das Neue Testament

Jesus von Nazareth hat die Nächstenliebe zur Feindesliebe erweitert, gegen das Vergelten das Vergeben gefordert und die Sanftmütigen, die Barmherzigen, die Friedfertigen und die um der Gerechtigkeit willen Verfolgten selig gesprochen, nämlich in der Bergpredigt (Matth. 5f.). Er hat das mit seinem Tod am Kreuz besiegelt. Nach Matth. 26,52 hat er bei seiner Gefangennahme ausdrücklich Verteidigung durch Gewalt abgelehnt: „Wer das Schwert nimmt, soll durchs Schwert umkommen." Auch deshalb ging er in den Tod. Und diesen seinen Tod haben die Christen als Gottes heilsame Zuwendung zu den Menschen verstanden. Das ist die Pointe ihres „Monotheismus". Die ersten Christen waren nicht Verfolger, sondern Verfolgte.

Ein Text hat in der Geschichte unseres Problems eine besondere Rolle gespielt, das Gleichnis vom Unkraut unter dem Weizen. Ein Mann hat Weizen gesät, aber sein Feind hat Unkraut dazwischen gesät. Beides geht zusammen auf und die Knechte fragen den Herrn, ob sie das Unkraut ausreißen sollen. Der sagt: Nein, denn ihr könntet dabei auch Weizen ausraufen. Wartet bis zur Ernte (Matth. 13,24–30). Die Deutung identifiziert die Ernte mit dem Jüngsten Gericht (13,36–43). Bis zu Augustin wurde dieses Gleichnis als Verbot physischer Ketzerverfolgung interpretiert.

Aber gibt es nicht doch im Neuen Testament Ansätze, die später Gewalt rechtfertigen konnten? Manche verweisen hier auf die Geschichte von der Tempelreinigung. Jesus hat mit den Worten „Mein Haus soll ein Bethaus sein" die Wechsler und Krämer aus dem Tempel getrieben und ihre Tische umgestürzt (Mk. 11,17ff.). Wenn sich religiös begründete Gewalt auf solchen unblutigen Protest gegen die Vermischung von Religion und Kommerz beschränken würde, dürften wir uns glücklich preisen.

Ernster und gefährlicher ist ein anderer Zusammenhang. Die Offenbarung Johannis, geschrieben in der Zeit der ersten Christenverfolgung, bietet Endzeitvisionen. Widergöttliche Mächte werden sich erheben. Von Christus, der seines Kreuzestodes wegen im Neuen Testament als (Opfer-)Lamm Gottes bezeichnet wird, heißt es jetzt: „Diese werden mit dem Lamm Krieg führen und das Lamm wird sie besiegen" (Apk 17,14). Im Kapitel 20,7ff. ist, in der dualistischen Tradition der Apokalyptik, von einem letzten Gefecht der Mächte des Bösen gegen die Heiligen die Rede. Feuer wird vom Himmel fallen und sie vernichten. Zwar enthalten auch diese Texte keinerlei Aufforderung zum Krieg, wohl aber ein kriegerisches Szenario, das diejenigen für sich in Anspruch nehmen konnten, die behaupteten, die Endzeit sei angebrochen und jetzt gelte es, die Bösen zu vertilgen. Wenn Jesu Bitte im Vaterunser: „Dein Reich komme" missdeutet wird zum Imperativ, das Reich Gottes mit Gewalt herbeizuzwingen, können jene Endzeiterwartungen Gewalt legitimieren. Sie spielen tatsächlich sowohl in der Kreuzzugspredigt Bernhards von Clairvaux als auch in der Fürstenpredigt Thomas Münzers eine Rolle. Aber solche Proklamationen der Endzeit widersprachen den Evangelien, die die Berechenbarkeit der letzten Tage ausdrücklich ausschließen, weil sie ihre Pointe in der dauernden *Bereitschaft* zur Begegnung mit dem Herrn, also in einem Leben in Verantwortung vor Gott haben (Mk. 13,32 par., Matth. 25,1ff.; Lk.12,35ff.).

Aber, wird gesagt, *die Exklusivität des christlichen Glaubens*, sein Wahrheitsanspruch, genügt doch schon zur Begründung für Gewaltanwendung. Der Missionsbefehl „gehet hin und macht zu Jüngern alle Völker" (Matth. 28,19) sei intolerant. Ich kann dieser beliebten These nicht zustimmen. Wer von irgendetwas überzeugt ist, ist nicht deshalb schon intolerant, weil er seine Überzeugung anderen vermitteln will – ohne dabei aufdringlich zu werden, versteht sich. Ein Vermittlungsverbot liefe ja auf ein Lernverbot hinaus. Er ist auch nicht schon deshalb intolerant, weil er seinem Gegner in der Sache sagt: „Ich muss dir widersprechen" oder: „Du irrst dich". Andernfalls wäre allein der Agnostiker oder wenigstens der Skeptiker tolerant. Aber wer gar nichts für verbindlich hält, für den ist doch auch das Gewaltverbot unverbindlich. Mit dem Maßstab verschwände auch jeder Skandal, also Achselzucken statt Empörung über die Skandale der Kirchengeschichte.

Es ist auch nicht prinzipiell zu tadeln, wenn eine Überzeugungsgemeinschaft jemanden ausschließt, der erklärtermaßen gegen deren Überzeugungen agiert. Allerdings ist es dann wieder eine Frage der Toleranz, wie eng oder weit jeweils die „Toleranzgrenze" gezogen wird.

Die zu tadelnde Intoleranz beginnt erst dann, wenn die einen die anderen daran hindern, ihre Überzeugung zu vertreten, wenn sie ihnen ihre eigene Überzeugung aufzwingen oder sie gar ihrer Überzeugung wegen verfolgen. Dazu ist es in der Geschichte des Christentums nun tatsächlich gekommen, aber nicht schlicht aufgrund des exklusiven Anspruchs des christlichen Glaubens, sondern aufgrund zweier Zusatzbedingungen.

a) Im Jahre 380 erklärte Kaiser Theodosius das (orthodoxe) Christentum zur römischen Staatsreligion. Damit wurde dem Christentum *die politische Funktion* zugedacht, den bisherigen, brüchig gewordenen gesellschaftlichen Grundkonsens zu ersetzen. Das Interesse des spätrömischen Staates an dieser seiner neuen ideologischen Grundlage hatte eine staatliche Ketzergesetzgebung zur Folge. Das römische Recht ahndete nun etwa die Leugnung der Trinität als Majestätsbeleidigung. Der zugrundeliegende *politische Grundsatz*, den Ludwig XIV. sehr viel später auf die griffige Formel brachte: „Ein König, ein Gesetz, ein Glaube", ist aber nicht nur im christlichen Kulturkreis praktiziert worden. Die kommunistischen Staaten haben ihn im 20. Jahrhundert noch einmal praktiziert, Ketzerverfolgungen inbegriffen. Verwunderlich ist eher, dass jener politisch praktische Grundsatz im Abendland angefochten wurde. Im Gefolge der Reformation ist er – nicht aufgehoben, aber durch rechtliche Regelungen durchbrochen worden, wie den Augsburger Religionsfrieden (1555) für das Deutsche Reich oder das Edikt von Nantes (1598) für Frankreich. Erst mit der Aufklärung hat sich der Gedanke der Religionsfreiheit als Grund- und Menschenrecht Geltung verschafft.

b) Nur sechs Jahre später, 386, kam es am kaiserlichen Hof zu Trier zur ersten Hinrichtung eines Ketzers, Priszillians. Daraufhin kündigten die Bischöfe Ambrosius von Mailand und Martin von Tours den am Verfahren beteiligten Bischöfen die Kirchengemeinschaft auf. Aber seit Augustin (354–430) ist *der Zwang in Religionsfragen theologisch legitimiert* worden. Tertullian (160–220) hatte noch erklärt: „Es ist ein Menschenrecht und ein Naturrecht, dass jeder anbeten kann, was er will. Die Religion des einen kann dem anderen weder nützen noch schaden. Es liegt nicht im Wesen der Religion, die Religion zu erzwingen; nicht durch Gewalt, sondern freiwillig muss sie angenommen werden." Thomas von Aquin wiederholt diesen Grundsatz: Glauben ist freiwillig, aber er relativiert ihn durch die Unterscheidung zwischen dem Unglauben der Heiden und Juden, die den Glauben (noch) nicht angenommen haben – die dürfen auch nicht zum Glauben gezwungen und ihre Kinder nicht gegen den Willen der Eltern getauft werden –, und dem Unglauben der Häretiker, die den bereits angenommenen Glauben verlassen haben. Die dürfen dazu gezwungen werden, „dass sie erfüllen, was sie versprochen haben". Und nun wird es mit der Liebe begründet, dass die Kirche Häretiker töten lässt, wenn sie dadurch das Seelenheil vieler rettet, die sonst verführt würden. Der zeitliche Tod der einen wird als das kleinere Übel verrechnet gegen den vermiedenen ewigen Tod (Verdammnis) der anderen. Thomas vergleicht die Häretiker mit Geldfälschern und Krankheitserregern. Auch Thomas kennt das Gleichnis vom Unkraut unter dem Weizen. Er deutet es aber mit Augustin ein klein wenig um: Man darf das Unkraut nicht vertilgen, *wenn* die Gefahr besteht, dass auch Weizen ausgerissen wird, wenn aber nicht, dann soll Strenge walten.

Dem hat Luther widersprochen. „Die Ketzer verbrennen ist gegen den Willen des Heiligen Geistes." Er führt die Auffassung ad absurdum, „man muss die Ketzer verbrennen und so die Wurzel mit der Frucht, ja das Unkraut mit dem Weizen ausraufen". Luther begründet die Freiheit des Glaubens von äußerem Zwang damit, dass der Glaube allein Gottes Sache ist. „Denn uber die seele kann und will Gott niemant lassen regirn, denn sich selbst alleyne." „So wenig als ein ander für mich gläuben oder nicht gläuben, und so wenig er mir kann Himmel oder Höll auf- oder zuschließen, so wenig kann er mich zum Glauben oder Unglauben treiben. Weil es denn eim jeglichen auf seim Gewissen liegt, wie er gläubt oder nicht gläubt, und damit der weltlichen Gewalt kein Abbruch geschieht, soll sie auch zufrieden sein ..., und lassen gläuben sonst oder so, wie man kann und will, und niemand mit Gewalt dringen. Denn es ist ein frei Werk um den Glauben, dazu man niemand kann zwingen." Deshalb darf die Obrigkeit in Glaubensdingen nichts befehlen und wo sie es tut, muss ihr der Gehorsam verweigert werden. Inwieweit Luther selbst sich auch später daran gehalten hat, ist eine andere Frage.

Es ist also für Luther die „monotheistische" *Exklusivität der Gottesbeziehung*, die den Zwang in Glaubensfragen verbietet und die Freiheit des Gewissens bis hin zum Widerstandsrecht in Gewissensfragen konstituiert. Deshalb kann Luther sagen: Der Glaube ist intolerant, aber die Liebe ist tolerant. Diese Intoleranz des Glaubens bezieht sich aber *nicht auf andere Menschen, sondern auf andere Mächte*, entsprechend dem 1. Gebot: „Du sollst nicht andere Götter haben neben mir." Es kann als Ideologieverbot, als Suchtverbot und als Warnung vor Aberglauben verstanden werden: Laufe nicht falschen Göttern nach. Lass nichts Weltliches über dich herrschen, verspiele nicht die christliche Freiheit. Es hat nichts mit Intoleranz oder Gewalt zu tun, wenn jemand einen solchen exklusiven Halt im Leben und im Sterben hat und dies auch anderen vermitteln möchte. Aber die Liebe ist tolerant. So steht es 1. Kor. 13,7, dem Hohenlied der Liebe: Sie erträgt (tolerat) alles.

Selbst Thomas von Aquin, der den Zwang gegen Häretiker rechtfertigt, hat doch Zwangstaufen abgelehnt. Gegen diese gemeinchristliche Überzeugung ist in der Kirchengeschichte dreimal systematisch verstoßen worden und nicht etwa fortwährend. Das Christentum hat sich in den ersten Jahrhunderten ganz ohne Repression verbreitet, weil die Christen im römischen Reich überhaupt keine Machtpositionen innehatten. Unter den germanischen Völkern hat sich das (arianische) Christentum sozusagen im Selbstlauf verbreitet.

Die drei Fälle von Zwangsmission sind folgende. Karl der Große hat die unterworfenen Sachsen vor die Alternative Taufe oder Tod gestellt. Sein Hoftheologe Alkuin hat sich entschieden dagegen gewandt. Daraufhin hat er das bei der Unterwerfung der Slowenen und Awaren nicht wiederholt. Für den Wendenkreuzzug, den Bernhard von Clairvaux zusammen mit dem ersten Kreuzzug ins Heilige Land ausgerufen hatte, hat er den Grundsatz „Taufe oder Tod" proklamiert. Das ist auch schon damals auf heftigen innerchristlichen Widerspruch gestoßen. Der dritte Fall ist die Reconquista, die Rückeroberung Spaniens. Hier hieß es schließlich: Taufe oder Vertreibung und gegen die Getauften ging dann auch noch die spanische Inquisition, übrigens eine staatliche Einrichtung, vor. Im Geist der Reconquista haben die Spanier zunächst die Conquista, die Eroberung Amerikas geführt. Auch dies ist auf massiven Widerspruch gestoßen, für den vor allem der Dominikaner Las Casas (1474–1566) steht. Er wurde angesichts des Umgangs der Spanier mit den Indios Mönch und zum „Anwalt und Verteidiger der Indios" ernannt, später zum Bischof von Chiapas. Er erreichte bei Karl V. 1542 für die Indios das Verbot der Versklavung, weil er ihn davon überzeugen konnte, dass auch die Indios Menschen sind und deshalb alle Rechte haben, die das Naturrecht Menschen zuspricht.

Die abschreckenden Greuel an den Indios wurden ein wichtiges Motiv für die Proklamation der Religionsfreiheit in den Niederlanden, mit der die Geschichte der Grundrechte in Europa begann. Die Diskussionen um die Conquista in der spanischen Spätscholastik (Führen die Indios einen gerechten Krieg, wenn sie sich gegen die spanische Unterwerfung wehren?) haben den Grund gelegt für die Entstehung des neuzeitlichen Völkerrechts. Hugo Grotius, der Vater des neuzeitlichen Völkerrechts, hat sie beerbt.

Dass sich der stoische Gedanke eines auf Vernunft gegründeten, keiner besonderen göttlichen Offenbarung bedürftigen Rechts (Naturrecht; vgl. Rö. 2,14ff.) in Europa Geltung verschaffen konnte, ist durch die christliche Unterscheidung der geistlichen und der weltlichen Gewalt ermöglicht, der die Unterscheidung von kirchlichem und weltlichem Recht entsprach.

2. Kreuzzüge

Die Kreuzzüge waren keine Missionskriege, die die Muslime zum Christentum bekehren sollten. Sie sollten vielmehr die Heiligen Stätten der Christenheit, zumal das Grab Jesu, zurückgewinnen, nachdem die Behinderungen christlicher Pilger ins „Heilige Land" zugenommen hatten. Man stelle sich vor, Mekka sei von Nichtmuslimen besetzt und Muslimen würde der Zugang zur Kaaba verwehrt. Nichtchristen dürfen diese heiligen Stätten nicht einmal betreten.

Der Auslöser war freilich ein anderer. Der byzantinische christliche Kaiser hatte den Papst um ein Ritterheer zur Abwehr der Muslime an den Grenzen seines Reiches gebeten. Aber der päpstliche Aufruf zur Befreiung des Heiligen Landes auf dem Konzil zu Clermont 1095, verbunden mit dem Versprechen der Sündenvergebung für alle, die „das Kreuz nehmen", löste eine solche, auch den Papst überraschende Welle der Begeisterung aus, dass eine militärisch sinnvolle Aktion gar nicht organisiert werden konnte und es zunächst mehrfach zum Desaster kam.

Was war der Grund dieser Begeisterung? Wir müssen uns vergegenwärtigen, dass die lateinische Kirche damals noch eine Mönchskirche war. Es gab noch kaum Städte, kein Bürgertum, keine städtischen Kirchengemeinden, keine ausgebildete Laienfrömmigkeit. Mönchen und Klerikern war der Waffendienst verboten. Ihnen stand gegenüber der kaum christianisierte Kriegeradel einer Gentilgesellschaft, dem es um Ehre, Ruhm und Abenteuer, Treue und Blutrache ging. Die Fehde war ein legitimes Rechtsinstitut und zugleich eine Landplage. Seit dem 10. Jahrhundert betrieb die

Kirche die Domestikation des Kriegeradels zum „christlichen Ritter" durch religiöse Riten wie die Ritterweihe und den Schwertsegen. So erst entstand das Ideal der „Ritterlichkeit". Im Schwertsegen wird erfleht, dass dies Schwert „Verteidigung und Schutz sei für die Kirche, Witwen und Waisen, für alle Diener Gottes gegen das Wüten der Heiden, und den Gegnern Angst und Schrecken einflößt." Gleichzeitig bemüht sich die Kirche in der Gottesfriedensbewegung, bestimmte Orte, Zeiten und Personen von der Fehde auszunehmen. Die Bischöfe verpflichten den Adel, gegen Friedensbrecher vorzugehen, also: Krieg dem Krieg. In diesem Prozess der Christianisierung des Kriegeradels wird der Kreuzzugsgedanke begeistert aufgenommen. Er ermöglicht dem Kriegeradel sozusagen ein Mönchtum auf Zeit mit den entsprechenden Heilsversprechungen. Der Kreuzzug wird als – nun aber kriegerische – verdienstliche Wallfahrt interpretiert. Freilich korrespondiert dieser Christianisierung des Adels eine Militarisierung der Kirche – und eine Paganisierung des Christentums. Die Kreuzritter verstehen sich als Ritter Christi – nach ihrer Logik, die mehr mit der Ilias als mit dem Neuen Testament gemein hat. Sie ziehen für ihn als ihren Lehnsherrn oder König in den Krieg, weil ihm sein „Erbteil", das Heilige Land, geraubt, weil seine „Ehre" verletzt sei und dies nach Rache verlange. Sie nehmen deshalb bei dieser Gelegenheit auch sogleich Rache für Jesu Tod am Kreuz – an den einheimischen Juden, nach der Sippenhaft-Logik der Blutrache. Sie tun das alles aus „Liebe" zu Christus, aber diese Liebe ist die Gefolgschaftstreue und hat die christliche Feindesliebe ausgeblendet, die wohl jenem Adelsethos allzu fremd war. Wir müssen uns mit der unangenehmen Tatsache abfinden, dass unsere Vorfahren im 11. Jahrhundert nicht friedliebende Menschen waren, die die Kirche zu Kreuzzügen verführt hätte, sondern Raufbolde. Michael Mitterauer hat das alles plausibel dargestellt.

Mit der Gründung der Ritterorden entstand im Abendland der Typ des Heiligen Kriegers, dies aber über tausend Jahre nach der Entstehung des Christentums. Im Islam dagegen steht der Heilige Krieger in der Geburtsurkunde. Das konstitutiv friedliche christliche Mönchtum wurde um den Kriegermönch ergänzt. Er blieb aber, aufs Ganze der Christentumsgeschichte betrachtet, eine Episode. Der Johanniterorden war übrigens zuvor ein Hospitalorden, der Pilger in Jerusalem betreute. Jetzt kam aber der Kampf gegen die Ungläubigen dazu. Inzwischen ist er längst zur Wohltätigkeit zurückgekehrt.

Das Besondere der Kreuzzüge im Unterschied zu den nicht zu tadelnden jahrhundertelangen Abwehrkämpfen gegen die Eroberungszüge der Araber war dies, dass der Papst diesen Krieg ausgerufen hatte, der Papst und nicht der Kaiser – ein Unterschied übrigens, den es im Islam damals nicht gab. Der Kalif war beides. *Der Kreuzzug ist der Krieg des Papstes.* Das hatte es zuvor nicht gegeben. Der Papst verspricht denen, die in diesen Heiligen Krieg ziehen, einen Ablass für ihre Sündenstrafen, später auch denen, die das Geld für die Ausrüstung eines Kreuzritters spenden. Mit den Kreuzzügen entsteht das Ablasswesen, an dem sich Luthers Kritik an der Papstkirche entzünden wird. Der Papst unterstützt die Kreuzzüge durch kirchliche Sonderabgaben auch finanziell. Und ein päpstlicher Legat leitet sie. Bei all dem beansprucht er, unmittelbar als Stellvertreter Christi zu handeln. „Deus le volt", „Gott will es" ist der Schlachtruf der Kreuzfahrer.

Wie wurde der Papst, dem doch als Bischof von Rom wie allen Klerikern der Waffendienst verboten war, zum obersten Kriegsherrn der Kreuzzüge? Das hatte vor allem zwei Gründe. Der Bischof von Rom war die einzige Institution, die den Zusammenbruch des weströmischen Reiches überdauert hatte. In den Wirren der Völkerwanderungszeit war er die wichtigste Autorität der Stadt. Nach und nach wuchsen ihm in und um Rom weltliche Herrschaftsfunktionen zu, die durch die Fälschung der Konstantinischen (in Wahrheit Pippinschen) Schenkung fünfhundert Jahre zurückdatiert wurden. Er hat den römischen Kaisertitel dem fränkischen König Karl übertragen. Der aber lebte wie seine Nachfolger jenseits der Alpen. Auch in der Abwehr der fortwährenden arabischen Angriffe auf Italien war der Papst oft auf sich allein gestellt.

Der zweite Grund lag in der Reformbewegung von Cluny. Was als Kampf für die Freiheit der Kirche von weltlicher Instrumentalisierung begann (Investiturstreit), brachte eine Stärkung des Papsttums mit sich, in deren Gefolge Gregor VII. in der „Papstrevolution" die Theokratie anstrebte. Die ersten Kreuzzüge können als Höhepunkt dieser Bestrebung angesehen werden. Im Fortgang dieser Entwicklung aber hat das Papsttum sich und die abendländische Christenheit in seine tiefste Krise manövriert, auf die die Reformation und auf katholischer Seite das Konzil von Trient geantwortet haben. Das Papsttum hat nämlich die Kreuzzugsidee nach und nach sozusagen privatisiert. Die ersten Kreuzzüge galten der Befreiung des Heiligen Landes und der Rückeroberung Spaniens. Doch bald wurde der Kreuzzug ein Instrument zur Bekämpfung innerchristlicher Gegner, sprich Ketzer, wie der Albingenser oder der Hussiten. Schließlich rief der Papst sogar zum Kreuzzug gegen inneritalienische Gegner auf, wie die Staufer (Ghibellinen). Die theokratischen Ambitionen des Papsttums endeten einerseits in einer Tragödie, der Spaltung der abendländischen Christenheit durch das Schisma von schließlich drei konkurrierenden Päpsten, und andererseits in einer Komödie, nämlich der „babylonischen Gefangenschaft" des Papstes unter der Aufsicht des französischen Königs zu Avignon. Inzwischen war im Heiligen Römischen Reich für den (christlichen) Kaiser eine Wahlordnung installiert, die allein den (christlichen) Kurfürsten als Vertretern des Volkes dieses Wahlrecht übertrug und keine päpstliche Mitwirkung mehr zuließ.

Von Jesus wird der Satz überliefert: „Gebt dem Kaiser was des Kaisers ist und Gott was Gottes ist" (Mk 12,16f. par.). Die Obrigkeit, der nach Paulus die Christen den Rechtsgehorsam schulden (Rö. 13), war die römische, eine nichtchristliche also. Deshalb konnte sich im christlichen Kulturkreis die Unterscheidung der weltlichen und der geistlichen Gewalt durchsetzen. Die päpstliche Theokratie war ein Intermezzo in dieser Geschichte.

Für die islamische Welt übrigens waren die Kreuzzüge auch nur ein Intermezzo, das sie nie ernsthaft gefährdet hat. Territorial gesehen waren sie ein vollkommener Misserfolg, sehr im Unterschied zu dem arabischen Expansionsdrang, den später die Türken fortgesetzt haben. 1453 fiel das christliche Konstantinopel, 1529 standen die Türken vor Wien und 1683 noch einmal. Rebus sic stantibus ist es doch auffällig, dass in Europa eine massive, manchmal von Detailwissen nicht getrübte Kritik der Kreuzzüge seit Jahrhunderten selbstverständlich ist, in der islamischen Welt aber meines Wissens von einer Selbstkritik des militärischen islamischen Expansionismus nichts zu hören ist. Das liegt auch daran, dass diese beiden Arten von „Monotheismus" ein fundamental anderes Verhältnis zur Gewalt charakterisiert, was mit ihren Entstehungsbedingungen zu tun hat. Mohammed war zugleich Religionsstifter, Staatsmann und Feldherr. Die Razzia, der Raubzug ins Kulturland, war den Wüstennomaden eine legitime Erwerbsquelle. Die christlichen Skrupel hinsichtlich der Legitimität des Krieges waren Mohammed fremd. Insofern setzen die postchristlichen Kritiker der Kreuzzüge die innerchristliche Selbstkritik fort.

Nur in der lateinischen Kirche hat es einen solchen theokratischen Versuch gegeben. In den Ostkirchen ist es nicht zu Kreuzzügen gekommen. Das ist besonders verwunderlich, weil Byzanz sich in einem ständigen Abwehrkampf gegen die Muslime befand, die ja in den ersten 100 Jahren des Islam den christlichen Nahen Osten, das christliche Nordafrika und das christliche Spanien erobert hatten. Als der byzantinische Kaiser Nikephoros II. Phokas im 10. Jahrhundert vom Patriarchen die Unterstützung für ein Dekret verlangte, „dass alle gegen die Muslime gefallenen Soldaten den Märtyrertod erlitten hätten, verweigerte er die Zustimmung" (Mitterauer). Eine Mordtat werde nicht einmal durch den Kriegszustand völlig entschuldigt. Byzanz hat keine Kreuzzüge geführt, wurde aber selbst Opfer eines Kreuzzugs, nämlich 1204. Diese Plünderung des christlichen Byzanz durch die allerchristlichsten Kreuzfahrer, veranlasst durch Venedigs Handelsinteressen, ist wohl der schlimmste Exzess dieser Militarisierung der Kirche, die die Kreuzzüge darstellen. Dass der islamische Expansionsdrang durch die Kreuzzüge eine zeitweilige Beeinträchtigung erleben musste, ist nicht der eigentliche Skandal der Kreuzzüge. Der eigentliche Skandal bestand in der Legitimation des heiligen Krieges für innerchristliche Auseinandersetzungen. Mit dem Ketzerkreuzzug wurde der innereuropäische Religionskrieg geboren.

Übrigens: Die christlichen Märtyrer sind nicht im Kampf gegen Ungläubige gefallen, sondern ihres Glaubens wegen zum Tode verurteilt worden. Erst seit dem 11. Jahrhundert werden im Abendland Ritter als Heilige verehrt, die sich sowohl durch Askese als auch durch Kriegstaten hervorgetan haben. Allerdings ist in keinen christlichen Heiligenkalender je ein Heiliger aufgenommen worden, der „im Kampf gegen Ungläubige" gefallen ist. Der harmlose Jakobus wurde zum Maurentöter Santiago aufgrund des Traums eines spanischen Königs. Seine Biographie gab nichts dergleichen her.

Der Kreuzzugsgedanke hat weitergelebt im Ordensstaat des Deutschritterordens in Preußen, bis sich 1525 der letzte Ordensmeister der Reformation anschloss. Und er hat weitergelebt in Malta, bis Napoleon 1798 Malta auf seiner Ägyptenexpedition nebenbei besetzte.

Zuvor aber hatte Martin Luther die Kreuzzugsidee einer vernichtenden christlichen Kritik unterzogen. Anlass ist der päpstliche Aufruf zum Kreuzzug gegen die Türken, die ja 1529 vor Wien standen. Luther wendet sich dagegen, dass der – von ihm bejahte – Krieg gegen die vorrückenden Türken *im Namen Christi* geführt werden soll und die Türken *als Feinde Christi* gelten. Das heißt den Namen Christi missbrauchen. Und er wendet sich dagegen, dass sich der Papst und die Bischöfe an solch einem Krieg beteiligen, denn ihr Amt ist nicht Krieg führen, sondern „mit Gottes Wort und Gebet wider den Türken zu streiten". Die Kriegsführung obliegt dem Kaiser, aber nicht als Haupt der Christenheit, auch nicht, um der Türken Glauben auszurotten („Lass den Türken gläuben und leben wie er will"), auch nicht um Ehre, Ruhm, Gut oder Landgewinn, sondern *nur um seine Untertanen zu schützen*.

Die Ablehnung des Kreuzzugsgedankens begründet Luther mit der Unterscheidung zwischen dem geistlichen und dem weltlichen Amt. „Darumb gleich wie des predig ampts werck und ehre ist, das es aus sundern eitel heiligen, aus todten lebendige, aus verdampten seligen, aus teuffels dienern Gotteskinder macht. Also ist des weltlichen regiments werck und ehre, das es aus wilden thieren menschen macht und menschen erhellt, dass sie nicht wilde thiere werden." Dafür soll sich das weltliche Regiment an das Recht halten, „das kurtz umb nicht faust recht, sondern kopfrecht, nicht gewalt, sondern Weisheit odder vernunft mus regieren, unter den bösen so wol, als unter den guten".

Im Besonderen moniert Luther, dass der Papst König Ladislaus ermuntert hatte, einen beeideten Frieden mit den Türken zu brechen mit der Folge der militärischen Katastrophe zu Varna (1444). „Denn von eyd brechen leren, das der Babst hab macht eyd zu preche, ist keine ketzerey?" Und er wendet sich gegen den Kreuzzugsablass. „D' Babst thut nit mehr mit seinem creutz Ablaß außgeben, und himmel zusagen, denn dz er d' Christen leben ynn tod, und seelen in die helle furet mit grossen hauffen, wie denn dem rechten Endchrist gepurt. Gott fragt nit nach kreutzen, Ablass, streitten. Er will ein gut leben haben." Gegen die Kreuzzugsideologie des Heiligen Krieges stellt sich Luther in die Tradition der Lehre vom gerechten Krieg, die das Recht zum Kriegführen begrenzt und den Friedensschluss zum Ziel hat. Der Heilige Krieg ächtet den Feind und tendiert zum totalen Krieg, in dem jedes Mittel recht ist. Die päpstliche Legitimation des Eidbruchs vernichtet die Möglichkeit des Friedensvertrags.

3. Hexenverfolgung

Wann fand die intensivste *Hexenverfolgung* statt, von der wir wissen? Die meisten werden antworten: in Europa und zwar im Mittelalter. Das ist doppelt falsch. Hexenverfolgungen sind nicht typisch mittelalterlich. Sie hatten im 16. und 17. Jahrhundert ihren Höhepunkt. Bildliche Darstellungen von Hexen begegnen uns denn auch erst seit ca. 1460.

Die intensivste Hexenverfolgung, von der ich weiß, fand im Jahre 2001 statt. Die Tageszeitungen meldeten, dass im staatsfreien Gebiet des östlichen Kongo in vierzehn Tagen über 900 Menschen als Hexen umgebracht wurden, bis ruandische Truppen eingriffen. Zwischen 1970 und 1984 wurden in Tansania 3000 Menschen als Hexen umgebracht. 1985 bis 1988 kam es im Bantu-Gebiet Tansanias nochmals zu 826 Hexenmorden. Nach einer Meldung der FAZ vom 4.8.99 wurden laut Polizeibericht in den letzten achtzehn Monaten in Tansania 350 Hexen und Hexer ermordet, allmonatlich ca. 20, „zumeist ältere Frauen und Männer". Auch im Norden Südafrikas kommt es derzeit in erschreckendem Ausmaß zu Hexenmorden. Die Regierung hat Asyldörfer für Frauen eingerichtet, die als Hexen verfolgt werden, und eine Hexenschutz-Polizeitruppe.

Aber auch aus anderen Ländern der sogenannten dritten Welt ist belegt, dass dort Hexenverfolgungen eine *Begleiterscheinung der Entkolonialisierung* sind. An der Westküste Indiens soll es seit der Unabhängigkeit zu mehreren tausend Hexenmorden gekommen sein.

Die Begründung ist folgende: die Kolonialmächte (und auch die christlichen Missionare) haben uns schwer geschadet, indem sie uns die Hexenverfolgung verboten haben.

Daraus geht hervor, dass der Hexenglaube kein europäisches Proprium war, sondern weltweit verbreitet ist. Allerdings hat er in der frühen europäischen Neuzeit aufgrund einer spezifischen Hexenideologie und der Verrechtlichung des Verfahrens eine besondere Intensität entfaltet.

Unter „Hexenglaube" wird dabei die Überzeugung verstanden, dass es *Zauberer* gibt, die durch magische Praktiken anderen Menschen Schaden zufügen können, also *Schadenszauber* oder Schwarze Magie, und insbesondere Unwetter und Missernten sowie Krankheiten bei Mensch und Tier bewirken können. Dieser Hexenglaube findet sich bei Eskimos ebenso wie bei den vorkolumbianischen Indianern, besonders stark verbreitet ist er in Afrika – aber auch dort nicht bei allen Völkern – und auch in Indien und China ist er anzutreffen.

Und wie steht es mit dem Hexenglauben heute unter uns? Umfragen des Allensbach-Instituts unter Westdeutschen haben ergeben, dass 1973 11 % an Hexen glaubten, 1989 waren es 16 %. Diejenigen, die unter dem Teufel nicht nur die verführerische Macht des Bösen, sondern eine Person verstehen, sind besonders anfällig für Hexenglauben.

Aus Benin berichtet Wolfgang Behringer, dessen Bücher zum Thema ich empfehle, Folgendes: Als in diesem Lande eine sozialistische Regierung an die Macht kam, ließ sie 1977 eine Briefmarke erscheinen mit dem Text: „Kampf den Hexen, Quelle des Bösen". Sie wollte damit zum Klassenkampf gegen die Reichen aufrufen, aber die Bevölkerung fing an, alte Frauen zu jagen. Die Regierung setzte sich nolens volens an die Spitze der Bewegung und veranlasste, dass Frauen im Rundfunk zugaben, sie hätten sich in Waldkäuze verwandelt und kleine Kinder verhext, um deren Seelen in Tiere zu verwandeln und sie dann aufzufressen. Kannibalismus als Hexenmotiv ist uns ja wohl bekannt durch „Hänsel und Gretel". Seitdem einheimische Anthropologen und Ethnologen diesen Hexenglauben in der sogenannten dritten Welt genauer beschrieben haben, ist deutlich geworden, dass er mit dem Hexenglauben in Europa durchaus vergleichbar, wenn auch nicht gleichzusetzen ist.

Ein zweites weit verbreitetes Vorurteil macht die christliche Kirche, ja den christlichen Glauben prinzipiell und von Anfang an für den europäischen Hexenwahn verantwortlich. Aber bis ins 13. Jahrhundert hat die Kirche *den Hexenglauben bekämpft*. Auch während der Massenverfolgungen ist der innerkirchliche Protest gegen die Hexenprozesse nie verstummt. Wichtig wurde der *Canon Episcopi* des Regino von Prüm (906), der gebietet, das Volk über die Nichtigkeit des Hexenwahns zu belehren, und denjenigen, die behaupten, durch die Luft fliegen zu können, zu erklären, dass sie das nur träumen. Um diesen Canon Episcopi nicht moderner erscheinen zu lassen als er ist: Er setzt voraus, dass es Dämonen gibt. Die Überzeugung, nachts über viele Länder hinweggeflogen zu sein, sei ein Werk der Dämonen, heißt es. Aber die Dämonen können nur Illusionen erzeugen. Es sei ein Irrtum und ein Abfall vom christlichen Glauben anzunehmen, „dass es außer dem einen Gott noch etwas Göttliches und Übermenschliches gebe". Also: Zauberei ist wirkungslos, der Versuch aber teuflisch inspiriert und ein Abfall vom Glauben. Dieses Urteil gilt für Schadenszauber *und* Gegenzauber, es begründet, kurz, ein allgemeines Magieverbot, wie es unter christlichem Einfluss bereits der römische Kaiser Constantius II. im Jahre 358 erlassen hatte. Im Früh- und Hochmittelalter wurden Zauberei und Zaubergläubigkeit nur als Glaubensirrtum behandelt. Der Vers aus dem 2. Buch Mose (22,18): „Eine Zauberin sollst du nicht leben lassen", der später zur Begründung der Hexenverfolgung herangezogen wurde, wurde entschärfend gedeutet: Ausschluss aus der Gemeinde.

Der Canon Episcopi wurde deshalb so wichtig, weil er in das Corpus Juris Canonici eingegangen ist, also geltendes Kirchenrecht wurde und auch in den Zeiten der Massenverfolgungen galt, während der hauptsächlich von dem Inquisitor H. Kramer (Institoris) verfasste Hexenhammer (1487; veröffentlicht unter Angabe von J. Spengler als Mitautor und mit einem gefälschten Gutachten der Kölner Theologischen Fakultät) nie kirchenrechtliche Geltung erlangt hat. Es konnte also immer behauptet werden, die Hexenverfolgungen seien kirchenrechtlich illegal, was auch geschehen ist, z. B. 1515 durch den damals berühmten italienischen Juristen Andrea Alciati. Andererseits haben die Befürworter der Verfolgung eben deshalb den Canon Episcopi als Fälschung diskreditiert.

Aber die lateinische Kirche hat ihre Haltung zum volkstümlichen Hexenglauben vom Hochmittelalter an in ver-

hängnisvoller Weise sukzessiv geändert und eine kirchliche Hexentheorie entwickelt, und zwar:
1. Durch die *Diabolisierung der Magie*, nämlich durch die Lehre, dass Hexerei auf einem *Teufelsbund* beruhe. Dafür berief man sich auf Augustin, der gelehrt hatte, dass bestimmte Zeichen Signale an den Teufel seien, die ein Einvernehmen mit ihm darstellen.
2. Seit Thomas von Aquin wird zudem die Lehre von der *Teufelsbuhlschaft* vertreten, die das sexuelle Motiv in den Hexenglauben einführt. Das ist wohl ein Grund dafür, dass in Deutschland überwiegend Frauen als Zauberinnen/Hexen verfolgt worden sind.
3. Schließlich wurden Zauberer den *Ketzern gleichgestellt*, denn sie beteten den Teufel an, so 1376 der Inquisitor Nikolaus Eymericus. Auch hier bezog man sich auf Augustin, der die heidnischen Kulte nicht nur als Trug, sondern als Verehrung von Dämonen gedeutet hatte.
4. Seit 1409 (Papstdekret) wurden die Hexen außerdem, analog zu den Ketzern, als eine *Sekte* gedeutet, die sich verschworen habe, die Christenheit zu vernichten, und sich nächtlich auf Hexentanzplätzen versammelt. Das hatte die fatale Folge, dass diejenigen, die als Hexen angeklagt wurden, Namen von Mitwissern und Mitschuldigen nennen sollten. Das dürfte den für die europäische Verfolgungszeit typischen Lawineneffekt ausgelöst haben, der sonst untypisch ist. Die vorauslaufenden Ketzerverfolgungen (Albingenser = Katharer = „Ketzer"; Waldenser) haben auf diese Weise die nachfolgende Hexenverfolgung geprägt. In der östlichen (orthodoxen) Christenheit sind Massenverfolgungen von Hexen nicht vorgekommen.
5. Im 4. Laterankonzil (1215) wurde die *Folter* im Inquisitionsverfahren gegen Ketzer zugelassen. Sie war im Römischen Recht (Corpus Justinianum) zulässige Praxis,

wurde aber seit der Spätantike nicht mehr praktiziert. Im Zuge der Hexenprozesse ist es zu unvorstellbar exzessiver Folter gekommen, bei der das Wiederholungsverbot der Folter durch Umbenennung in „Fortsetzung" umgangen (so der Hexenhammer), neue Foltermethoden entwickelt und das seit dem 13. Jahrhundert bestehende Verbot von Gottesurteilen (Ordalen) umgangen wurde („Hexenproben").

6. Und schließlich das *Inquisitionsverfahren* selbst. Es bezeichnet im Römischen Recht ein Verfahren, in dem der Richter nicht erst aufgrund einer Anklage (Akkusationsverfahren) tätig wird, sondern selbst ermittelt (inquirere). Da Hexerei außerdem als *Ausnahmeverbrechen* galt, durfte auch anonymen Hinweisen nachgegangen werden, was der Willkür Tor und Tür öffnete. Besonders oft sind Aussagen von Kindern auslösend geworden, so auch beim letzten Hexenprozess in Deutschland gegen Maria Anna Schwägelin, am 11. April 1775 in Kempten verbrannt, eine psychisch labile Frau.

Erstaunlich ist nun, dass die ersten Weichen für diese Hexenideologie bereits im Hochmittelalter gestellt waren, die Massenverfolgung aber erst zu Beginn der Neuzeit einsetzt. Was ist der Grund für diese *Verzögerung?*

Das hängt einmal damit zusammen, dass im Unterschied zur Ketzerverfolgung, die von kirchlichen Gremien, den Inquisitionsgerichten, ausging, der Ruf nach Hexenverfolgungen zunächst und zumeist *„von unten"* kam, wie man seit Ende des 19. Jahrhunderts weiß. Wo die Inquisition, also die kirchlichen oder (Spanien) königlichen Ketzergerichte (nur in katholischen Ländern, aber nicht in allen), mächtig war (Spanien, Portugal mit ihren Kolonien und Italien), hat sie Hexenverfolgungen weitestgehend unterbunden. In Deutschland ist die Inquisition Anfang des 16.

Jahrhunderts faktisch gescheitert. Die Hexenverfolgungen wurden Sache der Klein- und Kleinstherrschaften, die sich ganz verschieden verhielten. In freien Reichsstädten gab es so gut wie keine Hexenverfolgungen. Von einer zentralen Steuerung durch das Papsttum kann schon deshalb keine Rede sein. Papst Urban VIII. (unter dem Galilei verurteilt wurde) hat sich über die deutschen Eiferer (zelantes) mokiert und 1635 eine auf Mäßigung hin wirkende Instruktion erlassen. Hätten die Päpste tatsächlich die Macht gehabt, Prozesse diesen Ausmaßes zu steuern, hätten sie selbstverständlich die Reformation verhindert.

Als der Inquisitor Kramer/Institoris (1430–1505; Verfasser des berüchtigten Hexenhammers und übrigens von seinem Ordensoberen Spengler mehrfach diszipliniert) 1485 in Innsbruck eine Hexenverfolgung begann, protestierten Bürgerschaft und Geistlichkeit der Stadt, der Tiroler Adel und der zuständige Bischof, der ihn für „ganz kindisch" durchs Alter erklärte und aus seinem Bistum auswies. Die Verhafteten wurden freigelassen. Danach gab es in Tirol nie wieder eine Hexenverfolgung. Nicht selten und besonders in Österreich sind Anstifter zu Hexenverfolgungen, gelegentlich auch Hexenrichter bestraft, auch hingerichtet worden.

„Von unten", das heißt: die Bevölkerung wendet sich an die Herrschaft mit der Forderung, den Hexen das Handwerk zu legen. Anlass sind Unwetter und Epidemien.

Dass die Hexenverfolgung zunächst „von unten" kam, belegt neben den vielen Berichten über Bauern, die von ihrer Herrschaft Abhilfe gegen das Hexenunwesen fordern, auch Folgendes: Je größer und je stabiler ein Herrschaftsgebiet, umso weniger legale Hexenverfolgungen gab es. Obwohl der *Fiskus* an Hexenprozessen verdiente, *wenn* die Beschuldigten vermögend waren – der katholische Theologe Loos hat bereits im 16. Jahrhundert erklärt, die Hexenprozesse seien ein bequemer Weg, aus Blut Gold zu machen (er musste abschwören) – kann man doch nicht sagen, dass das fiskalische Interesse ein Motor der Verfolgung war. Meistens waren die Beschuldigten arm. Im Gegenteil wurde der anarchische Selbstlauf der Hexenhysterie von allen, die für die Ordnung im Staat Verantwortung trugen, eher gefürchtet. Nicht selten hat die Verfolgungswut im zweiten Akt diejenigen auf den Scheiterhaufen gebracht, die zuvor an Hexenverfolgungen aktiv beteiligt waren, darunter Bürgermeister, Adlige und Kleriker. In kleinen Territorien ist die Hexenverfolgung intensiver. Und allerdings haben sich dann oft die Herren an die Spitze der Bewegung gestellt, besonders oft (katholische) Fürstbischöfe kleiner Territorien. Der Hexenwahn verbreitete sich aber überkonfessionell. Allerdings wurde die Position katholischer Verfolgungsgegner seit ca. 1590 verschlechtert, weil ihnen verboten wurde, Argumente von Protestanten zu gebrauchen. Auf der anderen Seite gab es katholische Länder, die Hexenverfolgungen massiv beschränkten, in Deutschland Bayern, und zwar unter dem Einfluss von Jesuiten (Adam Tanner).

Auch diejenigen, die *Frauenfeindlichkeit* als entscheidendes Motiv annehmen, haben Schwierigkeiten mit den Tatsachen. In Deutschland waren 73 % der Opfer Frauen, in Island dagegen waren 90 %, in Finnland 50 %, in Estland 60 %, im Zuständigkeitsbereich des Parlaments (Gerichtshof) von Paris 50 % der Opfer Männer. Allerdings dürfte die Ideologie der Teufelsbuhlschaft für das Übergewicht von Frauen unter den Opfern eine wichtige Rolle gespielt haben. Andererseits wird darauf verwiesen, dass auch die Ankläger und Verdächtiger oft Frauen waren. Wiederum gibt es in anderen Kulturkreisen Gesellschaften, in denen bevorzugt Frauen Opfer sind. In Mexiko etwa wird bei den Azteken bevorzugt Frauen, bei den Zapoteken bevorzugt Männern der Vorwurf des Schadenszaubers gemacht.

Schließlich bestätigt sich auch nicht die Theorie, die Hexenverfolgung sei ein *Instrument des Klassenkampfes* gewesen. Der Vorwurf der Hexerei wird nämlich durchweg innerhalb derselben sozialen Schicht erhoben, zumeist gegen Nachbarn, vorzugsweise in der Landbevölkerung. Eine moderne Untersuchung bei den Cewa in Ostafrika ergab, dass 95 % derer, die eine Hexe zu kennen angaben, Verwandte nannten. Wenn es in Kolonien (z. B. Neuengland, Massachusets) zu Hexenvorwürfen kam, dann nur zwischen den Kolonisten. Die Kolonisierten waren sozusagen nicht satisfaktionsfähig. „Hexen und ihre Ankläger sind Menschen, die sich mögen sollen, dieses aber in Wahrheit nicht tun" (Philip Mayer).

350 Jahre lang gab es in Europa legale Hexenprozesse (1430–1780), allerdings nicht andauernd und überall. Aufgrund der Akten kann man die Zahl der Opfer ungefähr plausibel schätzen. Behringer gibt die Zahl von ca. 50.000 an. Die von der NS-Propaganda kolportierte Zahl von 8 oder 9 Millionen Opfern beruht auf einer unseriösen Berechnung des Quedlinburger Stadtsyndikus Gottfried Christian Voigt (1740–1791). Hexenverfolgung war im größten Teil der europäischen Geschichte illegal.

Die *illegalen Hexenmorde*, die regelmäßig anwuchsen, wenn die Herrschaft sich weigerte, Hexenprozesse durchzuführen (wie offenbar gegenwärtig in Tansania), kann man nicht schätzen, weil sie nur bekannt sind, wenn gerichtlich gegen sie vorgegangen wurde, wofür es immerhin einige Beispiele selbst aus der Verfolgungszeit gibt. Als der Reichsgraf von Hohenems in seiner Grafschaft Vaduz in zweimal drei Jahren 300 Hexen verbrennen ließ (1648–51 und 1677–80), was 10 % der Bevölkerung ausmachte, wurde er von Kaiser Leopold I. abgesetzt und lebenslang unter Hausarrest gestellt.

Haben sich denn Personen selbst für Hexen gehalten –

neben den vielen unschuldigen Opfern, die gar nichts Ungewöhnliches getan haben, aber durch irgendeine Besonderheit auffielen? Die Akten belegen hinreichend deutlich, dass es magische Praktiken gab und auch die Überzeugung, durch die Luft geflogen zu sein. Deshalb haben die Gegner der Hexenprozesse auch diejenigen von der Verfolgung ausgenommen sehen wollen, die sich selbst für Hexen hielten.

Nikolaus von Cusa erwähnt in einer Predigt 1457 Berichte von Frauen aus den Alpentälern, die der Göttin Richella gefolgt sein wollen, einer Mutter des Reichtums und Glückes, die im Deutschen „Hulda" genannt wird (vgl. Frau Holle und „Wachholder"). Das Problem der psychischen Realität magischer Vorstellungen ist neuerdings intensiv diskutiert worden im Zusammenhang mit Todeszauber in Melanesien. Die auf magische Weise zum Tode Bestimmten sind trotz Hilfe tatsächlich gestorben. Etwas Ähnliches kennt man von denjenigen, die die Totemvorschriften verletzt haben, also das Totemtier getötet oder gar gegessen haben. Daraus ergibt sich ein ernstes juristisches Problem in solchen Ländern. Wenn der Schaden tatsächlich eintritt, muss der Täter dann nicht doch bestraft werden? Seit den achtziger Jahren des 20. Jahrhunderts wird in Kamerun die gerichtliche Anklage wegen Zauberei wieder zugelassen. Strafe für Schadenszauber sah auch das (vorchristliche) römische Recht vor und das alttestamentliche (2. Mose 22,18).

Und wie fand der Hexenwahn sein Ende? Durch die Aufklärung, sagt man. Das stimmt so nicht. Er kam nämlich schon im 17. Jahrhundert weithin zum Erliegen.

Die Gegner waren Theologen und Juristen, die sich als Christen verstanden. Dieser Kampf gehört in das Kapitel immanenter, also christlicher Kirchen- und Theologiekritik.

Zu nennen sind hier der italienische Franziskaner Samuel Cassinis, der sich bereits 1505 (Quaestio lamiarum) gegen Hexenflug und Hexentaten wandte, in Deutschland Cornelius Loos (De vera et falsa magia, 1592), die Jesuiten Adam Tanner (Theologia scholastica, 1627) und vor allem Friedrich Spee (Cautio criminalis, 1631, anonym erschienen). Spee, von dem das Adventslied „O Heiland reiß die Himmel auf" stammt, hat als Gefängnisseelsorger die Erfahrung gemacht, dass sich keine einzige der verurteilten Hexen schuldig wusste. Leibniz berichtet, dass Spee in seinem Kampf gegen den Hexenwahn frühzeitig gealtert sei. Er wurde von Hexenverfolgern angegriffen, aber von seinem Orden geschützt.

Auf evangelischer Seite sind der Hofarzt Johann Weyer (De praestigiis daemonum, 1563), der Mathematiker Augustin Lercheimer (Christliche Bedencken von Zauberey, Heidelberg 1585), der Jurist Johann Georg Goedelmann (Gutachten von 1587), der Prediger Anton Praetorius (Schulze; Johannes Scultetus, Gründlicher Bericht von Zauberey, 1558), der Tübinger Theologe Theodor Thummius (Tractatus theologicus de sagarum impietate, nocendi imbecilitate et poenae gravitate, 1621), der Thüringer Superintendent und Professor für Kirchengeschichte Johann Matthäus Meyfart (Christliche Erinnerung an Gewaltige Regenten und Gewissenhafte Praedicanten, 1635), der calvinistische Pfarrer Balthasar Bekker (Die bezauberte Welt, 1693) und, bereits der Frühaufklärung zuzurechnen, der Jurist Christian Thomasius (De crimine magiae, 1701) zu nennen.

Die Gegner gebrauchen naturkundliche, juristische und theologische Argumente.

Die naturkundlichen Argumente sind zunächst noch nicht cartesianisch, sondern nehmen die dem christlichen Glauben ursprünglich eigene Entmythologisierung der Welt zur

Schöpfung in Anspruch, auf die sich schon der Canon Episcopi bezog: Magie ist Illusion. Spee lässt anklingen, dass er über eine Erkenntnis verfüge, für die die Zeit noch nicht reif ist. Das muss wohl heißen: Hexerei ist überhaupt unmöglich. Lercheimer stellt 1585 die Frage, warum als Hexen Verurteilte sich jedes Stück Brennholz aus dem Wald holen müssen, wenn sie doch angeblich so Gewaltiges durch Zauber bewirken können. Recht früh begegnen medizinisch-psychologische Argumente. Der Hofarzt Weyer erklärt 1563 diejenigen, die sich für Hexen halten, für krank. Der Heidelberger Professor Hermann Witekind (1524–1603) erklärte diese Frauen für melancholisch, weshalb sie Liebe und nicht Strafe bräuchten.

Die juristischen Argumentationen greifen vor allem die Folter an. Im Hexenprozess wird das Wiederholungsverbot der Folter missachtet (wer unter Folter nicht gestand, durfte nicht deshalb noch einmal gefoltert werden: Carolina), indem die Wiederholung nach Anweisung des Hexenhammers als Fortsetzung deklariert wird. Das Reichsrecht erlaubt Folter nur bei vorliegenden Indizien. Im Hexenprozess wird aber auf Verdacht und aufgrund von Foltergeständnissen gefoltert. Spee und später Thomasius greifen zudem die Folter als solche an. Gegen diejenigen, die das Tun der Hexen für wirkungslos, ihre Absicht aber für strafbar halten, führen sie den Grundsatz an, dass der Wille ohne Tat straffrei sei. Gegen die Berufung auf 2. Mose 21 wendet Lercheimer ein: „An die buergerlichen gesetz Mosis ist vnser Obrigkeit nit gebunden." Mit anderen Worten: Die Rechtssätze des Alten Testaments sind nicht geltendes Recht. Nun enthielt aber auch das damals geltende Römische Recht (Corpus Justinianum) Strafbestimmungen gegen Zauberei und ließ die Folter zu. Johann Greve argumentiert so (1622): „Aber darin stand auch die Sclaverei. Die Römer ergötzen sich an den

Gladiatorenkämpfen ... Ein Gesetz, welches dem Naturrechte geradezu widerspricht, ist kein Gesetz." „Bei den Christen sollte die Folter so wenig zu treffen sein als die Sclaverei". Die juristischen Argumente hatten den Vorzug, dass sie die Frage, ob Hexerei überhaupt möglich sei, nicht beantworten mussten, wenn sie die Praxis der Hexenprozesse als juristisch fehlerhaft kritisierten.

Schließlich die theologischen Argumente. Es mussten ja gar keine neuen erfunden werden, denn die christliche Überlieferung bot sie an. Lercheimer erinnert daran, dass die Kirchenväter widerraten haben, Ketzer am Leben zu strafen, „wieviel mehr sol man mit vnwissenden / aberwitzigen Weibern gedult haben"; hat nicht Jesus Petrus vergeben, der ihn verleugnete? Goedelmann erinnert an die alten Synodalbeschlüsse, die den Hexenglauben selbst für nichtig erklären.

Als Ursachen für den in Deutschland so extrem verbreiteten Hexenglauben nennt Spee: „Unwissenheit und Aberglauben des Volkes", „Neid und Missgunst des Volkes", aber ebenso das Verhalten der Fürsten und ihrer Beamten, die die Verantwortung je auf den anderen schieben, die Geistlichkeit und die Richter, von denen einige nachweislich Unschuldige verurteilt haben und dafür auch bestraft worden sind, aber auch „die Wucht der öffentlichen Meinung". Er nennt den Hexenwahn „die unselige Folge des frommen Eifers in Deutschland".

Die Verfolgungsgegner verweisen auf die christliche Unterscheidung zwischen *Glauben und Aberglauben* und werfen den Predigern vor, das Volk „auß dem heiligen Gottes wort in Christlicher Religion nit gruendtlich vnterrichtet" zu haben (Weyer). Nicht Hexentaten, sondern der Hexenwahn sei Teufelswerk. Wie der Canon Episcopi erklären sie, dass Hexen überhaupt nicht wirken können, was ihnen unterstellt wird. „Die wetter macht Gott nach Ordnung der natur: Menschen vnd Thier moegen mit keinem gedancken/ worten oder geberden / die die hexen brauchen / sondern mit gifft oder mit handtat verletzt und getoedtet werden" (Lercheimer). „Alle Naturforscher lehren, dass auch solche Erscheinungen auf ganz natürlichen Ursachen beruhen, die bisweilen ein wenig vom natürlichen Lauf der Natur abweichen" (Spee).

Das theologische Hauptargument der Gegner ist aber der Einspruch gegen *das Gottesverständnis der Verfolger*, die sich ja als Christen verstehen. In Anspielung auf die alttestamentlichen Verbote, dem Moloch Menschenopfer zu bringen, schreibt Johann Ewich 1585: „Dann es hätt der Moloch ein besondere lust an solchen Brandtopffern." Von „Teuffels brandopffer" spricht Lercheimer. Und Spee: „Es muss gezeigt werden, wie unser Gott nicht ist, wie die Götzen der Heiden, die von ihrem Zorn nicht lassen können. Dass er ein für alle Mal von unbegreiflicher Liebe zum Menschengeschlecht erfüllt ist, die zu tief ist, als dass er nun noch das Versprechen seiner Zuneigung widerrufen könnte. Dass Gott in der Heiligen Schrift einen ewigen Bund unwiderruflich bei sich selbst beschworen hat: Wenn unsere Sünden gleich rot wären wie Scharlach, so sollen sie doch weiß werden wie Schnee. Dass wir aber auch seinen eingeborenen Sohn als Fürsprecher bei ihm haben, den Gekreuzigten, der unsere Schwäche kennt."

Mit Berufung auf Jesu Gleichnis vom Unkraut unter dem Weizen, das auszureißen der Herr den Knechten verbietet, weil sie auch den Weizen mit herausreißen würden (Matth. 13,29), hatte Adam Tanner gefordert, die Hexenprozesse so zu führen, „dass nicht aus diesem Prozess selbst auch den Unschuldigen regelmäßig Gefahr erwächst". Spee, der an Tanner anknüpft, korrigiert ihn. Jesus sagt, „man dürfe wegen dieser Gefahr das Unkraut nicht ausjäten" und rät deshalb zur Abschaffung der Hexenprozesse. „Man kann nicht alles Ärgernis aus der Welt schaffen." „Die Gefolterten sagen zu allem ja, und weil sie dann nicht zu widerrufen wagen, müssen sie alles mit dem Tode besiegeln. Ich weiß wohl, was ich sage, und will es einstmals vor jenes Gericht bringen, dessen die Lebendigen und die Toten harren." „Und vor allem will ich den Fürsten klarmachen, dass das eine Gewissenspflicht ist, um deretwillen nicht nur sie selbst, sondern auch ihre Ratgeber und Beichtväter vor dem höchsten Richter werden Rechenschaft ablegen müssen." Wenn Spee seine Verantwortung als unparteiischer Seelsorger nicht ernst genommen hätte, hätte er den Skandal der Hexenprozesse gar nicht entdeckt. Und wenn er seine Verantwortung vor Gott nicht ernst genommen hätte, hätte er geschwiegen.

Schlussbemerkung:
Was ist reiner Altruismus?

Es hat für mich etwas Anrührendes, wie Dawkins vom reinen Altruismus fasziniert wird, ihn in der Tierwelt sucht, dort nur hölzerne Eisen findet und deshalb schließlich im Namen des reinen Altruismus die Revolte gegen die egoistischen Gene postuliert. Dass nun der Utilitarist und Darwinist fordert, das Gute um des Guten willen zu tun und jeden Lohngedanken als unmoralisch ablehnt (GW 315 ff.), hat mich doch verwundert. Im Darwinismus geht es doch exklusiv um „Lohn", nämlich den Effekt des Überlebens.

Ich kann bloß leider nicht verstehen, was das sein soll: reiner Altruismus. Sich ganz und gar nicht um das Seine kümmern ist selbstzerstörerisch und längst als Krankheitsbild beschrieben: das Helfersyndrom.

Es war Auguste Comte (1798–1857), der das Wort Altruismus als Gegenbegriff zu Egoismus geprägt und als Ideal der Zukunftsgesellschaft proklamiert hatte. Dawkins lässt sich ganz von dieser Alternative leiten: das egoistische Gen und die altruistische Verschwörung der Tauben.

Ich kann mir diese seltsame Idee des reinen Altruismus nur erklären aus der innerchristlichen Debatte um die *reine* Gottesliebe, die namentlich in der christlichen Mystik eine große Rolle spielt. Fénelon (1651–1715) hatte diese dahingehend verschärft, dass die reine Gottesliebe gänzlich frei sein müsse von jedem Eigeninteresse, auch dem am eigenen Heil. Die katholische Kirche hatte diese Verschärfung verurteilt, aber die Aufklärung war von dieser Lehre fasziniert. Kants Forderung, das Gute um des Guten willen zu tun, also aus Pflicht und *gegen* die Neigung, steht in dieser Tradition. Schiller hat das persifliert:

„Gerne dient' ich den Freunden, doch tu ich's leider mit Neigung
Und so wurmt es mich oft, dass ich nicht tugendhaft bin.
Da ist kein anderer Rat: Du musst suchen, sie zu verachten,
Und mit Abscheu alsdann tun, was die Pflicht dir gebeut."

Es könne doch nicht unmoralisch sein, das Gute auch *gern* zu tun, sozusagen selbstvergessen, darauf läuft Schillers Kantkritik hinaus.

Es ist allgemeine christliche Überzeugung, dass die Verfallenheit an sich selbst (amor sui, Egoismus) der Anfang aller Sünde ist, der die Offenheit für Gott und den Nächsten verhindert. Aber bei Jesus heißt es: Liebe Gott und deinen Nächsten wie dich selbst. Da ist also als Drittes auch eine Art von Selbstliebe im Spiel, die im Unterschied zum Egoismus besser Selbstbejahung (Boethius: caritas sui, nicht amor sui) heißen sollte. Für Christen hat diese Selbstbejahung ihren Grund darin, dass sie sich von Gott bejaht und angenommen wissen. Das Tun des Guten ist dann Antwort und nicht Selbstverwirklichung – und frei von der krampfhaften Suche nach dem reinen Altruismus.

Juden und Christen werden von der Frage beunruhigt: wie kann Gott das Böse zulassen? Wer dieser bohrenden Frage wegen Gottes Existenz negiert, wird von einer anderen Frage beunruhigt: wie ist das Gute möglich, wenn die gott-lose Natur dem unbarmherzigen Gesetz der Effektivität folgt? Dawkins gibt zwei Antworten. Der Atheismus sei eine lebensbejahende, also optimistische Weltanschauung. Das halte ich für Kitsch. Wir müssen den reinen Altruismus erschaffen. Das halte ich für Krampf.

Ich sehe das so: warum es das Böse gibt – du, Gott weißt es, ich nicht. Ich weiß nur, dass es nach deinem Willen nicht sein und mich nicht beherrschen soll. Gib mir bitte so viel Verstand, dass ich erkenne, was ich meiden sollte.